Theodor Keim

Celsus' Wahres Wort

Älteste Streitschrift antiker Weltanschauung gegen das Christentum vom Jahr 178 n. Chr.

Theodor Keim

Celsus' Wahres Wort
Älteste Streitschrift antiker Weltanschauung gegen das Christentum vom Jahr 178 n. Chr.

ISBN/EAN: 9783742808110

Hergestellt in Europa, USA, Kanada, Australien, Japan

Cover: Foto ©Thomas Meinert / pixelio.de

Manufactured and distributed by brebook publishing software (www.brebook.com)

Theodor Keim

Celsus' Wahres Wort

CELSUS' WAHRES WORT.

ÆLTESTE STREITSCHRIFT

ANTIKER WELTANSCHAUUNG GEGEN DAS CHRISTENTHUM

VOM JAHR 178 N. CHR.

Wiederhergestellt, aus dem Griechischen übersetzt, untersucht und erläutert, mit Lucian und Minucius Felix verglichen

VON

Dr. THEODOR KEIM
ORD. PROFESSOR DER THEOLOGIE AN DER UNIVERSITÄT ZÜRICH

ZÜRICH
DRUCK UND VERLAG VON ORELL, FÜSSLI & Co.

1873

Vorwort.

Als Johann Lorenz Mosheim im Jahr 1745 seine verdienstliche Uebersetzung und Erklärung „der acht Bücher des Origenes wider den Weltweisen Celsus" herausgab, trat er vor den Leser des durch mehr als sechszehn Jahre verzögerten Werkes mit der Erklärung: „ich habe nie die Hand an dasselbe geleget, als in denen Stunden, worinn es mir entweder an Stärke und Klarheit oder an Gelegenheit gemangelt hat, etwas wichtiges und tiefsinniges vorzunehmen. Ein Theil ist im Wirthshause, bey Hofe, im Kloster, ein anderer zu Hause, wenn sich etwan der erschöpfte Verstand nach einer Abwechselung und Ruhe sehnete, nach und nach aufgesetzet worden"[1]). Einigermassen ähnlich ist diese kleine Schrift entstanden, deren erster Gedanke

---

[1]) Origenes, Vorstehers der Christlichen Schule zu Alexandrien und Aeltestens, acht Bücher von der Wahrheit der Christl. Religion wider den Weltweisen Celsus. Johann Lorenz Mosheim hat sie aus dem Griechischen übersetzet und durch Anmerkungen aufgeklärt. Hamburg bey Johann Carl Bohn. 1745. Vorrede 1 f.

vor 25 Jahren in meine Studienjahre fiel, deren Ausführung aber trotz einzelner Anläufe sich bis jetzt verzögerte. Ermüdet von den Arbeiten über die Entstehung des Christenthums und überaus satt der Parteileidenschaften, wie sie dort ihre wilden Rosse tummeln, suchte ich im Sommer vorigen Jahres nach einem kleineren leichteren und neutraleren Gegenstand und da griff ich denn fast zufällig meinen alten Bekannten Celsus auf. Ich erwähne dies nicht etwa nur, um für diese Arbeit, welche sich in den Cyklus meiner längst begonnenen Veröffentlichungen aus dem Gebiete von „Rom und Christenthum" organisch eingliedert, einige Nachsicht zu erbitten, sondern hauptsächlich, um der liebenswürdigen Vermuthung vorzubeugen, als ob ich den Kitzel verspürt hätte, die sogenannten Destruktionen im Gebiet des Urchristenthums durch die Herausgabe „des Erzvaters der Religionsverächter" gleichsam zu krönen[1]). Wenn jene Gegner einigermassen unbefangen diese Zeilen lesen, werden sie vielmehr erstaunt sein, dass ich mit meinem Celsus kühnen

---

[1]) Meine früheren Veröffentlichungen sind: Die röm. Toleranzedikte für das Christenthum Theolog. Jahrbb. 1852, 207 ff. Bedenken gegen die Aechtheit des Hadrian'schen Christenrescripts ebend. 1856, 387 ff. Der Uebertritt Constantin's des Grossen zum Christenthum Zür. 1862. Art. Lucian von Samosata und Lucian der Märtyrer, Kaiser Nerva, Kaiser Vespasian in Herzogs R. E. VIII, 497. X, 276. XVII, 163. Augustus, Claudius, Herodes, Tiberius in Schenkel's B. L. 1, 305. 543. III, 27 ff. u. s. f. Die Entstehungszeit des Briefs an Diogn. Prot. K. Z. 1873 Nr. 13. 14.

Sprungs in die Reihen der jetzt so beliebten „kleinen Apologeten" trete, zu denen das Herz mich immer zog, auch wenn der Mund sich zankte.

Aus den Zeiten der Kämpfe der antiken Welt gegen das Christenthum hat kein Buch sosehr das Interesse aller Freunde der Geschichte und der Religion um sich versammelt, als das des Celsus. Sogar die erhabene Tragödie der christlichen Leidensnöthe, wie sie hier und dort in den Zeiten von Mark Aurel, Decius, Diokletian ohne künstlichen Aufputz von Augenzeugen nach der Natur erzählt werden, hat nicht den unwiderstehlichen Reiz, wie diese rein erhaltene heidnische Gedankenwelt, dieser tiefe und umfängliche Selbstbesinnungsakt eines wissenschaftlich geschulten Mannes des zweiten Jahrhunderts, der seiner Feder anbefahl, was er erlebte, sah und hörte, fühlte und dachte von diesem Christenthum, wie es unter seinen Augen wandelte, und der unter den Falten seines Philosophenmantels die Entscheidung zum Krieg oder Frieden barg. Sind doch die äusseren Katastrophen der Christenverfolgungen des römischen Staates mehr oder weniger die Folge und Frucht dieser innern Ueberlegungen des religiösen Geistes gewesen, und ist doch, wenn man auch zugesteht, dass Celsus weder ein lenkender Staatsmann noch ein agitirender Volksmann war, keiner dieser Reflexionsakte des Heiden-

thums gründlicher, anziehender, einflussreicher und auf
einen epochemachenderen Zeitpunkt gestellt gewesen,
als der des Celsus. Seine Physiognomie ist allerdings
eine janusartige; seine Polemik ist so bitter und
ätzend, dass sie wie eine ungeheure Frivolität das
christliche Gefühl verletzt; sein Zorn ist so heftig,
dass er das Christenthum mit Stumpf und Stiel ver-
tilgen möchte und sein scharfes Losungswort „der
vaterländischen Religion" hat noch fünfzig und hundert
Jahre nach seinem Tod die Kolonnen geführt, welche
bis zu den Tagen Konstantins den Namen der Christen
zerstören wollten; daneben aber ist er mit Zuge-
ständnissen an die Christen, mit wahren Versöhnlich-
keiten so wohl beladen, dass die siebenzig Ruhejahre,
welche das Christenthum unmittelbar nach ihm antrat,
zum Theil doch nicht nur auf die Rechnung einzelner
Kaiser und der allgemeinen Volkserschlaffung kommen,
sondern auch auf die seinige.

Bei den Anerkennungen, welche der Stellung
des Celsus stets, am nachdrücklichsten in neuerer Zeit
von F. Chr. Baur gezollt wurden und bei der immer
neu erhobenen Thatsache, dass der grösste und wichtigste Theil seines Buches in der Widerlegungsschrift
des Origenes auch für die Nachwelt erhalten worden,
ist es ganz unbegreiflich, dass ein Versuch der Aus-
scheidung dieser ältesten, besten und schliesslich auch

einzigen Streitschrift des Heidenthums aus der Umarmung des Origenes, ein Versuch seiner Herstellung zu einem organischen Ganzen nie gemacht worden ist[1]). Ist es doch einleuchtend, dass ein zuverlässiges Bild und ein voller Eindruck vom Wesen des Buches in Umfang und Form, Gehalt und Zusammenhang nur entstehen kann durch solche Isolirung und Herstellung. In unvollkommener, immer nur halb durchgeführter Weise ist dies geschehen von C. R. Jachmann in seiner Sammlung der griechischen Fragmente des Celsus (1836)[2]). Nachher hat C. W. J. Bindemann, der im gleichen Jahr 1836 Verfasser einer Preisschrift über Celsus war, der Aufforderung Neanders, die Fragmente herauszugeben, nicht entsprechen zu können geglaubt, indem er insbesondere eine Reproduktion in deutscher Sprache „nicht für angemessen hielt"; statt dessen hat er die verdienstliche Abhandlung „über Celsus und seine Schrift gegen die Christen" veröffentlicht (1842), auf deren Detailunter-

---

[1]) Baur, das Christenthum u. die christliche Kirche der drei ersten Jahrhunderte 1. A. 1853, 368 ff. (gew. citirt) 3. A. 1863, 382 ff. Auch v. Engelhardt (Dorpater Zeitschr. 1869, 268) sagt von ihm: Baur namentlich hat dieser Schrift im ersten Bande seiner K. G. eine bedeutende Stelle eingeräumt und die Grundgedanken derselben mit dankenswerther Vollständigkeit und grosser Treue reproducirt.

[2]) Königsberger Programm 1836: *de Celso philosopho disputatur et fragmenta libri, quem contra Christianos edidit colligantur*. Nach Bindemann S. 81 (s. u.) auch besonders erschienen unter dem Titel: *de Celso phil. disseruit et fragmenta libri, quem contra Chr. edidit, collegit Dr. C. R. Jachmann. Regimonti Boruss. 1836.*

suchungen man bis heute zu verweisen pflegt[1]). Dreissig Jahre nach Bindemann hat es sich mir nun vor Allem empfohlen, die Zusammenstellung des Celsus in deutscher Sprache zu leisten. Es war mir darum zu thun, einer Kenntniss des Celsus auch in weitern theologischen und historischen Kreisen Bahn zu brechen; auch hielt ich es vorerst für unbedenklicher, die einzelnen Lücken, welche übrig sind, deutsch auszufüllen als griechisch, um weder mir noch Andern mit dem täuschenden Schein des völlig authentischen Celsus zu schmeicheln. Ist nur erst einmal der feste Grund gelegt und von der wissenschaftlichen Kritik erprobt, so wird der griechische Celsus, von mir oder einem Andern erbracht, desgleichen jede weitere Kommentirung in der That das leichtere Stück, eine Art Nachtrag der jetzigen Arbeit sein.

Indem ich mich also auf Verdeutschung beschränkte, welcher ich nur bei bedeutenden Stellen anmerkungsweise den Urtext meist nach C. H. E. Lommatzsch zur Begleitung gab, so war die Aufgabe nur um so mehr, den Schriftsteller so treu, so wörtlich als möglich wiederzugeben[2]). Dadurch unterscheidet

---

[1]) Zeitschr. für die histor. Theologie 1842, Heft 2, S. 58‒146.
[2]) Orig. op. omn. ed. Car. Henr. Ed. Lommatzsch (Prof. Vitb.) 1831‒1848, tom. XVIII. XIX. XX. Orig. c. Cels. libror. pars I. II. III. Berol. 1845. 1846.

sich diese Version wesentlich von der Mosheimschen Uebersetzung der acht Bücher des Origenes. Professor v. Engelhardt in Dorpat hat neuerdings in seiner Reproduktion des Celsus für weitere Kreise wie die meisten Neueren wesentlich die „treffliche Uebersetzung" von Mosheim zu Grunde gelegt, er hat aber nicht beachtet, dass Mosheim, indem er die Mitte zwischen freier und knechtischer Uebersetzung treffen wollte, nur darauf ausging, „die Meinung des Origenes überhaupt" richtig wiederzugeben, während er sich im Interesse der Lesbarkeit vom Gesetz der Wörtlichkeit sehr oft in erschreckender Weise dispensirte[1]). Desgleichen war es mein Absehen, bei den nothwendigen Ergänzungen des Textes jedes Wort zu sparen, sosehr möglich bei Celsus oder doch bei Origenes zu bleiben und den Einsatz, in den Noten ausdrücklich bemerkt, auf's dürftigste Mass zu beschränken. Ueber die Schwierigkeiten der Herstellung, welche immerhin ein beschwerliches, vielfach sogar, besonders in unfruchtbaren Partien, ein recht verdriessliches Werk war, von welchem ich ohne die heilsame Nöthigung einer Vorlesung vielleicht sogar wieder abge-

---

[1]) Celsus oder die älteste Kritik biblischer Geschichte und christlicher Lehre vom Standpunkt des Heidenthums. Dorpater Zeitschr. für Theologie und Kirche. 11. Band 1869, 3. Heft, S. 287 ff. Mosheim, Vorrede S. 10. 11.

sprungen wäre, darüber ist in den beigefügten Erörterungen zum Buch das Nähere geredet.

Neben der Uebersetzung, welche ich zunächst allein im Auge hatte, sind manche mühselige Anmerkungen, bei welchen ich mich da und dort der freundlichen Aushilfe lieber Kollegen, besonders K. Dilthey und A. Hug erfreute, und noch viel mehr einleitende Untersuchungen nothwendig geworden. Es war aber die Absicht, nur das Nöthigste zu geben und archäologische Expositionen oder gar Exkurse, auf welche man durch Celsus geführt werden kann, durch das Grundgesetz abzuschneiden, dass der Werth der ganzen Schrift nicht etwa in dem mythologischen Krame des Celsus, in dieser *antiquitas nimium fabulosa* (Minuc. F. 7.), vielmehr lediglich in den lebendigen, wirksamen Beiträgen zur Instruktion des geistigen Prozesses zwischen Heidenthum und Christenthum gelegen ist. Die Einleitung in Celsus hat alle wichtigen Kapitel neu oder auch erstmals aufgenommen und der Verfasser will hoffen, dass er in einer Reihe von Punkten, z. B. in der Frage der Zeit und des Autors, die auch durch Bindemanns Unschlüssigkeiten nur zu lang aufgeschobene Lösung ermöglicht, in anderen neue ernste Untersuchungen angeregt habe. Die Zugabe der ältesten, mit Celsus ziemlich gleichaltrigen ausführlicheren Urtheile über das Christenthum soll der Vergleichung

dienen und unserm Schriftsteller die Stelle zwischen
Lucian, seinem Freund und zwischen Minucius Felix,
seinem vermuthlichen ersten Benützer, sichern helfen.
Bei den Citaten aus Athenagoras habe ich zu bedauern, dass durch die wechselnde Benützung der
alten Lindner'schen (1774) und der Otto'schen Ausgabe (1857) eine gewisse Unstetigkeit der Kapitel-
bezeichnung sich eingeschlichen hat.

Wenn diese Wiederherstellung des vor nahezu
1500 Jahren durch kaiserlich byzantinische Polizei
„zur Ehre Gottes und zum Nutzen der Seelen" dem
Flammentod geweihten Celsus den Geschichtsfreunden
eine angenehme Stunde bereitet und, was wichtiger,
ein verstärktes Interesse für die grosse Uebergangs-
zeit abgewinnt, welche ihr Thema ist, so mag sie
ihre Absicht gründlich erreicht nennen.

ZÜRICH, 21. März 1873.

Th. Keim.

INHALT.

I. Celsus wahres Wort.

	Seite
Eingang. Vorwort und Orientirung . . .	3—11
1. Der allgemeine Charakter des Christenthums .	3 8
2. Die Religionseinheit der Weltvölker und der Separatismus der Juden und Christen . . .	8 11
Erster Theil. Die geschichtliche Widerlegung des Christenthums vom Standpunkt des Judenthums	11 33
Erstes Kapitel. Die Ansprache des Juden an Jesus	11 17
1. Die Fiction der Jungfraugeburt und die Ehebruchsschande	11 13
2. Die Legitimation des egyptischen Knechts . .	13 15
3. Das Amtsleben Jesu	15 17
Zweites Kapitel. Die Ansprache des Juden an seine judenchristlichen Landsleute	18 33
1. Der Betrug Jesu	18—21
2. Der Betrug der Schüler	21—25
3. Die wirklichen Thatsachen der Geschichte Jesu .	25—27
4. Die letzten Gründe der Christen	28—32
5. Der Epilog des Juden	32 33
Zweiter Theil. Die principielle Widerlegung vom Standpunkt der Philosophie	33—76
Erstes Kapitel. Allgemeine Widerlegung .	33—46
1. Das revolutionäre Princip	33—35
2. Die neue Mosaikkomposition aus alten Stoffen .	36—40
3. Der Ausschluss der Weisen und Guten . .	40—44
4. Die Windbeutelei der christlichen Lehrer .	44 46
Zweites Kapitel. Die christliche Teleologie .	46—76
1. Die Herabkunft Gottes	46 49
2. Die nähere Theorie der Juden und Christen .	50—55
3. Der philosophische Standpunkt . . .	55—63
4. Die Folgerungen gegen Juden und Christen .	64—76

Dritter Theil. Die Widerlegung der Einzellehre vom Standpunkt der Geschichte der Philosophie	76 117
Erstes Kapitel. Die Widerlegung	77—110
1. Die Frage der Erkenntniss Gottes . . .	77— 82
2. Die Frage des Reiches Gottes	82— 91
3. Die Frage des Teufels und Antichrists . .	91 85
4. Die Frage der Weltschöpfung	85— 99
5. Die Frage der Offenbarung Gottes im Geiste Christi	99 104
6. Die Frage der Weissagung der Propheten .	104 —108
7. Die Frage des ewigen Lebens . . .	108 110
Zweites Kapitel. Die Aufforderung . . .	110 117
Vierter Theil. Der Bekehrungsversuch .	117 140
Erstes Kapitel. Empfehlung der Betheiligung am heidnischen Kulte	117—125
1. Der Gegensatz der Christen gegen den heidnischen Kult	117—120
2. Die Vernünftigkeit der Anbetung der Dämonen	120 122
3. Die Unvernunft der Christen, welche neben und über Gott Jesus anbeten	122 124
4. Die Vereinbarkeit des Dienstes des Einen Gottes mit der Theilnahme an religiösen Volksfesten .	124 125
Zweites Kapitel. Entweder Oder . .	125—134
1. Die Forderung	125—126
2. Die falsche Furchtlosigkeit der Christen .	126—129
3. Das Gerichtsdrohen der Christen . .	129 131
4. Die Nothwendigkeit des Dämonendienstes .	131—134
Drittes Kapitel. Das Maass im Dämonenkult .	134 136
Viertes Kapitel. Unterthänigkeit und Beistand gegenüber dem Kaiserthum	137 140

II. Zwei Zeitgenossen des wahren Worts.

I. Lucian von Samosata.	143—151
1. Vorbemerkungen	143—146
2. Lucian's Peregrinos	146—151
II. Minucius Felix' Cæcilius	151—168
1. Vorbemerkungen	151—159
2. Polemik des Cæcilius	159—168

III. Analyse des wahren Worts.

		Seite
I.	Das Verdienst des Origenes	171—179
II.	Die Herstellbarkeit der Schrift des Celsus	179—186
III.	Titel und Zweck der Schrift	187—195
IV.	Eintheilung und Gliederung	196—203
V.	Der philosophische und religiöse Standpunkt	203—219
VI.	Die Kenntniss des Christenthums	219—231
VII.	Die Beurtheilung des Christenthums	231—253
VIII.	Der Werth der Schrift	253—261
IX.	Zeit und Ort der Entstehung	261—275
X.	Der Verfasser	275—292

I.

Celsus' wahres Wort.

Eingang. Vorwort und Orientirung.
Nach der Skizze des Origenes[1]).
1, 1—27.

1. Der allgemeine Charakter des Christenthums (1, 1—12). Die Christianer bilden heimliche Verbindungen unter einander ausserhalb der gesetzlichen Ordnungen [2]). Denn von den Verbindungen sind die einen sichtbar, alle die, welche nach Gesetzen geschehen; die andern aber unsichtbar, alle die, welche ausserhalb der gesetzlichen Ordnungen vollbracht werden[3]). Diese Verbindung hat ihren Bestand in Folge

---

[1]) S. Orig. procem. 6. Danach ist 1, 1—27 nur eine später nicht mehr ausgeführte Punktation des Origenes. Vgl. die Einleitung zu Celsus, Abschnitt 2: Herstellbarkeit der Schrift.

[2]) [Der Ausdruck des Celsus ist nicht ganz wörtlich erhalten]. Συνϑήκας (vgl. σύνϑημα 3, 14) κρύβδην πρὸς ἀλλήλους ποιοῦνται παρὰ τὰ νενομισμένα 1, 1. Κρύφιον δόγμα 1, 7 u. s. Ἀηανοῦς καὶ ἀπορρήτου κοινωνίας σύνϑημα 8, 17.

[3]) Dieser Zusatz ist schwerlich von Origenes, sondern (wie auch Jachmann S. 9 annimmt) von Celsus. Orig. selbst sagt: τὸν κοινὸν νόμον ϑερλεί, und nur der Heide, nicht der Christ konnte diese fatale Stellung des Christenthums als inlicita ac desperata factio (Minuc. F. Octav. 8) opp. legitima sacra (Lact. Inst. 5, 2) beleuchten. Vgl. Minuc. F. 9: impia coitio, consensio. c. 8: plebs profanae conjurationis. Tert. ad nat. 1, 6: non licet esse vos. Tert. apol. 2: christianus homo omnium scelerum reus. c. 24: crimen laesae publicae religionis. Auch Gieseler K. G. 4. A. 1, 32 ff.

gemeinsamer Gefahr und eine Stärke, welche über die Eide geht (1, 1)¹).

Die Lehre der Christen ist von den Ursprüngen her barbarisch²). Allerdings sind die Barbaren befähigt, Lehren zu finden; aber die Hellenen sind besser, das von den Barbaren Erfundene zu beurtheilen, zu befestigen und zur Tugend auszubilden (1, 2)³). Die Christen aber vollends thun und lehren in der Heimlichkeit das, was ihnen beliebt, und allerdings nicht ohne Grund halten sie es so, indem sie nämlich die ihnen drohende Todesstrafe, welche man einigermassen mit den Gefahren des Sokrates der Philosophie halber vergleichen könnte, von sich abzuwehren

---

¹) Συνθήκη (als die christliche ἀγάπη, das Liebesmahl, exegesirt von Origenes) ἀπό τ. κοινοῦ κινδύνου ὑφισταμένη κ. δυναμένη ὑπερόρκια. Nähere Charakteristik der zusammenhaltenden Elemente 3, 14 vgl. 8, 17 (τὸ πιστόν). Minuc. F. 8: *latebrosa et lucifugax natio, in publicum muta, in angulis garrula.* 9: *occultis se notis et insignibus noscunt et amant mutuo paene antequam noverint.*

²) [der Christen ist Zusatz]. Βάρβαρόν φησιν ἄνωθεν εἶναι τ. δόγμα. Celsus meint zunächst das Judenthum. Er kennt Zusammenhang und Unterschied 2, 1. 3, 1. 4, 23. 5, 59. 61. *Iudaea origo eius mali* Tac. ann. 15, 44. Stolz des Apologeten Tatian auf die „barbarische" Philosophie or. ad Graec. 1. 30. 35. 42.

³) [Allerdings ist Zusatz]. Vgl. 5, 65. 6, 1: βέλτιον κ. τραυότερον εἰρῆσθαι παρὰ τοῖς φιλοσοφοῦσι (gegenüber dem Christlichen). 6, 37 (vgl. 3, 24. 4, 11. 8, 72) unterscheidet Cels.: βαρβάρως, ἑλληνικῶς, ῥωμαϊκῶς. Viel negativer als C. spricht Apollon. ap. Ios. c. Ap. 2, 14 über die Juden: ἀφυέστατοι βαρβάρων, οἳ μηδὲν εἰς τὸν βίον εὕρημα συμβεβλῆκασι. Bei den Schriftstellern des zweiten Jahrhunderts kämpft die Verachtung des Fremden, Barbarischen bes. in den Religionsgebräuchen (vgl. Plut. c. Pyth. 25. consol. ad Apoll. 22. superst. 13, auch 3. 7. 8. d. Isid. 71. Luc. Deor. conc. 9 ff.) mit der Bewunderung auf Grundlage der neuen syncretistischen Richtung (vgl. Plut. d. def. orac. 10. de Isid. 60); daher auch bei Celsus die Betonung der alten Völker 1, 14. 7, 62, der ἀρχαιότατα ἔθνη 1, 14. 6, 80 und besonders der Weisheit Egyptens (σοφώτατοι) 1, 20. Hatte

suchen (1, 3)[1]). Ihre ethische Grundlehre ist gemeinsam mit den andern Philosophen; es ist keine ehrwürdige und neue Wissenschaft (1, 4)[2]). Sie glauben nicht an die von Händen gemachten Götter, weil es unvernünftig sei, dass die Werke und Schöpfungen der schlechtesten und sittlich liederlichsten Bildner, oftmals auch ungerechter Menschen wirkliche Götter seien. Aber auch schon Heraklit hat gesprochen: ähnlich, wie wenn einer mit den Wänden plauderte, thun die, welche zu dem Leblosen hinzutreten wie zu Göttern. Auch die Perser denken so, wie Herodot erzählt (1, 5)[3]). Worin die Christen ihre Stärke zu haben scheinen, das sind die Namen etlicher Dä-

---

doch schon Platon den Barbaren einzelne Vorzüge eingeräumt d. republ. 4, S. 436 vgl. Politic. 6. Am analogsten ist der Satz des Maximus von Tyrus (Diss. 10) über das Verhältniss der Dichter und Philosophen: die einen reden bilderreich für eine rohe Zeit, die Andern klar und bestimmt für eine reifere.

[1] [Nicht ganz wörtlich erhalten. Aber vollends und einigermassen ist Zusatz]. Der Uebergang von den unter den Barbaren zunächst verstandenen Juden, der Grundlage der Christen, zu den Christen ist ganz im Sinne der späteren Ausführungen des Celsus, wonach die Juden relativ noch besser sind 5, 25 ff. Τὰ ἀρέσκοντα 1, 3. Vgl. 3, 14: τὸ τῶν Ἰξευθὶν δέος. Ganz ähnlich heisst es noch Edict. Galer. ap. Lact. mort. persecut. 34: ut non illa veterum instituta sequerentur — sed pro arbitrio suo atque ut iisdem erat libitum, ita ribimet leges facerent. Zur Vergleichung mit Socrates s. d. folg. Anm.

[2] [Nicht ganz wörtlich erhalten]. 1, 4: οὐ σεμνόν τι κ. καινὸν μάθημα. Vgl. 1, 67. 2, 32. 3. 19. 6, 8. Ein Glück, dass man das Christliche wenigstens mit dem Höchsten, was man hatte, mit den Philosophen, verglich vgl. 1, 3 (Socrates). 8, 1 ff. Luc. de mort. Peregr. 13: σοφιστής (Jesus). c. 12: καινὸς Σωκράτης (Peregrinus). Iust. apol. 1, 60: τὰ αὐτὰ τοῖς ἄλλοις. Minuc. F. 8: simulata philosophia. 13: philosophandi libido. Tert. ap. 46: philosophiae genus. Eadem, inquit, et philosophi monent atque profitentur etc.

[3] Ausführlicher 7, 62. Heraclit von Ephesus, Jos. Philosoph 500 v. Chr. (oft citirt 5, 14. 6, 12. 42. 7, 62). Herodot 1, 131.

monen und Bezauberungen.¹) Jesus selbst hat durch Zauberei die Wunder vermocht, welche er gethan zu haben schien, aber auch vorausgesehen, dass auch Andre, welche dieselben Kenntnisse erlangt, dasselbe thun werden, sich rühmend, es durch die Kraft Gottes zu thun²). Diese treibt Jesus freilich aus seinem Gemeinwesen; treibt er sie mit Recht hinaus, so ist er selbst, als in dieselben Dinge verwickelt, schlecht; ist er aber nicht schlecht, indem er dieses that, so auch die nicht, welche es ähnlich wie er trieben (1, 6)³).

Und ich sage nun nicht dieses, dass es sich zieme für den, der sich an eine gute Lehre hält, im Fall er deswegen bei Menschen in Gefahr zu kommen im Begriffe ist, von der Lehre abzufallen oder seinen Abfall vorzugeben oder ein Verleugner zu werden. Bei welchem die Seele sich wohlbefindet, der strebt überall nach dem Verwandten, nämlich nach Gott und begehrt sehnsüchtig, immer etwas zu hören und in Erinnerung zu bringen über jenes (1, 8).⁴) Aber es ist nöthig, der Vernunft und einem vernünftigen Führer folgend Lehren anzunehmen, indem durchaus Täuschung widerfährt dem, der nicht

---

¹) Respekt vor den christlichen Zaubereien 6, 41. 8, 37. Gew. Lesart d. Codd.: κατακηλήσαι. Iolian. u. Koetsch. κατακλήσαι vgl. Orig. 4, 34.

²) Vgl. 1, 28. 2, 49. 6, 42. Dazu aus N. T. Matth. 7, 22. 24, 5 11 ff.

³) [Freilich ist Zusatz]. Noch ausführlicher 2, 49 u. 6, 42.

⁴) Vgl. die ähnliche Stelle 8, 63. 66. Die Fiction des Abfalls vom Christenthum tritt nicht etwa erst in den Zeiten von Decius oder Diocletian auf, sondern schon zur Zeit Trajan's s. Plin. ad Traj. X, 97. Unter M. Aurel will der Proconsul dem Bischof Polykarp zu solchen Formeln helfen Eus. 4, 15. Vgl Minuc. F. 28: *mendacium cogere*. Tert. ap. 27; ad Scap. 4. Orig. exh. ad mart. 46.

in solcher Weise Einigen sich anschliesst¹). Er ist ähnlich denen, die vernunftlos glauben den Bettlern der Kybele und Zeichenschauern, Priestern des Mithras und Sabbadios und wem immer einer zustösst, Erscheinungen der Hekate oder anderer Dämoninnen und Dämonen²). Denn wie in jenen Personen oftmals böse Menschen, auf der Unwissenheit der Leichtverführbaren fussend, diese führen, wohin sie wollen, so geschieht es auch bei den Christen. Einige von diesen wollen weder Rechenschaft geben noch nehmen über das, was sie glauben; sie brauchen das Stichwort: prüfe nicht, sondern glaube! und: dein Glaube wird dich retten! Ein Schlimmes die Weisheit in der Welt, ein Gutes aber die Thorheit (1, 9)³)!

---

¹) [Aber]. 1, 9: λόγῳ ἀκωλυσόντα; κ. λογικῷ ὁδηγῷ vgl. 7, 36. 41. Die Philosophie die allein richtige Führerin s. Plut. d. Isid. 68. Κωτ φότης τῶν Χριστιανῶν (vgl. 3, 78) auch Hier. ap. Eus. c. Hier. 2.
²) Ueber diese Gaukler muss man neben Celsus 1, 9. 1, 68. 3, 50 Plutarch u. Lucian (Philops. 12. 16) lesen. Vgl. den an Celsus selbst erinnernden Ausdruck Plutarchs cur Pyth. 25: τὸ αγυρτικόν καὶ ἀγοραῖον κ. περὶ τὰ μητρῷα καὶ σεράπεια βωμολόχον κ. αλανώμενον γένος. Die Cybeledienee (vgl. Juv. 2, 110 ff. 6, 316 ff. 512 ff. 9, 22 ff. Lucian. Luc. 37. Dea syr. 42 ff. Minuc. 21) heissen im Text Metragyrten d. h. Bettler (vgl. 3, 50. Plut. c. Pyth. 25) der phrygischen Göttermutter, welche, die verhüllte Göttin auf einen Esel aufgepackt, die Provinzen durchzogen, Eier, Käse, Milch, Brot, Wein, Obolen und Drachmen ersammelten. Μίθρας; καὶ Σαβ;ιαδίοις: jenes die Repräsentanten des persischen Sonnengottes (vgl. Iust. ap. I, 66. Tryph. 70. 78. Lamprid. Comm. 9. Lucian. Deor. conc. 9), dieses die Priester der thrakisch-phrygischen Gottheit Sabazios (auch Sabadius, vgl. Σαβάζια μυστήρια Clem. Al. protrept. 2, 16, 15), identific. mit Zeus und noch mehr Dionysos. Hekate, die dreiköpfige Göttin der Unterwelt, besonders angerufen von den Zauberern. Dämonenlehre bes. 7, 68 ff. vgl. Einleitung.
³) Aehnlich 3, 44. 6, 7. 10—12. Vgl. Matth. 9, 22. Mark. 5, 36. 9, 23. 1. Kor. 1, 18 ff. 2, 1 ff. 3, 18. Origenes beschuldigt den Celsus, den Apostel Paulus zu verdrehen 1, 13. Vgl. noch Clem. Hom. 1, 10:

— 8 —

Wenn sie denn mir werden antworten wollen als einem, der sie nicht auskundschaftet (denn ich weiss Alles), sondern als einem, der gleichmässig für Alle bekümmert ist, so möchte es gut stehen¹). Wenn sie aber nicht wollen, sondern sagen werden, wie sie gewohnt sind: untersuche nicht! und das Andre mehr, so müssen sie mich doch belehren, theils was für welches immer das ist, was sie sagen, theils auch, aus welcher Quelle es geflossen und so fort (1, 12).

2. Die Religionseinheit der Weltvölker und der Separatismus der Juden und Christen (1, 14—27). Es ist eine alte Rede von Anfang her, um welche fürwahr immer sowohl die weisesten Völker als auch Städte und weise Männer sich beschäftigt haben: Egypter, Assyrer, Inder, Perser, Odrysen, Samothraker, Eleusinier (1, 14); auch Hyperboreer, Galaktophagen, gallische Druiden und Geten²). Auch die weisen Männer Linos und Musäos,

---

ὑμετέρας ἐξουσίας, ὑπείκειν ἢ ἀπειθεῖν. Iust. ap. 1, 53 (Vorwurf): ὅτι ἡμεῖς μόνον λέγομεν, ἀλλ' οὐκ ἀποδείξας ἔχομεν. Auch Athen. leg. 8. Theoph. 3, 1. 4. Galen. d. diff. puls. 2, 4: νόμοι ἀνεπόδεικτοι. Ebenso Lucian. m. Peregr. 13: ἄνευ τινὸς ἀκριβοῦς πίστεως τὰ τοιαῦτα παραδεξάμενοι. Minuc. 8: mulieres credulae. Κονφότης τῶν Χριστιανῶν Hier. ap. Eus. c. Hier. 2.

¹) 1, 12: ὡς οὐ διακριθησομένῳ vgl. 4, 8.
²) 1, 14: ἀρχαῖος ἄνωθεν λόγος — συγγένεια τοῦ αὐτοῦ λόγον vgl. Plat. leg. IV, 715: ὥσπερ καὶ ὁ παλαιὸς λόγος (Cels. 3, 16. 6, 15). Minuc. 5: *majorum excipere disciplinam, relig. traditas colere; nec de numinibus ferre sententiam, sed prioribus credere, qui in ipsius mundi natalibus meruerunt Deos vel facites habere vel reges.* 8: *firma consensio.* Max. Tyr. Diss. 17: Ein Gesetz und Eine Rede in der Welt. Auch Max. zählt da die Völker vgl. auch Plut. d. Is. 67. Apul. metam. XI. S. 257 (Bip.). Eine so bunte Reihe, in welcher Thraziër (Geten, Odrysen) und Scythen (Galaktophagen vgl. Strab. 1, 1. 11, 8. Ptol. 6, 14, 12. Hom. Il. 13, 6) eine grosse Rolle spielen, hat nur Celsus. Vgl. 6, 80.

Orpheus und Pherekydes, Zoroaster der Perser und Pythagoras haben über diese Dinge entschieden und ihre Lehren, bis heute aufbewahrt, in Bücher niedergelegt (1, 16). Auch Moses hat eine Geschichte der Weltentstehung geschrieben (1, 19), leere und von Späteren vergeblich bildlich gedeutete Mythen (1, 20 vgl. 17), schon darin verfehlt, dass nach ihm die Welt noch nicht 10,000 Jahre alt, sondern viel jünger sein soll, während von aller Zeit her viele Weltbrände und viele Ueberschwemmungen stattgefunden haben, von denen der Brand zur Zeit Phaëton's und die Sintfluth zur Zeit Deukalion's, obgleich von den Hellenen, die nichts Aelteres sahen und überlieferten, für alt gehalten, jüngeren und neulichen Datum's sind, wie insbesondere durch die Egypter, das weiseste Volk, bewiesen wird (1, 19—20) [1]). Diese Rede nun, bei den weisen Völkern und berühmten Männern vertreten, hat Moses gehört und dafür einen göttlichen Namen gehabt (1, 21) [2]). Auch das Uebrige der Juden ist entlehnt. Die Beschneidung der Geschlechtstheile ist von den Egyptern gekommen (1, 22) [3]). Dann haben

---

[1]) [Nicht wörtlich erhalten. Das relative Lob der christlichen Allegoriker in 1, 17 hat seinen Platz 1, 27]. Μήδα κενά 1, 20. Auf Moses verkehrte Kosmogonie kommt er oft zurück vgl. 6, 49 ff. Die Brände und Ueberschwemmungen 4, 11. 21. 41. 79. offenbar (wie schon Origenes annimmt) nach Platon (Timäus). Bewunderung der „göttlichen" Egypter (vgl. ἐνδιότατα ἔθνη 6, 80) auch bei Plut. d. Isid. und bei Apulejus.

[2]) 1, 21: ὄνομα δαιμόνιον ἔσχε. Auch im Heldenthum galt er ja bald als grosser Zauberer, bald als Weiser vgl. Strab. 16, 2. Plin. 30, 2. Iust. hist. 36, 2. Moses erscheint bei C. als Benutzer der heidnischen Sage und Geschichte, wie später Christus.

[3]) [Auch das l'ebrige — entlehnt]. Vgl. 5, 41. Nach Strab. 16, 2 wäre erst nach Moses diese Sitte aufgekommen.

die Ziegenhirten und Schafhirten, durch grobe Betrügereien Mose's verlockt (1, 17), den Glauben angenommen, es sei ein einiger Gott, gleichviel, ob sie eine Freude daran haben, diese Welt da den Höchsten oder Adonai oder den Himmlischen oder Zebaot oder in welcher Richtung und wie immer zu nennen und etwas Weiteres haben sie nicht erkannt. In Wahrheit liegt nichts daran, den Gott über Allem mit dem bei den Hellenen gebräuchlichen Namen zu nennen oder mit dem und dem bei den Indern z. B. oder mit dem und dem bei den Egyptern (1, 24)[1]). Ausserdem verehren die Juden noch Engel und liegen der Zauberei ob, deren Ausleger Moses ihnen geworden (1, 26)[2]).

Weiterhin will ich näher zeigen, wie auch die Juden von Unwissenheit betrogen sich geirrt haben. Anführer der Entstehung der Christen aber ist Jesus gewesen; er hat vor ganz wenigen Jahren diese Lehre eingeführt, von den Christen angesehen als der Gottessohn (1, 26)[3]). Sein verderbliches Wort hat

---

[1]) [Dann. In Wahrheit]. Sonst hat er die Einheit Gottes doch besser betont 1, 8, 8, 63 u. s. (vgl. Tac. hist. 5, 5). Verächtlich redet davon auch Caecil. in Min. 10. Blosse Namensunterschiede 5, 41 vgl. 2, 74. 6, 39. 8, 37. Max. Tyr. Diss. 17. Plut. d. Isid. 67. Apul. met. 11, 8. 257.

[2]) [Ausserdem]. Engeldienst konnte den Juden seit dem Exil nachgesagt werden. Gal. 3, 19. Col. 2, 18. λατρεύουσιν ἀγγέλοις κ. ἀρχαγγέλοις. Praedic. Petri ap. Hilg. Nov. Test. e. can. IV, 58. Daneben nennt C. den Himmel 5, 6. 41. 6, 19 vgl. Tert. apol. 24. Auch Iuven. 14, 97. Sonne Tert. nat. 1, 13. Moses als Zauberer auch Plin. h. n. 30, 2. Iust. hist. 36, 2.

[3]) Anführer (ἡγεμών) vgl. 1, 9 u. 8, 14: στάσεως ἀρχηγέτης. Jugend des Christenthums ein ganz gew. Vorwurf vgl. 1, 26. 2, 4. 6, 10. 8, 12. Anders 8, 41. Suet. Nero 16: superstitio nova et malefica.

diese Menschen betrogen (1, 26), freilich bei seinem idiotischen Charakter und seinem Mangel an Vernunftgründen fast nur unter Unwissenden Macht gewonnen, wenn es schon immer auch etliche massvolle, fromme, verständige und zu allegorischen Deutungen geschickte Leute unter ihnen gibt (1, 27)[1]).

Erster Theil.

Die geschichtliche Widerlegung des Christenthums vom Standpunkt des Judenthums.

1, 28 — 2, 79.

Erstes Kap. Die Ansprache des Juden an Jesus[2]).
1, 28–71.

1. **Die Fiktion der Jungfraugeburt und die Ehebruchschande** (1, 28 — 39). Seine Entstehung aus einer Jungfrau hat Jesus erdichtet. In Wahrheit stammt er aus einem jüdischen Dorf und von einem bäurischen, armen, um Lohn spinnen-

---

Tert. ap. 37: *hesterni sumus*. 47: *novitiola paratura. Novissimi sat.* 1, 20. Ep. ad Diogn. 1: καινὸν τοῦτο γένος. 2: καιρός λόγος. Theoph. 2, 30: πρόςφατοι καὶ νεωτερικοί. Auch 3, 4. 16. Iust. ap. 1, 46. Tat. 36 ff. Arnob. 1, 24. Vgl. Minuc. F. 6: *tantum sanctitatis etc., quantum vetustatis.* Gegenbeweis bei Justin und Apologeten, besonders mit Hilfe alttestamentlicher Weissagung.

[1]) Nur Ungebildete 3, 44. 55. 6, 12 ff. u. s. vgl. Luc. m. Peregr. c. 12: γραΐδια cap. 13: ἰδιῶται ἄνθρωποι. Tat. 33. Minuc. 8. Luct. 5, 2: *impia et anilis superstitio.* Die Betheiligung Vornehmer Minuc. 31. Iren. haer. 4, 30, 1. Tert. apol. 37. Orig. c. Cels. 3, 9. Keine Vernunftgründe vgl. Galen. Anm. 8. 8. Jesus Führer des Aufruhrs 8, 14. Allegorie 1, 17. 4, 38. 48.

[2]) Die Abredeform der δημηγορία (3, 1) genugsam bezeugt 1, 28. 37. 71. 2, 1. 3, 1. Vgl. die wirkliche Anrede 2, 41. 50. 66 ff.

den Weibe ¹). Von ihrem Gatten, einem Zimmermann seiner Kunst nach, wurde sie ausgetrieben, nachdem sie als Ehebrecherin überwiesen worden. Vom Manne verstossen und ehrlos herumirrend gebar sie dann in der Dunkelheit von einem gewissen Soldaten Panthera her Jesus ²). Dieser selbst ging später wegen Dürftigkeit als Taglöhner nach Egypten, versuchte sich dort mit etlichen Kräften, auf welche die Egypter sich etwas einbilden, kam zurück, auf die Kräfte stolz, und erklärte sich ihrethalb öffentlich als Gott (1, 28 vgl. 32. 38) ³). Die Jungfraugeschichte selbst erinnert lebhaft an die hellenischen Mythen von Danae, Melanippe, Auge, Antiope (1, 37) ⁴). War wohl die

¹) [In Wahrheit]. Ἀπὸ γυναικὸς ἐγχωρίου κ. πενιχρᾶς κ. κερνήτιδος 1, 28. Die Darstellung des Celsus stimmt zur talmudisch-jüdischen, welche jünger ist vgl. m. Gesch. Jesu I, 15. 363. 368. G. Rösch, die Jesusmythen des Judenthums. Stud. u. Krit. 1873, 77 ff.

²) Ueber den Namen (1, 32. 69 vgl. Krüger Gr. 50, 7, 5) s. m. Gesch. Jesu a. a. O. G. Rösch, Stud. u. Krit. 1873, 88 ff. Πάνθηρ, πανθήρα (d. h. der Panther, sanscr. pundarica, talm. panterin Buxt. 1764) kommt (masc.) in Eigennamen auch sonst vor und bezeichnet hier wohl den wilden räuberischen (πᾶν θηρῶν) röm. Soldaten. Man denkt unwillkürlich an die Leoparden d. h. röm. Wachsoldaten des Ignatius. Ign. ad Rom. 5. Wagenseil dachte an Hos. 5, 14. 13, 7 (70); Nitzsch, Studien, 1840, 115 ff. und danach Baur, drei erste Jahrh. 371, an bildliche Bezeichnung der Wollust (vgl. lupa); Rösch richtig an Römer, phantastisch an den röm. Prokurator Titus Ann. Rufus, auf welchen auch der zweite Namen des Talmud (Stada = ἐπιστάτης; 2. Mos. 1, 11 u. a.) hindeute. Er habe als der Entehrer der Jungfrauen (unter Hadrian) gegolten. Richtiger denkt man (vgl. Cl. Hom. 2, 22) an den Bund Roms und des Christenthums seit dem Bar Kochba-Krieg Eus. Chron. ed. Schoene pag. 168 f. H. E. 4, 6. Σκότιος (mit der Nebenbedeutung unehlich) 1, 28. 38.

³) Lernen egyptischer Zauberei (wie Moses) auch im Talmud, Gesch. J. 1, 16. Iust. ap. 1, 30 (μαγικῇ τέχνῃ). Arnob. 1, 43. In Luc. m. Peregr. ist μάγος blosse Konjektur. Δυνάμει; (Hipp.) auch 2, 49.

⁴) [Die Jungfraugeschichte erinnert lebhaft]. Danae u. Antiope berühmt durch die Liebschaft mit Zeus, Auge (die Priesterin Athene's) mit Herakles, Melanippe (die Wahrsagerin) mit Aeolos.

Mutter Jesu schön und vermischte sich mit ihr als einer Schönen Gott, der die Natur nicht hat, einen sterblichen Körper zu lieben? Fürwahr, dass es nicht einmal schicklich war, wenn Gott sich in sie verliebte, da sie weder in glücklicher Lage noch königlich war; kannte sie doch Niemand, nicht einmal von den Nachbarn! Unter allen Umständen, als der Zimmermann sie hasste und hinauswarf, rettete sie nicht göttliche Macht noch überzeugende Rede. Diese Dinge passen also nicht zum Königreiche Gottes (1, 39) [1]).

2. **Die Legitimation des egyptischen Knechts (1, 41—58).** Als du gewaschen wurdest bei Johannes, sagst du, sei die Erscheinung eines Vogels aus der Luft auf dich geflogen. Welcher glaubwürdige Zeuge hat diese Erscheinung gesehen? oder wer hörte vom Himmel eine Stimme, welche dich als Sohn für Gott adoptirte? Ausser dass du es sagst und noch einen Gewissen von den mit dir Gestraften herbeibringst (1, 41)[2]). Aber mein Pro-

---

Apollod. bibl. 2, 4, 1. 3, 5, 5. 3, 9, 1. 3, 10, 1. Hohn gegen diese Liebschaften und die Frucht, die neuen Götter Luc. Deor. conc. 7.

[1]) [Unter allen Umständen]. Reich Gottes ist ein annectirter Ausdruck des Celsus 6, 17. 8, 11. λόγος πιστικός ist schwerlich Anspielung auf die christl. Logoslehre. Er denkt an den Engel (1, 66) Matth. 1, 20.

[2]) [sagst du]. Orig. macht 1, 40 dem Celsus grosse Vorwürfe wegen Unordnung; in der That aber geht Celsus logisch vor, auch wenn er vom Stern der Magier gegen die Evangelien erst nach dem Taufzeichen berichtet; der Stern ist ihm nämlich ein Theil des nachfolgenden Weissagungsbeweises. — Unter dem Zeugen versteht Celsus offenbar (wie auch Orig. 1, 48 annimmt) den Täufer Johannes, den er als Mithingerichteten betrachtet (vgl. Toledot Jeschu), wogegen Orig. mit Recht Einsprache erhebt. Als solcher Zeuge konnte der Täufer nach Joh. 1, 32 erscheinen; die Erzählung des Wunders durch Jesus aber (von Orig. 1, 46 beanstandet) konnte Celsus nach Matth. 3, 16 u. Parall. annehmen. Die Stimme auch 2, 72.

phet sprach in Jerusalem einst, dass kommen werde ein Sohn Gottes, der Frommen Richter und der Ungerechten Bestrafer (1, 49)[1]. Warum bist du das vielmehr als tausend Andere, welche nach dieser Prophezeiung gewesen, über welche dieses vorausgesagt worden? Denn die Einen sagen es im Enthusiasmus, die Andern wachend, dass von oben ein Sohn Gottes komme (1, 50)[2]. Wie möchtest aber du es sein, der du damals, als du für deine Vergehungen bei den Juden Strafe bezahltest, keine Hilfe vom Vater erhieltest oder dir selbst nicht helfen konntest (1, 54)[3]? Und wenn du dieses sagst, dass jeder Mensch, der nach göttlicher Vorsehung geworden, Sohn Gottes ist: in was wohl möchtest du dich von einem Andern unterscheiden (1, 57)[4]? Auch von Chaldäern hat Jesus geredet, welche wegen seiner Geburt in Bewegung gerathen und gekommen seien, um ihn noch als Unmündigen als Gott anzubeten. Und sie haben das Herodes dem Vierfürsten kundgethan, er aber habe hingeschickt und die in derselben Zeit Geborenen getödtet, indem er meinte, auch diesen mit ihnen zu

---

[1] Es ist nicht nothwendig, vor diesem Satze (aber) etwa zu suppliren: du sagst, dass da von den Propheten geweissagt worden. Gericht 4, 2. 5, 14 u. s.

[2] 1, 50: ἐνθουσιῶντες, ἐγείροντες (intrans.) vgl. 7, 9. 11. Gew. Lesart: ἀγείροντες ist unpassend. Schon ed. Speno. ἀγ. ad marg.; ebenso drei Mss. angl. Die Stelle am Schluss von 1, 50 kommt erst 2, 28.

[3] In dieser Stelle könnte man eine Prolepse sehen (vgl. 2, 24), aber sie ist garantirt durch die Stelle 2, 5, welche nicht etwa auf 2, 4 zurückgeht und durch welche auch der Wortlaut herzustellen ist.

[4] Die allgemeine Sohnschaft Gottes bei allen Menschen hat also der scharfsinnige Celsus in den Evangelien (Matth. 5, 9. 45 ff.) wohl wahrgenommen.

tödten, damit er nicht nach Erlebung der hinreichenden
Zeit zum Königthum gelange (1, 58)¹).

3. Das Amtsleben Jesu (1, 62—71). Indem Jesus
etliche zehn oder elf verschrieene Menschen an
sich fesselte, die schlimmsten Zöllner und Schiffer,
entlief er mit ihnen hier und dorthin, schmählich
und kümmerlich Nahrung zusammenbringend (1, 62)²).
Ein Gott flieht doch nicht; warum aber auch musstest
du noch als Unmündiger nach Egypten ausgeführt
werden? Damit du nicht getödtet würdest? Es war doch
nicht schicklich, dass ein Gott wegen Todes Angst hatte.
Aber ein Engel seinerseits kam vom Himmel, befehlend
dir und deinen Angehörigen zu fliehen, damit ihr nicht
im Stich gelassen sterben müsstet! Dich bewahren aber
an Ort und Stelle vermochte der grosse Gott nicht, der
schon zwei Engel deinetwegen gesendet hatte, dich, den
eigenen Sohn? Nichts Göttliches also ist im menschlichen Leib und in der Seele bei Jesus; sein Leib ist
nicht geartet, wie in Homer's Mythen, es war nicht
Blut, so lauter es fliesst den seligen Göttern (1, 66)³).

¹) [Auch]. Zur Stelle vgl. auch 1, 40. Nach Matth. 2, 1 (wahrscheinlich vom Ueberarbeiter des Matth.). Fälschlich nennt Celsus
den Tetrarchen statt des Königs, des Vaters, Herodes d. Gr. Die
Griechen und Römer, aber auch die Christen haben oft vorwechselt,
insbes. die Söhne Könige genannt. Die grössten Fabeln über das
Haus Strab. 16, 2.

²) δίκα ἢ ἕνδεκα τινας ἐξαρτησάμ. ἑαυτῷ ἐπιρρήτους ἀνθρώπους,
τελώνας κ. ναύτας τ. πονηροτάτους 1, 62. 2, 46. Vgl. Matth. 4, 18. 9, 9.
Luk. 8, 3. 9, 12. Der Talmud nennt nur fünf Schüler Oesch. J. I, 16.
Unter dem ἀποδιδράσκειν versteht Celsus die Fluchtwege, wovon später.

³) [Ein Gott flieht doch nicht. Nothwendig im Zusammenhang. Also]. Homer, Ilias 5, 340. Wiederholt von Celsus 2, 36.
Die Flucht Matth. 2, 13. Die zwei Engel sind wohl die der Geburts-
ankündigung bei Luk. 1, 26 und dann Matth. 1, 20.

Die alten Mythen, welche Perseus, Amphion, Aeakos, Minos eine göttliche Erzeugung zuschrieben, auch ihnen haben wir nicht geglaubt; doch zeigten sie deren grosse und wunderbare und in Wahrheit übermenschliche Werke, um nicht unwahrscheinlich zu dünken; du aber fürwahr, welches Schöne oder Wunderbare hast du in Werk oder Wort gethan[1])? Uns hast du nichts gezeigt, obgleich wir dich im Heiligthum aufforderten, ein deutliches Kennzeichen darzubieten, dass du der Sohn Gottes seiest (1, 67)[2]). Halten wir einmal Alles für wahr, was von Heilungen oder von einer Auferstehung oder über wenige Brote, welche Viele genährt haben und von denen viele Reste übrig geblieben, geschrieben worden ist oder Alles das, was deine Schüler schwindelhaft erzählt haben, glauben wir, dass du das gethan hast[3])! Aber ähnlich sind die Werke der Goëten, welche gar Wunderbares versprechen, oder das, was die Zöglinge der Egypter zu vollbringen wissen, welche inmitten der Märkte um wenige Obolen ihre ehrwürdigen Wissenschaften verkaufen, Dämonen von Menschen

---

[1]) Söhne des Zeus. — Jesus that nichts Grosses, auch 2, 33. 3, 22 f. Vgl. S. 5. N. 2. Wo Celsus als Grieche redet (3, 22), nimmt er etwa die Vergöttlichung der alten Heroen an; hier, wo er als Jude spricht, schliesst er den Gesichtspunkt auf, welcher in der Polemik des Heidenthums ganz gewöhnlich wurde, dass selbst jene Heroen, obgleich an Leistung Jesus überlegen, doch immer Menschen blieben, eine Annahme, mit welcher auch die Christen zufrieden sein sollten. Vgl. Just. apolog. 1, 30. Eus. c. Hier. c. 2: οὐ θεόν, ἀλλὰ θεοῖς κεχαρισμένον ἄνδρα ἡγούμεθα. Sogar Celsus selbst geht darauf zurück 3, 22.

[2]) Die Forderung der Juden Joh. 2, 18. Matth. 21, 23 passt weniger.

[3]) Auferweckung Matth. 9, 23. Luk. 7, 11. Joh. 11, 17. Speisung Matth. 14, 16. 15, 32. Schwindelhaft: τερατευσάμενοι vgl. Hier. ap. Eus. c. Hier. 2: δι' ὀλίγης τερατείας θεὸν ἀναγορεύουσι. Auch Arnob. 1, 56.

austreiben, Krankheiten wegblasen, Seelen von Heroen zum Erscheinen aufrufen, kostbare Mahlzeiten, Tische, Backwerke und Leckerbissen zeigen, die nicht existiren, Bilder von Thieren bewegen, als ob es Thiere wären, während sie es in Wahrheit nicht sind, sondern lediglich bis zum Anschein als solche aussehen. Wohl weil jene dieses thun, werden wir sie für Söhne Gottes halten müssen? Oder ist nicht vielmehr zu sagen, dass es Handthierungen von bösen und elenden Menschen sind (1, 68)[1])?

Du freilich willst Gottes Sohn sein. Aber Gott würde wohl nicht einen solchen Leib haben, wie der deinige ist! Gottes Leib würde wohl nicht so gezeugt sein, wie du, o Jesus, gezeugt wurdest (1, 69)[2]). Gottes Leib wird auch nicht mit Solchem gespeist[3]). Aber auch nicht bedarf Gottes Leib eine solche Stimme noch eine dergestaltige Ueberredung (1, 70)! Das war die Sache eines gottverhassten und heillosen Betrügers (1, 71)[4]).

---

[1]) Dergleichen Kunststücke werden allerdings genugsam erzählt, man vergleiche nur Lucian's Alexander v. Abonoteichos c. 8 ff. oder Lügenfreund c. 8 ff. und die Schilderungen der Wunder Off. 13, 13. 15 oder des Magiers Simon in den Clementinen (Hom. 2, 32. Rec. 2, 9). — Der Ausdruck: ὑπισχνοῦμ. θαυμασιώτερα schliesst keine Komparation mit Christus, sondern mit Andern überhaupt ein vgl. 2, 44. Das Zugeständniss magischer Künste Jesu auch bei den Helden Justin's ap. 1, 30.

[2]) [Du freilich willst Gottes Sohn sein. Aber] Unter der Zeugung versteht er die Panthera's vgl. Orig. 1, 69.

[3]) Er denkt an die kümmerliche Nahrung (1, 62), vielleicht auch (Orig.) an das österliche Schafflesch (7, 13)!

[4]) Mit den Worten: ταῦτα θεομισοῦς ἦν τινος κ. μοχθηροῦ γόητος schloss die Rede des Juden (1, 71). Origenes beschuldigt im Beginn (1, 69) den Celsus der Unordnung, insbesondere aber der Vermischung von Christlichem und Gnostischem. Der Zusammenhang aber ist

Zweites Kapitel. Die Ansprache des Juden an seine Judenchristlichen Landsleute (2, 1—79)[1].

1. Der Betrug Jesu (2, 1—13).

1. **Der Abfall (2, 1—7).** Was ist euch widerfahren, o Mitbürger, dass ihr das väterliche Gesetz verlassen habt und von Jenem verführt, mit welchem wir eben disputirt, ganz lächerlich getäuscht worden und von uns weg zu einem andern Namen und zu einer andern Lebensweise übergelaufen seid (2, 1)[2]? Denn gestern und ehegestern, als wir diesen euren Verführer straften, standet ihr ab vom väterlichen Gesetz[3]. Oder wie möget ihr zwar anfangen von unsern Heiligthümern, vorwärtsschreitend aber sie ent-

---

leidlich. Beim Gottesleib ferner hat Celsus schwerlich an Gnostisches, sondern an die kirchliche Lehre gedacht; was erinnert sich an die Vorläufer des Theopaschitismus (S. 20, 2) seit dem zweiten Jahrhundert. Aber auch abgesehen davon identificirt Celsus stets Gott und Gottessohn. — Die Stimme erinnert bes. an Mark. 15, 37. 39. Vgl. Matth. 27, 50. Luk. 23, 46. Joh. 11, 43. 12, 44. Celsus denkt nach 2, 55 hauptsächlich an die Stimme des Sterbenden.

[1] λόγος oder ἐγκλήματα 2, 1.

[2] τί παθόντες καταλιπετε τ. πάτριον νόμον. Vgl. Iust. Tr. 63. Es klingt hier der Vorwurf, wie er bei Tert. und später bei den Neuplaton. erscheint: *dicentium ab institutis majorum ad nat.* 1, 10; *relinquere sectam parentum* Lact. mort. pers. 34.

[3] Der Abfall vom Gesetz (hier als Reaction gegen den Tod J.) füllte geschichtlich eine viel längere Periode und war selbst in der Zeit des Celsus, in der Zeit der kathol. Kirche nicht schlechthin vollendet. Doch zeigt schon Iust. d. Märt. (Mitte 2. Jahrh.) das Judenchristenthum als verschwindende Minorität Tryph. 46 ff. und zum Abfall von den alten Sitten half besonders der zweite Untergang Jerusalems unter Kaiser Hadrian vgl. Eus. 4, 6. Anders als Celsus hat Lucian de mort. Peregr. 13 den Abfall der Christen von den Göttern betont. Der Eine denkt das Christenthum mehr als Juden-, der Andere mehr als Heidenchristenthum, obgleich dann auch wieder Lucian Christenthum mit Judenthum vermengt. Zur Jugend des Christenthums s 1, 26.

ehren? während ihr einen andern Anfang eurer Lehre nicht nennen könnet als unser Gesetz! Denn es sei, dass einer uns vorausverkündigt hat, es werde der Sohn Gottes zu den Menschen ankommen, so war dieser unser Prophet und der unsres Gottes (2, 4)[1]. Und der verkündigte Sohn Gottes ist wahrlich der nicht gewesen, welcher für seine Vergehungen bei uns Strafe gezahlt hat (2, 5)[2]. Auch das Gerede von Auferstehung der Todten und Gericht Gottes, von Ehre einerseits für die Gerechten, vom Feuer aber gegen die Ungerechten, das Alles ist ja keine neue, sondern eine in der That abgestandene Lehre (2, 5). Jesus aber war ein Prahler mit lügnerischen und unheiligen Reden (2, 7)[3].

2. Die Thorheit des Abfalls (2, 8—13). Denen, welche getäuscht sein wollen, werden wohl noch viele Andere als Derartige erscheinen, wie Jesus war. Die, welche an Jesus glauben, rücken es freilich den Juden vor, dass sie nicht an Jesus als Gott geglaubt haben. Wie aber sollten wir, die wir es allen Menschen geoffenbart, dass von Gott der Bestrafer der Ungerechten kommen werde, den Gekommenen entehrt haben? Warum entehrten wir ihn, den wir vorausverkündigten, ausser um mehr als die Andern bestraft zu werden (2, 8)? Wie aber wollten wir den als Gott betrachten, welcher sowohl im Uebrigen, wie man vermerkte, nichts von dem aufzeigte,

---

[1] Vgl. 2, 8. 28. 75 u. S. 24, 1.
[2] [Nach 2, 5; aber nicht wörtlich erhalten. Origenes übergeht mit Beziehung auf 1, 54. 2, 4 die Tautologie].
[3] [Der Satz c. 5 u. 7 ist nicht wörtlich erhalten.] ὡς ἴσμεν (altfränkisch). Vgl. 1, 49. 2, 8. 77. 4, 11.

was er versprach, als auch schliesslich, nachdem wir ihn überwiesen, verurtheilt und zur Strafe bestimmt hatten, als ein sich Verbergender und Entlaufender auf's schmählichste gefangen, ja von denen sogar, welche er Schüler nannte, verrathen wurde [1])? Und doch ging es nicht an, dass einer, der Gott war, floh oder gebunden weggeführt wurde, am wenigsten aber, dass von seinen Genossen, welche sein ganzes Privatleben getheilt hatten und ihn als Lehrer gebrauchten, der geglaubte Retter, der Sohn und Bote des höchsten Gottes im Stich gelassen und ausgeliefert wurde (2, 9)[2]). Ein guter Feldherr zwar und einer, der viele Myriaden kommandirt hat, ist niemals verrathen worden, aber nicht einmal ein böser und ein über ganz Böse herrschender Räuberhauptmann, indem er seinen Genossen immerhin nützlich erschien; er aber, indem er von seinen Subalternen verrathen wurde, hat weder wie ein guter Feldherr kommandirt noch auch nach seiner Täuschung der Schüler auch nur das Wohlwollen gegen einen Räuberhauptmann, um es so zu nennen, den Getäuschten eingehaucht (2, 12)[3]). Ich hätte noch Vieles zu sagen über die Geschichte Jesu

---

[1]) Die Enttäuschungen etwa nach Luk. 4, 23. Matth. 19, 58. 16, 4. 21, 23. Nach 1, 67 denkt C. bes. an Joh. 2, 18. Die Fluchtwege nach der Verurtheilung gemäss Joh. Evangel. 9, 22. 10, 40. 11, 47 ff. 57. 12, 10. 42.

[2]) Anfänge der Lehre Θεός ἴσθι Ign. Rom. 6. Pol. 7. Test. Lev. 4 etc. Fesseln nur Joh. 18, 12 vgl. Matth. 27, 2.

[3]) Orig. 2, 12 findet das kindisch, während es ein wirklicher Trumpf ist. Bei Hierocles ist dann J. Chef von 900 Räubern Lact. inst. 5, 3. Celsus denkt übrigens (s. 2, 18) nur an Einen Verräther (Matth. 26, 14).

und zwar Wahres und nicht den schriftlichen Erzählungen seiner Schüler Aehnliches, aber ich lasse jenes aus freien Stücken bei Seite (2 13)¹).

II. Der Betrug der Schüler (2, 13—32).

1. Die sogenannten Weissagungen Jesu von seinem Tod (2, 13—27). Seine Schüler haben erdichtet, dass jener alle seine Schicksale vorausgewusst und vorausgesagt habe (2, 13). Denn da sie eine offenkundige Thatsache nicht bemänteln konnten, dachten sie dieses aus, zu sagen, er habe Alles vorauserkannt (2, 15)²). Zur Ehrenrettung Jesu haben sie solches über ihn aufgeschrieben: ähnlich wie wenn Jemand einen gerecht nennt und als Ungerechten zeigt, fromm nennt und als Mörder zeigt, unsterblich nennt und als todt zeigt, indem er bei allem diesem anfügt, dass er im Falle gewesen, das vorauszusagen³). Sagtet ihr doch nicht dieses, es habe zwar den gottlosen Menschen geschienen, dass er leide, er aber habe nicht gelitten; sondern offen gestehet ihr, dass er gelitten (2, 16)⁴).

Woher ist nun die Voraussagung glaubhaft? woher ist unsterblich der Todte (2, 16)? Welcher

---

¹) Ist ziemlich grossprecherisch; in der Hauptsache hielt sich Celsus doch an die christlichen Evangelien 2, 49. 76.

²) μηδὲν ἔχοντες ἐπισκήψασθαι: Der Einwand des Celsus erinnert an Reimarus und die neuesten Zweifel gegen die Todesverkündigungen Jesu. Vgl. schon Hierocles Lact. inst. 5, 3: quaesitus et commodi gratia relig. istam commenti sunt.

³) πρὸς παραίτησιν τῶν κατὰ τὸν Ἰησοῦν.

⁴) Die Kirche redete von wahrem Leiden, die Gnosis von scheinbarem (doketischem). Ign. Sm. 2: ἀληθῶς ἔπαθεν opp. δοκεῖν. Hier ist es Celsus bequem, die kirchliche Lehre zu Grunde zu legen.

Gott oder Dämon oder verständige Mensch würde beim Vorauswissen solcher Katastrophen nicht ausgewichen sein, wenn er es doch gekonnt, statt hineinzustürzen in das, was er vorauswusste (2, 17)? Wie würden die Thäter, wenn er ja voraussagte sowohl den künftigen Verräther als den künftigen Verleugner, wie würden sie sich nicht vor ihm als vor einem Gott gefürchtet haben, um ihn — der Eine nicht mehr zu verrathen, der Andere nicht zu verleugnen')! Aber eben sie verriethen und verleugneten, in keiner Weise um ihn bekümmert (2, 18)? Wenn ein Mensch etwa auch schon ein Gegenstand von Nachstellungen ist und es vorausmerkt und den Nachstellern es voraussagt, so werden sie noch abgeschreckt und hüten sich! Nicht also, da dieses vorausgesagt worden, ist es geschehen, denn unmöglich ist's; sondern, da es geschehen, wird als Lüge überwiesen die Voraussagung; denn durchaus unmöglich ist's, dass diejenigen, welche es vorausgehört, noch verriethen und verleugneten (2, 19). Noch andere Gründe sprechen gegen diese Vorausverkündigungen²). Dieses hat einer, der ein Gott war, vorausgesagt, und durchaus musste dann geschehen das Vorausgesagte. Gott also hat seine eigenen Schüler und Propheten, mit welchen zusammen er ass und trank, dazu verführt, Gottlose und Unheilige zu werden, er, der am meisten allen Menschen wohlthun musste und in ganz besonderem Mass seinen Tisch-

---

¹) [Die Thäter]. C. ist. also (vgl. 2, 9. 12) über Judá und Petrus gut orientirt.
²) [Zusatz zur Verbindung].

genossen. Oder würde wohl der Lagergenosse eines Menschen diesem nicht mehr nachgestellt haben, der Tafelfreund Gottes aber ist dessen Nachsteller geworden? und was noch viel verkehrter, Gott selbst hätte seinen Tischgenossen nachgestellt, indem er sie zu Verräthern und Gottlosen machte (2, 20)! Und dann: wenn er dieses Leiden beschlossen hatte und dem Vater gehorchend gestraft wurde, so ist klar, dass ihm, wenn er doch Gott war und mit seinem Willen dabei war, das nach Ueberzeugung Gebrauchte nicht schmerzlich noch beschwerlich war (2, 23)[1]). Was erhebt er nun Hilferufe und Wehklagen und betet um das Vorübergehen der Furcht des Untergang's, indem er so etwa spricht: o Vater, wenn dieser Kelch vorübergehen kann (2, 24)[2])! Also nicht einmal durch Lügen konntet ihr eure Erdichtungen mit Wahrscheinlichkeit verdecken[3])! Daher geschieht's auch, dass manche Gläubige ähnlich so wie Betrunkene dazu kommen, an sich selbst Hand anzulegen, das Evangelium aus der ersten Schrift dreifach und vierfach und oftfach umformen und umfälschen, um gegen die Ueberführungen leugnen zu können (2, 27)[4]).

2. **Die angeblichen Weissagungen auf Jesus (2, 28—32).** Die Christen gebrauchen auch Propheten als Vorausverkündiger der Dinge Jesu. Freilich tausend Andern können die prophetischen

---

[1]) [Und dann. Dieses Leiden]. Matth. 16, 21 ff. Joh. 10, 17 ff.

[2]) Hauptsächlich nach Matth. 26, 39. 42 vgl. Luk. 22, 42. Auf obige Stelle bezieht sich auch 1, 54 Init. 8. 14, 3.

[3]) Griechisch: ὅτι οὐδὲ ψευδόμενοι etc.

[4]) [Daher geschieht's, dass]. μεταχαράττειν ἐκ τ. πρώτης γραφῆς τὸ εὐαγγ. τριχῇ κ. τετραχῇ κ. πολλαχῇ. Vgl. nur Tert. Marc. 4, 5: *nam et quotidie reformant, prout a nobis quotidie revincuntur.*

Worte viel wahrscheinlicher angepasst werden als Jesus (2, 28)[1]). Die Propheten sagen, der zukünftig Kommende sei ein Grosser, ein Herrscher, ein Herr der ganzen Erde, aller Völker und Kriegsheere. Einen solchen Pestmenschen aber haben sie durchaus nicht angekündigt (2, 29). Aber auch einen Gott und Gottessohn beweist Niemand aus solchen Bildern und Missverständnissen noch aus so geringen Merkzeichen[2]). Denn wie die Sonne, alles Andre erleuchtend, zuerst sich selbst zeigt, so musste es gemacht haben der Sohn Gottes (2, 30). Ihr begehet eine Sophisterei, indem ihr den Sohn Gottes sogar das „leibhaftige Wort" nennet; denn indem ihr das Wort als Sohn Gottes ankündiget, zeiget ihr nicht ein neues und heiliges Wort, sondern einen Menschen, der aufs schmählichste zum Tod geschleppt und zum Tod gemartert worden (2, 31) und lediglich ein Prahler und Goët gewesen ist (2, 32)[3]). Ist euch aber im Ernste „das Wort" ein Sohn Gottes, so loben auch wir das (2, 31)[4]). Auch die Genealogien Jesu

---

[1]) Etwas anders 1, 49. 50. Vgl. 2, 8. 49. 7, 2 ff.
[2]) [Aber auch]. Das war in der That die vulgär jüd. Messiaserwartung, Gesch. Jesu 1, 247. 2, 46. 3, 103. Eine mehr geistige Auffassung 1, 49. 2, 77. Ὄλεθρον vgl. Min. 29: *hosti noxius*.
[3]) [Ein Prahler (vgl. 2, 7) u. s. f. dem Sinn nach, von Orig. gekürzt]. αὐτολόγον, ein klares Anzeichen der herrschenden und wachsenden Logoslehre. Logos Joh. 1, 1. 1. Joh. 1, 1. Off. 19, 13. Bei den Valentinianern erscheint der Ausdruck αὐτοφυής Ir. 1, 1, 2. αὐτοβούλητος βουλή 1, 14, 7; eine Menge ähnlicher Zusammensetzungen bei Clem. Alex. Ἐνδιάθετος λόγος (nach den Stoikern) in der Kirche und Gnosis. ἀποτυμπανισθείς bezieht sich weder auf die Geisselung Matth. 27, 26 noch auf die Joh. Beinbrechung (19, 31). Es besagt lediglich: auf dem Marterinstrument (τύμπανον, hier σταυρός) zum Tod ausgespannt. Vgl. Hebr. 11, 35. Vulg.: *distenti sunt*.
[4]) S. zu 5, 14.

sollen seinen Zusammenhang mit dem A. T. beweisen. Aber es war eine grosse Dreistigkeit der Genealogen, die Herkunft Jesu vom ersten Erzeuger und von den Königen der Juden herzuleiten. Das Weib des Zimmermanns würde wohl über ein so grosses Geschlecht nicht in Unwissenheit geblieben sein (2, 32)[1]).

III. Die wirklichen Thatsachen der Geschichte Jesu (2, 33 – 48).

Was hat denn auch Jesus Adeliges gethan wie ein Gott, Menschen verachtend und lachend und spottend des Verhängnisses (2, 33)? Bei ihm ist's ja nicht, wie beim Bacchos des Euripides:

Die Gottheit selbst wird mich erlösen, sobald ich will!

Nein! nicht einmal sein Verurtheiler hat etwas gelitten wie Pentheus, dass er wahnsinnig wurde oder zerrissen[2]). Sie haben ihn verspottet, ihm ein Purpurkleid umgelegt, eine Dornenkrone aufgesetzt, das Rohr in die Hand gegeben (2,34)[3]). Warum beweist er nicht, wenn auch nicht ehedem, so doch jetzt etwas Göttliches und rettet sich aus dieser Schande und richtet die, welche gegen ihn selbst und den Vater übermüthig

---

[1]) [Auch die Genealogien — Aber] Celsus denkt an Matth. 1, 1 ff., nicht an Luk. 3. 23. 38. Der erste Erzeuger ist Abraham, nicht Adam. Die Könige verweisen vollends auf Matthäus. Vgl. 1, 39. 58.

[2]) [Dem Sinn nach — Bacchus erwidert die Drohungen des Königs Pentheus von Theben]. S. Eurip. Bacchae 498 vgl Apollod. III, 5, 2. Ovid Verwandl. III. 513—731. Die Pilatussage kennt Celsus also noch in keinerlei Gestalt. am wenigsten in der des Eus. 2, 7. Doch ist das kein Gegenbeweis gegen die Existenz derselben.

[3]) [Hier ist (vgl. Matth. 27, 28) Orig. nicht ganz wörtlich. Die Bemerkung des Orig. am Schluss des Kap. (dass Jesus nicht wehklagte, nichts Unedles litt oder sprach) wird auf 2, 24 zurückgehen und auf 2, 37. 41 vorweisen]. Strafiosigkeit der Feinde 2, 63. 6, 41.

sind (2, 35)? Wozu auch des gekreuzigten Leibes welchartiges Blut? „wie es fliesset seligen Göttern?" (2, 36)¹). Und dieses gierige und ungestüme Verlangen nach einem Trunk von Essig und Galle, dieses Nichtaushalten des Dursts, wie es auch der gewöhnliche Mensch oft vollbringt (2, 37)²)! Dieses nun werfet ihr uns vor, ihr Glaubwürdigsten, dass wir diesen nicht für einen Gott halten noch euch zustimmen, dass er zum Nutzen der Menschen diese Dinge gelitten, damit auch wir Strafen verachten (2, 38)³)? Die Wahrheit ist: nachdem er Niemand überzeugt hat, solang er lebte, nicht einmal seine eigenen Schüler, ist er gestraft worden und hat Solches gelitten (2, 39)⁴)! Nicht von allem Bösen fürwahr hat er sich rein gezeigt (2, 41), er ist nicht tadellos gewesen (2, 42)⁵). Nachdem er aber hier nichts ausgerichtet, werdet ihr doch nicht

¹) Statt τί καὶ 2, 36 könnte man ἵνα καὶ lesen. Die Stelle Homers Il. 5, 340 stand schon 1, 66.
²) [Nicht ganz wörtlich erhalten]. Die Erwähnung von Essig und Galle gesichert durch 4, 22. Anders urtheilt über den Durst Plut. d. s. num. vind. 11.
³) πιστότατοι Glaubwürdigste oder Gläubigste (so Mosh.). Aber jenes liegt näher. Zum Todeszweck c. 45. 47. 73. Aehnlich Lucian. m. Peregr. 23. 33.
⁴) [Die Wahrheit ist]. Was in c. 40 steht, ist lediglich Reflexion des Orig.
⁵) [Nicht g. w. erh.] Unter den κακά versteht er (gegen Orig.) klarer Weise das Böse, nicht das Uebel, wie auch c. 42 gegen 41 deutlich zeigt. Sonst verwechselt er allerdings oft genug Beides, auch bei Jesus vgl. 7, 13 f. J. ist Lügner, Prahler, Unheiliger, Unreiner 1, 71. 2, 7. 31. Verrafenes Leben 7, 53. Worin Jesus unrein gewesen, wird nicht näher gezeigt. Der Leugner der Sündlosigkeit hat wohl nicht schon an Matth. 3, 13. 19, 17, eher an Matth. 23, 13 ff. gedacht, s. den Tadel des Celsus gegen Jesu Drohen und Schmähen 2, 76. Dazu der Betrug, Flucht und feiger Tod. In 3, 42 nennt er auch den Leib (wie bei Andern) unrein.

irgendwie über ihn sagen, dass er sich, nachdem er die Hiesigen nicht überredet, zum Hades in Bewegung gesetzt, um die Leute dort zu überzeugen (2, 43)[1])? Und wenn ihr doch in Erfindung sinnloser Apologien, in denen ihr euch lächerlich betrogen habt, wahrhaftige Vertheidigungen zu liefern meinet, was hindert daran, auch Andere, so viele deren nur auf dem Weg der Verurtheilung recht elend geendigt, für ganz grosse und göttliche Boten zu halten[2])? Es könnte wohl ein ebenso Unverschämter auch von einem gestraften Räuber und Menschenmörder sagen, dass dieser doch mit nichten ein Räuber, sondern ein Gott gewesen; hat er's doch den Miträubern vorausgesagt, dass er Solches leiden werde, wie er es ja gelitten (2, 44).

Ferner sind die, welche damals mit dem Lebenden zusammen waren und seine Stimme hörten und ihn als Lehrer gebrauchten, wie sie ihn gestraft und sterbend sahen, weder mitgestorben, noch für ihn gestorben, auch nicht überredet worden, Strafen zu verachten, im Gegentheil verleugneten sie sogar ihre Schülerschaft; jetzt aber ihr, ihr sterbet mit ihm (2, 45)! Gegenwärtig hat er nur die verdorbensten Schiffer und Zöllner gewonnen und nicht einmal diese alle: wie, wenn er lebend Niemand überzeugte, nach seinem Tode aber die Wollenden so Viele überreden, ist das nicht über alles Mass ungereimt (2, 46)[5])!

---

[1]) [Aber]. Anspielung auf die seit d. 2. Jahrhundert aufkommende christl. Lehre von der Höllenfahrt vgl. Gesch. Jesu III, 444. 585, 1. 669.
[2]) [Und]. Der Komparativ κακοδαιμονίστερον und μείζονας καὶ θειοτέρους· τούτους ἀγγέλους; zeigt (bes. nach dem Folgenden) keine Vergleichung mit Jesus an, sondern überhaupt mit andern Menschen. Vgl. 1, 68. — [5]) Schiffer 1, 62. Lact. 5, 2. Menge u. Noth d. Chr. s. Einl. 9.

IV. Die letzten Gründe der Christen (2, 47—73).

Durch welche Ueberlegung eigentlich seid ihr dazu gebracht worden, diesen für einen Sohn Gottes zu halten? Antwort. „Wir sind ihm zugefallen, da wir wissen, dass seine Bestrafung zum Zweck der Zerstörung des Vaters der Schlechtigkeit geschehen ist"[1]). Was denn? sind nicht auch viele Andre gestraft worden und zwar nicht weniger ehrlos (2, 47)[2])? „Deswegen haben wir geglaubt, dass er Sohn Gottes ist, da er Lahme und Blinde heilte". Wie ihr saget, weckte er sogar Todte auf (2, 48)[3]). O Licht und Wahrheit, mit seiner eigenen Stimme spricht er es in hellen Worten aus, wie ihr es selbst beschrieben habt, dass euch auch Andre gegenwärtig sein werden, welche ähnliche Kräfte gebrauchen, Böse und Betrüger, und er nennt einen gewissen Satan als Veranstalter solcher verführenden Kunstgriffe[4]). Also leugnet nicht einmal er selbst, dass dieses doch nichts Göttliches, sondern dass es Werke Bösartiger sind. Genöthigt aber von der Wahrheit hat er zugleich die Dinge der Andern enthüllt als auch sein Eigenes überführt. Wie ist's nun nicht elend, von denselben Werken aus den Einen für einen Gott, die Andern aber für Goëten

---

[1]) Der Nutzen für die Menschen (2, 38) wird hier näher erläutert. Kampf mit Satan (6, 42: κόλασις; vgl. Ir. 5, 21, 3); dazu Joh. 12, 31. 14, 30, aber auch Matth. 12, 25 ff. Doch kann Celsus hier rein die Aussage der Christen und Gnostiker im Auge haben. Statt εἰ καὶ ἴσμεν ist zu lesen ἐπεὶ vgl. c. 48.
[2]) Vgl. 2, 44.
[3]) [sogar]. Vgl. 1, 68.
[4]) Vgl. 1, 6. 6, 42.

zu halten? Denn was muss man, von diesen Dingen
wenigstens aus, mehr die Andern für bösartige halten
als diesen, indem man ihn als Zeugen gebraucht?
Diese Dinge hat er doch selbst nicht als Kennzeichen
göttlicher Natur, sondern als solche von Betrügern und
ganz schlechten Menschen eingestanden (2, 49).

Durch was anders also seid ihr ihm zugefallen,
als dass er voraussagte, dass er gestorben auferstehen werde (2, 54)? Wohlan doch, wir wollen
sogar glauben, dass das zu euch gesprochen worden.
Wie viele Andre aber treiben solche Windbeuteleien
zur Ueberredung der thörichten Zuhörer, indem sie
durch die Verführung ihren Vortheil suchen? Dasselbe also sagt man auch von Zamolxis unter den
Scythen, dem Diener des Pythagoras und von Pythagoras selbst in Italien und von Rhampsinit in Egypten;
dieser seinerseits habe sogar mit Demeter im Hades
gewürfelt und sei mit einem Geschenk von ihr, mit
einem goldenen Handtuch heraufgekommen; und traun
auch von Orpheus unter den Odrysen, von Protesilaos in Thessalien, von Herakles zu Tänaron und von
Theseus[1]). Aber jenes muss man sehen, ob einer,
der in Wahrheit gestorben, einmal leibhaftig auferstanden? Oder meinet ihr, dass die Dinge der
Andern Mythen seien und als solche gelten, während

---

[1]) Herakles dringt von Tänaron (Laconien) in die Unterwelt (Apoll. 2, 5, 12), Theseus holt Persephone. Orpheus Eurydike. Pythagoras ist vor Troja als Euphorbos von Menelaos getödtet worden, Protesilaos, der vor Troja Gefallene, ist seiner Frau erschienen. Pythag. in Italien Diog. L. 8, 1, 21. Rhampsinit's Geschäfte in der Unterwelt bei Herodot 2, 122. Zamolxis 3, 34 vgl. Herod. 4, 94 ff. Lucian Göttervers. 9. Diog. Laert. 1, 1. 8, 1, 1.

bei euch die Katastrophe des Drama's anständig oder wahrscheinlich erfunden sei, seine Stimme am Pfahl, als er ausathmete, und das Erdbeben und die Finsterniss? dass er ja lebend zwar sich selbst nicht half, todt aber auferstand und die Zeichen der Strafe zeigte und die Hände, wie sie durchbohrt waren[1])? Wer hat das gesehen? Ein halbrasendes Weib, wie ihr saget, und vielleicht noch ein Andrer von derselben Betrügerverbindung, indem er vermöge einer gewissen Disposition träumte oder nach seinem eigenen Willen in verführter Meinung Phantasien hegte, was doch schon Tausenden begegnete, oder, was am ehesten zu glauben, indem er durch diese Gaukelei die Uebrigen in Staunen setzen und durch eine solche Lüge andern Betrugsbettlern Eingang verschaffen wollte (2, 55)[2]).

Wäre Jesus wirklich auferstanden, so hätte er, wenn er doch eine wahrhaftige göttliche Kraft erscheinen lassen wollte, den Schmähern selbst und dem Verurtheiler und überhaupt Allen erscheinen müssen

---

[1]) Die Stimme 1. 70. Erdbeben u. Finsterniss Matth. 27, 45 51. Das Erdbeben nur bei Matth., wahrscheinlich vom Ueberarbeiter. Die Nägelmale haupts. nach Joh. 20, 20. 27 vgl. Orig. 2, 61; weniger nach Luk. 24, 39. Uebrigens hatten auch apokryph. Evang. diese Züge.

[2]) γυνή πάροιστρος (halb von Bremsen gestochen), ὀνειρώξας, φαντασιωθείς etc. Magdalena (Orig. 2, 59) erscheint zuerst in der Ueberarbeitung des Matthäus eingesprengt (28, 9), dann bei Joh. 20, 1. Ihr früherer dämonischer Zustand Luk. 8, 2. Der Andre (vgl. 1, 41, wo Joh. der Täufer gemeint) ist am ehesten Petrus nach Luk. 24, 34. 1. Kor. 15, 5. Ueber die interessante Theoriebildung des Celsus, worin in nuce alle neueren natürl. Erklärungsweisen eingeschlossen, Gesch. Jesu III, 577.

(2, 63)¹). Er fürchtete doch nicht mehr irgend einen Menschen, nachdem er gestorben und, wie ihr saget, Gott war; auch wurde er von Anfang nicht dazu geschickt, um verborgen zu bleiben (2, 67). Wenn aber also das wenigstens soviel half zum Beweis der Gottheit, so wäre es gut gewesen, von dem Pfahl mindestens sogleich zu verschwinden (2, 68)²). Welcher Bote aber, der jemals geschickt worden, verbirgt sich, während er das Befohlene ankündigen musste? Oder predigte er, so lang er im Leib keinen Glauben fand, Allen auf's reichlichste; dann aber, als er wohl, von den Todten auferstanden, starken Glauben angeboten hätte, erschien er nur Einem Weiblein und seinen Genossen heimlich und schüchtern³)? Gestraft also zwar wurde er von Allen gesehen, auferstanden aber von Einem; das Gegentheil davon wäre am Platze gewesen (2, 70), damit er die Frommen erleuchtet, der Sünder oder Bussfertigen aber sich erbarmt hätte (2, 71). Wollte er verborgen bleiben, wozu wurde gehört die Stimme aus dem Himmel, die ihn als Sohn Gottes verkündigte? wollte er aber nicht verborgen bleiben, was wurde er gestraft oder was starb er (2, 72)? Wollte

---

¹) [Wäre — auferstanden]. Vgl. 2, 34 f. Sodann Matth. 26, 67. 27, 26. 39. Das Requisit dieser offenen Erscheinungen wurde in neuerer Zeit oft gestellt. Die Ueberarbeitung des Matth. 28, 4 hat Celsus vielleicht noch nicht gekannt. Nach Orig. 2, 64 schonte Jesus die Feinde.

²) Berührung mit der doketischen Anschauung der Gnostiker vgl. Gesch. J. III, 401.

³) 2, 70: κρύβδην παρεφαίνετο (σκιά 3, 22); 7, 35: ἅπαξ παραφρυείς; 36: μηδὲ εἴδωλον ἔτι vgl. Matth. 28, 7. Luk. 24, 15. 36. Joh. 20, 19.

er uns durch die Strafen, welche er litt, lehren, auch
den Tod zu verachten, so musste er, auferstanden
von den Todten, offen zum Licht rufen Alle und das
lehren, um dessen willen er herabgekommen (2, 73)[1]).

V. Der Schluss (Epilog) des Juden[2]).

Das also für euch aus euren eigenen Schriften, auf
deren Boden wir keinen anderen Zeugen brauchen;
denn ihr stürzet euch ins eigene Schwert[3]). O Höchster
und Himmlischer, welcher Gott, der bei Menschen
gegenwärtig, wird nicht geglaubt (2, 74), und zwar indem
er denen erscheint, welche auf ihn hoffen[4])? Oder
was in aller Welt, er wird nicht erkannt von denen,
welche ihn längst erwarteten (2, 75)? Und er selbst
verzichtet darauf[5]). Er ist flink mit Drohen und
Schmähen, so oft er sagt: wehe euch! und: ich sage
euch voraus[6])! Denn in diesem gesteht er unumwunden
zu, dass er unvermögend ist, zu überzeugen; ein
Zustand, in welchen nicht wohl ein Gott, aber nicht
einmal ein verständiger Mensch gerathen möchte
(2, 76). Wir (Juden) hoffen doch selbst irgendwie
auf Auferstehung im Leib und auf den künftigen Besitz
ewigen Lebens und darauf, dass Beispiel und Führer

---

[1]) Die Stimme 1, 41. Das Exempel der Todesverachtung 2, 38. 45.
[2]) Der Ausdruck 2, 74. 79. Vgl. Lact. 5, 3.
[3]) αὐτοὶ γὰρ ἑαυτοῖς περιπίπτετε. Vgl. 2, 27. Schriften 2, 13. 49.
[4]) Der Jude gebraucht jüdische Anreden (vgl. 2, 49); nach
Celsus verehren ja Juden und Christen den Höchsten und den Himmel
1, 24. 8, 69. Die messian. Hoffnung 1, 49 f. 2, 4. 8. 29.
[5]) [Und — darauf].
[6]) Vgl. Matth. 23, 13 ff. Luk. 6, 24 ff. Sodann Matth. 24, 25.
7, 21 ff.

dazu der Gesendete sein wird, welcher beweisen soll, dass nicht irgend etwas Gott unmöglich ist[1]). Wo nun ist er, dass wir ihn sehen und glauben (2, 77)? oder ist er dazu heruntergekommen, dass wir ungläubig werden sollen (2, 78)? Jener nun also war ein Mensch und ein solcher, wie ihn die Wahrheit selbst kundmacht und die Vernunft zeigt (2, 79)[2])...

Zweiter Theil.

Die principielle Widerlegung vom Standpunkt der Philosophie[3]). 3, 1—5, 65.

Erstes Kapitel. Allgemeine Widerlegung.
3, 1—3, 78.

I. Das revolutionäre Princip (3, 1—14).

1. Der lächerliche Streit zwischen Juden und Christen und das gemeinsame Princip. Aufs einfältigste streiten mit einander Christen und

---

[1]) [Selbst]. Geistigere Messiasideen (wie 1, 49 f. gegen 2, 29), schon im A. T. begründet, besonders bei Jesaja. Gott nichts unmöglich (Wort der Juden und Christen) 3, 70. 5, 14. 24 vgl. 1. Mos. 18, 14. Luk. 1, 37. Matth. 19, 26.

[2]) [Orig. 2, 79 schmeidet οὐ μνήμης ἄξια ab]. Die blosse Menschheit Jesu, „den nazoräischen Menschen" (7, 18) hat auch ,der Neuplatonismus festgehalten und auch die grössten Theurgen wie Apollonius als Menschen betrachten wollen. Eus. c. Hier. 2: ἡμεῖς τὸν τοιαῦτα πεποιηκότα οὐ θεόν, ἀλλὰ θεοῖς κεχαρισμένον ἄνδρα ἡγούμεθα. Vgl. Lact. Inst. 5, 3. Arnob. 1, 36. 56. Λόγος δείκνυσι heisst: Vernunft (wie gew.), nicht Erzählung oder Geschichte (vgl. 2, 74).

[3]) ὡς ἀπὸ ἰδίου προσώπου 3, 1. Vgl. 8. 11, 2.

Juden. Ihr Dialog mit einander über Christus unterscheidet sich in nichts von dem sprichwörtlichen Kampf um des Esels Schatten¹). Nichts Ehrwürdiges ist in ihrem Streite untereinander. Denn beide Theile glauben, dass von göttlichem Geist her das Einwohnen eines gewissen Retters im menschlichen Geschlecht geweissagt sei, dagegen stimmen sie darin nicht mehr zusammen, ob der Prophezeite gekommen oder nicht (3, 1)²). In Wahrheit haben die Juden nur dasselbe, was sie selbst den Egyptern thaten, gelitten von denen, welche Jesu zufielen und ihm Glauben schenkten; **und beiden ist Ursache der Neuerung die Aufrührerei gegen das Gemeinsame geworden (3, 5)³)**. Während sie Egypter waren, haben die Hebräer von Aufrührerei den Anfang genommen; als Juden haben Andre in den Zeiten Jesu Aufruhr gemacht gegen das Gemeinsame der Juden und sind Jesus nachgefolgt (3, 7)⁴).

---

¹) περί (ὑπέρ) ὄνου σκιᾶς Lucian. Hermot. 70; auch bei Aristoph., Plat. Τὰ πάντ' ὄνου σκιά Soph. Deutsch: um des Kaisers Bart (Mosh.).

²) 3, 1: οἴεται μηδὲν σεμνὸν εἶναι scheint blosse Paraphrase des Orig. über εὑρηθίστατα zu sein. Aber der Ausdruck ist celsisch vgl. zu 1, 4.

³) [3, 3 hat seine Stelle erst 3, 24 (Asklepios). Der Eingang in 3, 5 ist von Origenes, daher oben weggelassen. Aber auch πιστεύσαντων αὐτῷ οἷς Χριστῷ ist sichtlich Zusatz des Orig. „In Wahrheit" ist unser Zusatz]. Der Satz des Celsus: ἀμφοτέροις αἴτιον γεγονέναι τῆς καινοτομίας τὸ στασιάζειν πρός τὸ κοινόν. Καινοτομεῖν 7, 53. Vgl. Tert. ad nat. 1, 10: *divortium ab institutis majorum*. So noch Neuplat. vgl. mort. pers. 34 S. 18, 2.

⁴) Dass die Juden von den Egyptern ausgegangen (vgl. 1, 2. 26. 4, 31), war die gew. Ansicht des Alterthums, bes. nach dem Egypter Manetho vgl. Ios. c. Apion. 1, 14 ff. 26 ff. Strab. 16, 2. Tac. hist. 5, 2 f.

2. Der Charakter der Neuerungssucht in der Geschichte des Christenthums selbst.

Wenn alle Menschen Christen zu sein begehren werden, so möchten wohl diese es nicht mehr sein (3, 9)[1]. In ihren Anfängen zwar waren sie Wenige und waren Eines Sinns; nachdem sie aber in eine Masse ausgebreitet worden, trennen und scheiden sie sich wieder und wollen Jegliche ihre besonderen Faktionen haben; denn das begehrten sie von Anfang an (3, 10)[2]. Vor Menge von Neuem auseinandergehend widerlegen sie sich selbst, indem sie nur Eines, so zu sagen, noch gemein haben, wenn sie das doch noch gemein haben, den Namen[3]. Und diesen allein im Stich zu lassen schämen sie sich doch; das Uebrige ist bei den Einen so, bei den Andern anders eingerichtet (3, 12). Zwar ihre Verbindung ist um so wunderbarer, je mehr sie doch als auf keiner tüchtigen Grundlage beruhend überführt werden möchte; sondern es ist triftige Unterlage der Aufruhr und der Nutzen wegen desselben und die Furcht vor denen draussen, vor welchen sie das Ihrige verbergen; das befestigt ihnen den Glauben (3, 14)[4].

---

[1] Geht nicht etwa auf 2. Kor. 6, 17 oder Off. 22, 15 u. s. f., sondern auf die faktische Missgunst 4, 2 ff. Tert. spect. 30.
[2] Anfängliche Einigkeit vielleicht nach Apost. 2, 44. 4, 32. Verbreitung s. Einl. Abschn. 9 vgl. Just. Tryph. 117. Min. 9.
[3] Vgl. das Urtheil Hadrian's in Vopisc. Saturnin. 8.
[4] (vor welchen sie das Ihre verbergen nach 3, 15. Minuc. 10]. Vgl. den Eingang 1, 1.

II. **Die neue Mosaikkomposition aus alten Stoffen (3, 16-43).**
Alles Mögliche ziehen sie an sich und formen Schreckensvorstellungen[1]). Die Missverständnisse des alten Worts dichten sie zusammen und beflöten damit und umtönen im Voraus die Menschen, wie Diejenigen, welche die in's Korybantenthum Einzuweihenden umpoltern (3, 16). Man mag sie mit den Egyptern vergleichen. Bei ihnen sind, wenn man herzutritt, prächtige Weiheländer und Haine der Götter und Grossartigkeiten und Schönheiten von Propyläen und wunderbare Tempel und rings prächtige Gezelte und sehr fromme und geheimnissreiche Gottesdienste; wenn man dann aber eingetreten ist und im Innern steht, da wird erschaut angebetet ein Kater oder Affe oder Krokodil oder Bock oder Hund (3, 17)[2]). Die Christen verlachen zwar die Egypter, welche doch viele und nicht schlechte Räthsel darbieten, indem sie Solches als Ehren ewiger Ideen und nicht vergänglicher Thiere, wie die Menge meint, erklären und indem so diese Heiligthümer denen, welche es erlernt haben, die Vorstellung verschaffen, dass sie nicht umsonst eingeweiht worden; Einfältige aber sind die, welche nichts Ehrbareres als die Böcke und Hunde bei den

---

[1]) [Die weitere Stelle in 3, 16 gehört zu 8, 49]. Der Ausdruck des Celsus: τοῖς δὲ παντοδαπὰ ἐπισκώπτειν (unten Orig.: ἐπισπ. τοὺς ἀνθρώπους) ἢ τίνα συμπλάσσουσιν δείματα. Vgl. 7, 9. 8, 48. Inst. ap. 2, 9: φόβητρα, διὰ φόβον. Tert. test. anim. 2: *mors tudicti*. Minuc. F. 5: *formidolosae opiniones. Unde formido, quae superstitio est?* Ueber die christl. „Misverständnisse" 1, 21 u. bes. zu 5, 65.

[2]) [Man mag — vergleichen]. Vgl. die ähnliche Stelle des Lucian, Bilder c. 11. Näheres in der Einleitung A. 10.

Egyptern in den Erzählungen über Jesus einführen (3, 19 vgl. 18)¹).

Von den Dioskuren, von · Herakles, Asklepios, Dionysos haben die Hellenen geglaubt, dass sie **aus Menschen Götter geworden**. Die Christen lassen es sich zwar nicht gefallen, diese für Götter zu halten, weil sie zuerst Menschen waren, obgleich sie Vieles und zwar Herrliches zum Wohl der Menschen aufzeigten; von dem gestorbenen Jesus aber sagen sie, dass er von seinen eigenen Genossen gesehen worden und zwar als Schatten (3, 22*). Eine unzählige Menge von Menschen, von Hellenen sowohl als Barbaren, gibt dem Asklepios Zeugniss, dass sie ihn oft gesehen und noch sehen, nicht als solches Gespenst, sondern als Heiler und Wohlthäter und Weissager der Zukunft (3, 24) für ganze Städte, welche seinem Dienste gewidmet sind, wie Trikke und Epidauros und Kos und Pergamos (3, 3)²)! Dann den Aristeas von Prokonnesos, der so gott-

---

¹) [Den Satz 3, 18: φαντασίαν ἐξαπυστέλλειν etc., dessen nähere Stelle Orig. nicht bezeichnet, habe ich in den Hauptsatz des c. 19 eingeschoben. 3, 18 Schluss gehört erst 3, 44 ff.]. Die Hochachtung des Celsus und der Zeitgenossen vor den tiefen Mysterien Egypten's 1, 20.

²) Statt καὶ πρῶτος lese ich mit Bob. τὸ πρῶτον. Ganz ähnlich redete schon der Jude 1, 67. Die gespensterhafte Auferstehung 2, 70. 7, 35. 36. 8. 31, 3. Die euhemeristische Erklärung der Vergötterungen bei den Christen des 2. Jahrhunderts sehr häufig. Vgl. Just. ap. 1, 21. Min. 21.

³) [Hieher gehört auch die anticipirte Stelle 3, 3]. Statt πολὺ πλῆθος weiter unten wörtlicher ἀμύθητον π. Trikke(a) in Thessalien, Epidaurus in Argolis; Insel Kos u. Perg. in Kleinasien. Strab. 8, 6. 9, 5. 14, 2. Auch sonst thut C. mit seinen Orakeln gross 7, 3. 35. 8, 45. 48, während Freund Lucian höhnte und selbst der fromme konservative Plut. de defectu orac. schreiben musste.

artig aus den Menschen verschwand und wiederum deutlich erschien und viele Zeiten später oftmals die Welt besuchte und Wunderbares ankündigte, diesen hält Niemand mehr für einen Gott, obgleich selbst Apollon den Metapontinern auftrug, ihn unter den Göttern zu ehren (3, 26)¹)! Niemand hält Abaris, den Hyperboreer, für einen Gott, welcher so grosse Macht hatte, dass er mit einem Pfeile fuhr (3, 31)²). Von dem Klazomenier sagen sie etwa nicht dieses, dass seine Seele oft den Leib verliess und leiblos herumschweifte³)? Und nicht einmal diesen hielten für einen Gott die Menschen (3, 32). Kleomedes aus Astypaläa stieg in eine Kiste hinunter, und innerhalb derselben eingeschlossen wurde er innen nicht gefunden, sondern nach aussen flog er durch eine Art dämonischen Geschickes hindurch, als Einige, in der Absicht, ihn zu ergreifen, die Kiste durchbrachen (3, 33)⁴). Und noch andre Mehrere von dieser Art könnte wohl einer nennen (3, 34)⁵).

Indem die Christen den Gefangenen und Gestorbenen anbeten, haben sie etwas Aehnliches gethan wie die Geten, welche Zamolxis, die Kiliker, welche

---

¹) οὐδεὶς ἔτι: Niemand mehr trotz Apollon's. Vgl Herodot 4, 13 ff. Auf Aristeas beriefen sich auch wieder die späteren Neuplatoniker Eus. e. Hier. 2 (οὐ θεός, ἀλλὰ θεοῖς κεχαρισμένος ἀνήρ) vgl. Lact. Inst. 5, 3. Arnob. 1, 36.
²) Herod. 4, 36. Lucian Lügenfr. 13. Vgl. Gesch. Jesu II, 488.
³) Ueber die Sagen von Hermotimos aus Klazomene (Jonien) vgl. Ueberweg, Gesch. d. Ph. 3. A. I, 68. 71. Mosheim's artig rationalistische Erklärung S. 299.
⁴) Astyp. unter den Sporaden Strab. 10, 5. Ueber Kleom. Pausan. descr. Graec. 6, 9, 3. Eus. praep. ev. 5, 34.
⁵) Vgl. Apollonius Laci. 5, 3.

Mopsos, die Akarnanen, welche Amphilochos, die Thebäer, welche Amphiaraos, die Lebadier, welche Trophonios verehren (3, 34)[1]). Auch die Geschichten des Lustknaben Hadrians (in Egypten) stehen in nichts ab von der Ehre der Christen gegen Jesus (3, 36)[2]). Und die Egypter selbst, wenn du ihm (dem Lustknaben Antinoos) Apollon oder Zeus als Gleiche zur Seite stellen würdest, werden es nicht zulassen (3, 37).

So Grosses macht der Glaube, der im Voraus eingenommen ist, was es immer sei (3, 38)[3]). Auch den Christen macht der Glaube, der ihre Seele voreingenommen, diese grosse Anhänglichkeit in Betreff Jesu (3, 39), dass sie den, der aus einem sterblichen Körper ist, für Gott halten und darin Heiliges zu thun meinen (3, 41), obgleich diese menschlichen Fleischtheile Jesu vergänglicher und unreiner sind als Gold und Silber und Stein (3, 42)[4]). Aber er hat diese abgelegt und wird also Gott sein? Warum nun nicht

---

[1]) Vgl. 2, 55. Mopsos (Cic. n. D. 2, 3. divin. 1, 40) mit s. Rival Amphilochos gestorben im Zweikampf (Strab. 14, 4), Orakler in Mallos in Cilicien, Amphiaraos beim Zug gegen Thebas durch Einsinken in die Erde vom Wurfspiess gerettet, von Zeus mit Unsterblichkeit beschenkt, verehrt in Argos, Oropos Apollod. 3, 6, 8. Trophonios, der Ζεὺς χϑόνιος mit Höhle u. Orakel in Lebadea in Böotien Strab. 9, 2. Höhnischer Unglaube gegen die lächerlichen neuen Götter bei Lucian, Göttervers. 6. 9. 12. Just. ap. 1, 21.

[2]) Ueber den modernsten Kult des Antinous vgl. in der Kürze Spart. Hadr. 14. Dio Cass. 69, 11. Ptol. 4, 5, 81. Peter, röm. Gesch. 3, 2, 180. Auch vgl. die spätere Stelle 5. 63.

[3]) Vgl. 1, 8. Τοσοῦτον ποιεῖ ἡ πίστις· ὁποία δή προκατασχοῦσα. Liest man, wie gew., ὁποία, so ist zu übersetzen: der voreingenommene Glaube, welcher er immer sei.

[4]) Die einzelnen Sätze stehen hier bei Orig. verbindungslos (φϑαρτότεραι, μιαρώτεραι). C. hat ein Wort Heraclit's im Auge 1, 5. 7, 62. Plut. d. Isid. 77. Unreinheit des Leibs 1, 39. 5, 14.

vielmehr Asklepios und Dionysos und Herakles (3, 42)?
Sie lachen über die Anbeter des Zeus, weil ein Grab
von ihm in Kreta gezeigt wird, und nichts desto
weniger verehren sie den, der aus dem Grab kommt,
unwissend, wie und warum die Kreter solches thun
(3, 43)[1])!

III. Der Ausschluss der Weisen und Guten (3, 44—71).

1. Der Ausschluss der Weisen (3, 44—55).
Solches wird von ihnen geboten: „kein Gebildeter
komme heran, kein Weiser, kein Kluger, denn als
Böses gilt dieses bei uns; sondern wenn einer unwissend,
unverständig, ungebildet, wenn einer unmündig ist, er
komme muthig heran". Denn indem sie auf solche Weise
Diese als ihres Gottes würdig bekennen, so ist klar,
dass sie nur die Einfältigen und Niedrigen und Unverständigen und Sklaven und Weiblein und Kindlein
überreden wollen und können (3, 44)[2]). Was ist es
denn sonst Böses, gebildet und um die besten Reden
besorgt und klug zu sein und so zu erscheinen? Was
hindert dies denn an der Erkenntniss Gottes? Warum
aber ist's nicht vielmehr förderlich und wodurch vielmehr einer wohl Wahrheit erreichen könnte (3, 49)?
Aber wir sehen doch wohl, dass auch die, welche
auf den Märkten das Verrufenste zeigen und marktschreierisch feilbieten, in eine Versammlung verständiger Männer nicht leicht einmal hereingetreten sind,

---

[1]) Gott durch Tod 2, 67. Kreta Cic. n. D. 3, 21. Min. 29.
Theoph. 1, 9 f. 2, 2 f. Lact. 5, 19. Luc. Götterverz. 6.

[2]) Vgl. die Anticipation 3, 18. Ganz ähnliche Vorwürfe bei Lucian
(mors Peregr. 12 f.) u. Minuc. Felix 8. Vgl. Celsus 1, 9. 12. 1, 27 u. s.

noch unter solchen es gewagt haben, das Ihrige zu zeigen, wo sie aber Bürschlein sehen und ein Gesindel von Hausaklaven und einen Haufen unverständiger Menschen, dass sie da vorwärts dringen und sich gross und schön machen (3 50)[1]). Wir sehen doch auch in den Privathäusern Wollarbeiter und Lederschneider und Walker und die ungebildetsten und bäuerischesten Menschen, welche zwar vor den älteren und klügeren Herren keinen Ton zu geben wagen, welche dann aber, wenn sie die Kinder besonders bekommen und einige unverständige Weiblein mit ihnen, allerlei Wundersames durchzusprechen wissen, dass es sich nicht gezieme, aufzumerken auf den Vater und die Lehrer, vielmehr ihnen zu folgen; und jene zwar doch schwatzen und seien geistig gelähmt und nichts in Wahrheit Schönes wissen sie oder können sie thun, von leeren Possen voreingenommen, sie aber allein verstehen, wie man leben müsse, und wenn ihnen die Kinder folgen, so werden sie selig sein und das Haus glücklich zeigen[2]). Und während sie so sprechen, wenn sie sehen, dass einer von den Lehrern der Bildung und von den Klügeren oder auch der Vater selber vorübergeht, da pflegen die Vorsichtigeren von ihnen ängstlich auseinanderzulaufen, die Keckeren aber reizen die Kinder auf, den Zügel abzustreifen, indem sie flüstern, dass sie in Gegenwart des Vaters

---

[1]) Tat. 33: φλυαρεῖν ἐν γυναιξὶ κ. μειρακίοις.
[2]) κατὰ τ. ἰδίας οἰκίας. Privathäuser im Gegensatz der Ouffentlichkeit der Märkte (3, 50). Nicht: eigene Häuser. Zu den Webern vgl. Tert. d. testim. an. 1: *illam ipsam (animam compello) de compito, de trivio, de textrina totam.* Auch die Reformation und die Sekten wissen von ihnen.

und der Lehrer den Kindern nichts Gutes dollmetschen wollen noch können, denn sie scheuen die Dummheit und Härte Jener, welche gänzlich verdorben, weit in der Schlechtigkeit gekommen seien und ihnen mit Strafe drohen. Wenn sie aber wollen, so müssen sie, ablassend vom Vater und von den Lehrern, mit den Weiblein und mit den mitspielenden Kindlein in das Frauengemach gehen oder in die Schusterei oder in die Walke, damit sie das Vollkommene bekommen, und dieses sagend überreden sie (3, 55)[1]).

2. Der Ausschluss der Guten 3, 59—71. Dass ich aber nichts in zu bitterer Weise anschuldige, als soweit es die Wahrheit erzwingt, das mag einer auch aus diesem erproben[2]). Denn die, welche zu den andern Weihen rufen, verkünden vorher dieses: wer immer in Händen rein und in der Zunge verständig ist! Und wieder Andre: wer nur lauter von jedem Frevel und wem immer die Seele sich keines Bösen bewusst ist und wer immer gut und gerecht gelebt hat! Und dieses vorverkünden die, welche Reinigungen von Verfehlungen versprechen. Hören wir aber, welche wohl diese herbeirufen! Wer immer, sagen sie, ein Sünder, wer unverständig, wer unmündig, und kurz

---

[1] Baur, die drei ersten Jahrh. 376 möchte (gegen Möhler) unter den Betreffenden nicht Sklaven verstehen, sondern kleine Handwerker, aber alles weist nur auf Sklaven (vgl. 3, 18. 50 οἰκότριβες; 6, 13 f.). Allerdings auch freie jüdische u. christl. Handwerker u. Handelsleute machten eifrig Proselyten, Gesch. J. I, 232. Der Zorn gegen die Proselytenmacherei der Juden Tac. hist. 5, 5; der Juden u. Christen Celsus 5, 41. 7, 9. 11. Vgl. Justin's 2. Apol. c. 1.

[2] Ich lese m. A. statt καὶ τοῦδέ τις τοῖσδέ τις.

zu sagen, wer immer unglückselig ist, diesen wird das Reich Gottes aufnehmen. Den Sünder also, nennet ihr nicht diesen den Ungerechten und Dieb und Mauereinbrecher und Giftmischer und Tempelräuber und die Gräberhyäne? Welche Andre wohl würde ein einladender Räuber gerufen haben (3, 59)[1]? Den Sündern, sagen sie, ist Gott gesendet worden[2]). Was aber? Den Sündlosen ist er nicht gesendet worden? Welches Böse ist's, nicht gesündigt zu haben? Den Ungerechten also zwar, wenn er sich selbst wegen Schlechtigkeit gedemüthigt haben wird, nimmt Gott an; den Gerechten aber, wenn er mit Tugend von Anfang aufwärts zu ihm geblickt, diesen nimmt er nicht an (3, 62[3])! Menschen zwar, welche richtig dem Rechte vorstehen, zwingen die wegen ihrer Vergehungen Wehklagenden mit dem Jammergeschrei aufzuhören, damit sie nicht vielmehr nach Mitleid, als nach Wahrheit gerichtet werden; Gott aber also richtet nicht nach Wahrheit, sondern nach Schmeichelei (3, 63). Was ist nun diese Manier der Bevorzugung der Sünder (3, 64)[4]?... Sie sagen Solches zur Ermunterung der Sündigenden als Leute, welche keinen in Wirklichkeit braven und rechtschaffenen Mann gewinnen können; desswegen öffnen sie den Unheilig-

---

[1] Vgl. den Räuberhauptmann S. 20. Die christl. Sünder 1, 62. 2, 46. 4, 23. 8, 49. Vgl. Tat. 25. Reich Gottes s. 1, 39.
[2] Vgl. Matth. 9, 13. Röm. 3, 9. 23. 5, 20 u. s.
[3] [also].
[4] [Weitere Fragen lässt Orig. weg]. Τίς οὖν αὕτη ποτὲ ἡ τ. ἁμαρτ. προτίμησις? Was ist nun wohl? wäre zu übers., wenn es hiesse: τίς οὖν ποτε.

sten und Liederlichsten die Thore. Und wahrlich, Jedem wohl ist klar, dass die zum Sündigen Geborenen und Gewöhnten Niemand auch nicht durch Strafen, geschweige doch durch Erbarmen ganz zu ändern vermöchte; denn Natur vollkommen zu ändern, ist ganz schwer¹). Die Sündlosen aber sind bessere Genossen der Gemeinschaft (3, 65)²). Die Christen sagen: Alles wird Gott können. Aber er wird nichts Ungerechtes wollen (3, 70)³). Nach ihrer Meinung also ist Gott ähnlich denen, welche dem Wehklagen knechten, ein Knecht gegen die Wehklagen der Klagenden, er entlastet die Bösen und wirft die Guten, welche nichts dergleichen thun, hinweg, das Ungerechteste, was es geben kann (3, 71)⁴).

IV. Die Windbeutelei der christlichen Lehrer (3, 72—81).

Der christliche Lehrer spricht: die Weisen nämlich wenden sich ab von dem von uns Gesagten, indem sie von ihrer Weisheit in die Irre geführt und verstrickt werden (3, 72)⁵). Aber er trägt lächerliche Dinge vor und kein Kluger wird gewonnen dem

---

¹) Vgl. Plat. d. ser. num. vind. 6. 11.
²) Sündlosigkeit haben Besonnenere verneint s. m. gesch. Christus, 3. A. S. 117. Den Ausdruck: οἱ ὁ ἀναμάρτητοι βελτίους κοινωνοὶ βίου gibt Mosh. falsch: u. doch sollen die nur des künft. seligen Lebens theilhaftig werden, die ohne Sünde sind.
³) Vgl. ähnlich die Juden 2, 77 u. Anm. Matth. 19, 26. Anderswo sagt C. noch vorsichtiger (vgl. Orig. 3. 70): Gott will und kann nichts Böses. Unwürdiges 7, 11. 12. 14.
⁴) [aber]. [Nach ihrer Meinung].
⁵) Ὦ; ἐκ προσώπου τοῦ διδάσκοντος τὸν ἡμέτ. λόγον. Vgl. c. 73: ὁ πρισβεύων Χριστιανισμόν. Aehnliches schon 3, 55.

Wort, indem er schon durch die Menge der dazu Beitretenden abgehalten wird (3, 73)[1]). Der Lehrer sucht Unverständige (3, 74) und macht es dabei ähnlich so wie Derjenige, welcher zwar die Leiber gesund zu machen verspricht, aber die Leute davon abtreibt, auf kundige Aerzte zu hören, weil seine Unwissenheit (Idiotie) von ihnen überwiesen wird[2]). Indem der Lehrer zu unmündigen und einfältigen bäurischen Menschen die Zuflucht nimmt, spricht er zu ihnen: fliehet die Aerzte! Sehet zu, dass nicht etwa einer von euch Wissenschaft anfasst! Schlimm ist Wissenschaft. Wissenschaft führt die Menschen ab von der Gesundheit der Seele. Vor Weisheit gehen sie zu Grund. Höret mir zu, ich allein, sagt er, werde euch retten. Denn die andern Aerzte richten die zu Grund, welche sie zu heilen versprechen (3, 75)[3])! Ebenso handelt der christliche Lehrer ähnlich einem Berauschten, der vor Berauschten auftritt und die Nüchternen beschuldigt als Berauschte (3, 76). Er ist ähnlich einem Augenkranken, der vor den Augenkranken die Scharfsehenden beschuldigt, als ob sie augenlahm wären (3, 77). Dieses nun und Solches werfe ich ihnen vor, um nicht Alles aufzuzählen; und ich behaupte, dass sie fehlbar sind

---

[1] [Aber, schon]. Περισπώμενον (abgezogen) ὑπὸ τ. πλήθους vgl. 2, 46. 3, 9. 10. 12. Horaz'scher Grundsatz od. 3, 1, 1.

[2] Idiotie vgl. Jesus 1, 27. Apost. 4, 13. Tert. testim. an. 1: *idioticam (animam) compello*.

[3] Die Grenzlinie der Sätze des Celsus u. der Paraphrase des Orig. ist hier nicht ganz leicht zu ziehen. Ich fand zuletzt angezeigt, alles Obige auf Rechnung des Celsus zu setzen.

und dabei gegen Gott schmähen, in der Absicht, böse Menschen durch leichtfertige Hoffnungen abzulocken und sie täuschend zu überreden, die Besseren zu verachten, als ob es ihnen, wenn sie sich derselben enthalten, besser gehen werde (3, 78)[1].

Zweites Kapitel. Die christliche Teleologie.
4, 1—5, 65.

I. Die Herabkunft Gottes (4, 1—28).

1. Das Kommen Gottes. Dass aber sowohl Etliche von den Christen als auch die Juden sagen, ein gewisser Gott oder Gottessohn sei auf die Erde herabgekommen oder werde herabkommen als Richter der hiesigen Dinge, das ist das Schmählichste und die Widerlegung bedarf auch nicht einmal langer Rede (4, 2). Was ist denn der Sinn solcher Herabkunft für Gott, als dass er lerne die Dinge unter den Menschen[2])? Weiss er denn nicht Alles? Er weiss es, saget ihr. Also weiss er's zwar, er bessert's aber nicht und es ist ihm nicht möglich, mit göttlicher Kraft zu bessern, wenn er nicht einen leibhaftigen Jemand dazu schickt (4, 3)? Gott selbst kommt herab zu den Menschen; hat also seinen eigenen Stuhl im Stich gelassen und bringt auch in diese

---

[1]) Orig. versteht 3, 81 unter χρηστῶν καταφρονῆσαι unrichtig (Zusammenhang und ὑψηλοῖ 1, 9. 7, 41) nicht Personen, sondern Sachen. Κούφαι ἐλπίδες vgl. Hier. ap. Eus. 2: ματαιότης; Lact. 5. 2: *fallaciae seminatores*.

[2]) Minuc. 10: *impudenter curiosus*. Vgl. überh. d. 81.

Welt eine Revolution; denn wenn du irgend ein einziges der hiesigen Dinge, auch das kleinste, verändern würdest, so wird umgestürzt Alles dir davon und zu Grunde gehen (4, 5)[1]). Aber vielmehr wohl unbekannt unter Menschen und desswegen weniger geschätzt zu sein glaubend möchte Gott bekannt werden und die Glaubenden sowohl als Nichtglaubenden erproben; wie denn die Neureichen unter den Menschen Ostentation treiben und so einen gewissen grossen und sterblichen Ehrgeiz gleichsam als Zeugen gegen Gott erhärten (4, 6)[2]).

2. **Das Kommen zum Gericht.** Nein! sagen da die Christen, nicht wegen seiner bedürftig, erkannt zu werden, sondern wegen unsrer Rettung will er uns Erkenntniss von sich darbieten, damit die Einen sie annehmend und rechtschaffen geworden gerettet werden, die Andern aber, welche nicht angenommen, als erwiesene Böse gestraft werden[3]). Frage: jetzt wohl nach so langer Zeit erinnerte sich Gott daran, das Leben der Menschen zu richten, vorher aber war er sorglos (4, 7)[4])? Dass sie dieses nun ihrer-

---

[1]) [Orig. nur: καὶ μεταβάλλεσθαι τὰ τῇδε]. Das ist der berühmte moderne Satz von der Durchlöcherung des Naturzusammenhangs. Ganz ähnlich Minuc. Felix c. 10. 11. Οἰχήσεταί σοι τ. πάντα: ähnlich Heracl. ap. Simplic. comm. in Arist. cat. bei Lassalle I, 119: οἰχήσεσθαι πάντα.

[2]) Ἐπιδεικνυόντες - καταμαρτυροῦσι.

[3]) Vgl. 2, 38. S. 20.

[4]) Celsus führt diesen Satz mit ὕστερόν ποτε ἐκτίθεται ein; aber dies zeigt nicht einen viel späteren Ort an, sondern nur den Uebergang von den φλυαρίαι des Celsus (welche er vielleicht nicht vollständig geben will) zu einem neuen Punkt. Auch taugt es in den Zusammenhang. Vgl. das Aufwachen des Zeus 6, 78.

seits nicht heilig noch rein von Gott schwatzen, ist sehr klar; sie machen's mit ihren Einschüchterungen der Menschen wie Diejenigen, welche in den Bacchos-Mysterien Gespenster und Schreckbilder voreinführen (4, 10)¹). Indem sie von Sintfluth oder von Weltbrand reden, sagen sie nichts Auffallendes oder Neues, sondern es ist ihnen auch dieses unter Missverständnissen der Erzählungen darüber bei Hellenen oder Barbaren eingefallen, weil ja in langen Zeitcyklen, unter Wiederkünften und Zusammenkünften von Gestirnen Brände und Ueberschwemmungen sich ereignen und weil nach der letzten Ueberschwemmung unter Deukalion der Kreislauf gemäss dem Wechsel aller Dinge eine Verbrennung begehrt; dieses hat gemacht, dass sie in irrender Meinung sagen, Gott werde herabkommen, als Strafe des Peinigers Feuer bringend (4, 11); während in Wahrheit die Welt unzerstörlich ist und nur die Dinge auf der Erde Ueberschwemmungen und Brände leiden und nicht Alles mit diesen dem Untergang verfällt (4, 79)²).

9. **Philosophische Widerlegung der Meinung von Herabkünften Gottes.** Noch aber wollen wir mit mehreren Beweisen die Rede von vorn aufnehmen³). Ich sage aber nichts Neues, sondern

---

¹) Vgl. zu den *deinara* 3, 10. Auch Tert. test. an. 2: *mein praedicti judicii*.

²) [Der Satz aus 4, 79 (von Orig. selbst als früher dagewesen bezeichnet) hat nur hier seine Stelle. Die „Ungeschaffenheit" (Orig.) lässt C. 1, 19. 6, 52 dahingestellt]. Vgl. schon 1, 19. 8. 4, 65 u. Einl. A. 5.

³) Orig. 4, 14: μετὰ μεγάλης ἀπαγγελίας rede Celsus.

längst Angenommenes. Gott ist gut und schön und glücklich und in schönster und bester Lage. Wenn er denn zu Menschen herabkommt, so bedarf es für ihn einer Veränderung, einer Veränderung aber aus Gutem zu Schlimmem und aus Schönem zu Hässlichem und aus Glück zu Unglück und aus der besten Verfassung zur bösesten. Wer nun wohl möchte solchen Wechsel wählen? Und dem Sterblichen denn seinestheils ist Veränderung und Umbildung Natur, dem Unsterblichen, gleich und in Selbigkeit zu bleiben. Nicht also wohl würde auch nur diese Veränderung Gott annehmen (4, 14). Entweder doch verändert sich in Wahrheit Gott, wie diese sagen, in einen sterblichen Leib und die Unmöglichkeit davon ist schon besprochen, oder er selbst verändert sich nicht, er macht aber, dass die Sehenden es meinen, er täuscht sie und lügt[1]). Betrug aber und Lüge ist sonst zwar böse, einzig aber möchte einer sie gebrauchen als in der Weise eines Heilmittels, es sei als Heilender gegen kranke und wahnsinnige Freunde oder gegen Feinde in der Fürsorge, einer Gefahr zu entgehen. Weder aber ist irgend ein Kranker oder wahnsinnig Gewordener Gott ein Freund, noch auch fürchtet Gott einen, um durch seine Täuschung einer Gefahr zu entgehen (4, 18)[2]).

---

[1]) Unmöglich für Gott 1, 69. 4, 5. 14. Der „Scheinmensch" ist die Aushilfe der Gnosis und der Alexandriner: $δύνηοις$ und $ὑπόκρισις$. Vgl. 8. 21, 4. Ir. 1, 24. 4. Test. Ass. 10: $θεὸς ὡς ἄνδρα ὑποκρινόμενος$.

[2]) Vgl. 2, 67.

II. Die nähere Theorie der Juden und Christen (4, 20 - 52).

1. Im Allgemeinen (4, 20 — 23). Juden und Christen bringen im Einzelnen verschiedene Gründe für die künftige oder für die schon geschehene Herabkunft des Gottessohnes[1]). Die Juden sagen: das Leben erfüllt von jeder Schlechtigkeit bedürfe des von Gott her Herabgesendeten, damit die Ungerechten gestraft, Alles aber gereinigt werde, analog der erstgeschehenen Ueberschwemmung (4, 20)[2]). Sie erzählen von der Sintfluth, welche die Erde zerstört, von der Vertilgung des Thurmes und der Sprachverwirrung, von Sodom und Gomorrha, Geschichten, welche der Erzähler Moses in verdorbener Weise den Erzählungen der Hellenen entnommen hat, der Sage von Deukalion, von den Aloaden, von Phaëton (4, 21)[3]). Die Christen aber setzen zu den Erzählungen der Juden noch einige Worte hinzu; sie sagen, wegen der Sünden der Juden sei der Sohn Gottes bereits gesandt worden und die Juden haben, nachdem sie Jesus gestraft und mit Galle getränkt, auf sich selbst von Gott aus Galle gezogen (4, 22)[4]). Die Race der Juden und Christen ist ähnlich einem Knäuel von

---

[1]) [Celsus gab die Reden der Juden und Christen (προςωποποιεῖ) 4, 20. Der Satz ist nur dem Sinn nach vorhanden].

[2]) [Die Zusätze der Christen, welche Orig. 4, 20 andeutet, folgen erst 4, 22]. Gerichts. 4, 2

[3]) [Dem Sinn nach]. Deukalion bei Orig. nicht ausdrücklich genannt, aber vgl. 1, 19. 21. 4, 11; auch entspricht Deuk. der Sintfluth, die Aloaden (vgl. Odyss. 11, 305—320) dem stolzen Thurmbau, Phaëton dem Erdbrand.

[4]) Wortspiel χολή u. χόλος. Vgl. 2, 37.

Fledermäusen oder Ameisen, welche aus einem Loche hervorkommen, oder Fröschen, welche an einer Pfütze Sitzung halten, oder Regenwürmern, welche in der Ecke eines Schlammes zur Kirche kommen und untereinander streiten, wer von ihnen sündiger sei, und welche sagen: Alles offenbart uns zuerst Gott und kündigt es vorher an und die ganze Welt und den himmlischen Lauf verlassend und die so grosse Erde übersehend wohnt er allein in unsrer Mitte, sendet an uns allein Herolde und hört nicht auf zu schicken und zu suchen, damit wir immer mit ihm zusammen seien[1]). Es ist bei ihnen wie bei Würmern, welche sprechen: es ist ein Gott! dann nach ihm kommen wir, die wir von ihm geworden sind durchaus Gott ähnlich; und uns ist Alles unterworfen, Erde und Wasser und Luft und Gestirne und unsertwegen ist Alles und uns zu dienen ist es geordnet[2])! Und jetzt sagen die Würmer, da Einige unter uns fehlen, wird Gott kommen oder seinen Sohn senden, damit er die Ungerechten verbrenne und wir Uebrigen mit ihm ewiges Leben haben. Das ist aushaltbarer, wenn Würmer und Frösche, als wenn Juden und Christen sich streiten (4, 23)[3]).

2. Die Thorheiten der jüdischen Geschichte (4, 31—52). Die Juden sind entlaufene Sklaven von Egypten weg geworden, haben nie irgend etwas der

---

[1]) Die Thiere nach Platon's Phädon c. 58 (vgl. Celsus 7, 28): ὥσπερ περὶ τέλμα μυρμήκων ἢ βατράχους. Vielleicht ist auch auf das Epos der Batrachomyomachie angespielt.

[2]) Vgl. 1. Mos. 1, 28. 1. Kor. 1, 21 f. 3, 21.

[3]) Minuc. F. Oct. 8: *latebrosa et lucifugax natio, muta in publicum, in angulis garrula.*

Rede Werthes gethan, sind weder in Ansehen noch in Werth jemals gestanden (4, 31)[1]. Sie haben allerdings es versucht, sich selbst herzuleiten von der ersten Zeugung zauberischer und verführerischer Menschen, indem sie dunkle und zweideutige Worte, welche in Finsterniss irgendwo verborgen, als Zeugen herbeibringen und den Unwissenden und Unverständigen schief ausdeuten und zwar, während auch nicht jemals in der langen Zeit vorher Solches auch nur einmal in Frage gewesen war (4, 33)[2]. Indessen andre Menschen auf das Alterthum Anspruch erhoben, wie die Athener, Egypter, Arkadier, Phrygier, und aussagten, dass einige Erdgeborene bei ihnen entstanden, und je im Einzelnen Beweise dafür darboten, so haben die Juden, in irgend einem Winkel Palästina's zusammengeduckt, als völlig Ungebildete und ohne vorher davon gehört zu haben, dass längst diese Dinge von Hesiod und tausend göttlichen Männern besungen sind, auf's unwahrscheinlichste und unfeinste erdichtet einen gewissen Menschen, von Händen Gottes gebildet und mit Athem versehen, und ein Weiblein aus der Rippe und Gebote Gottes und eine dawider opponirende Schlange und die Ueberlegenheit der Schlange über die Befehle Gottes, indem sie eine Art Mythus erzählen wie für alte

---

[1] Vgl. 3, 7.
[2] Diese dunkle Andeutung (Orig. 4, 33) bezieht sich darauf, dass nach Celsus die Erzväter der Juden Anfänger und Häupter der Magie gewesen und erst später künstlich von den Juden annektirt worden sind. Die Namen Abrahams, Isak's, Jakob's dominirten bei jüd. und heidnischen Zauberern Orig. a. a. O. Iust. Tryph. 85 vgl. Just. hist. 36, 2. S. auch noch 2. 30. 5. 6.

Weiber und auf unheiligste Weise Gott sogleich von Anfang schwach machen und unfähig, auch nur Einen Menschen, welchen er selbst gebildet, zu überreden (4, 36)¹). Dann erzählen sie eine gewisse Ueberschwemmung und einen sonderbarlichen Kasten und eine gewisse Taube und Krähe als Boten, indem sie Deukalion umgiessen und verfälschen; denn sie erwarteten nicht, meine ich, dass dieses an's Licht hervorkomme, sondern in simpler Manier erzählten sie Mythologie unmündigen Knaben (4, 41)²). Auch von einer unsinnigen und spätaltrigen Kindererzeugung ist die Rede, von Nachstellungen der Brüder, von Trauer des Vaters, von Hinterlisten der Mütter³). Auch hat Gott seinen Söhnen Eselchen und Schafe und Kameele geschenkt (4, 43), auch Brunnen den Gerechten gegeben⁴). Dann wird von Ehen und verschiedenartigen Beilagern der Gerechten gesprochen, von Jungfrauen und Sklavinnen (4, 44) und Töchtern, Gesetzloseres als die Thyesteischen Uebel (4, 45), von Feindseligkeiten der Brüder und von gemeinsamem Auszug, um die Misshandlung der Schwester zu rächen,

---

¹) [Der Eingang nicht ganz wörtlich erhalten. Die Worte von der Allegorie 4, 38 haben ihren Platz erst c. 48]. Zum Ausdruck ἐν γωνία τοῦ τῇ; Παλαιστ. ἐγκέκαπτι; vgl 6, 78. Die Schriftstellen 1. Mos. c. 1—3. Die selbständige Erfindung der Juden widerspricht rund 1, 21. 4, 21. 41.
²) 1. Mos. c. 6—8. Von Deukalion 1, 19. 4, 11. 21. 79. Kindisch vgl. 3, 55. 4, 36. 6, 37.
³) [Nicht ganz wörtlich erhalten]. Vgl. 1. Mos. 18, 11. 27, 5 ff. 34 ff.
⁴) Vieh 1. Mos. 13, 2. 30, 43. 32, 14. Brunnen 1. Mos. 16, 14. 21, 19. 20, 22. 4. Mos. 21, 16.

von verkaufenden Brüdern, vom verkauften Bruder und getäuschten Vater (4, 46)[1]). Träume des Mundschenken und Erzbäckers und Pharao's werden erzählt und ihre Lösung; in Folge davon wurde der Verkaufte aus dem Gefängnisse hervorgezogen und von Pharao mit der zweiten Stelle auf dem Thron der Egypter betraut[2]). Dieser hat dann den Brüdern, welche ihn doch verkauft, als sie Hunger litten und in Handelschaft mit den Eseln ausgeschickt waren, nach der Wiedererkennung Gnade bewiesen; auch ist der einst als Knecht Verkaufte nach seiner Befreiung mit Pomp zum Grab des Vaters zurückgekehrt[3]). Von ihm erhielt das glänzende und göttliche Geschlecht der Juden, nachdem es in Egypten massenhaft ausgebreitet, den Befehl, auswärts irgendwo als Beisasse zu leben und in unangesehener Gegend Viehzucht zu treiben, worauf zuletzt das Volk aus Egypten floh (4, 47)[4]). Ueber diese Dinge schämen sich die Vernünftigeren von Juden sowohl als Christen und versuchen sie irgendwie bildlich (allegorisch) auszulegen (4, 48)[5]). Es ist aber nicht möglich, dass Einiges Allegorie zulasse, sondern gradaus auf's einfältigste

---

[1]) Vgl. 1. Mos. 16, 1 ff. 19, 30 ff. 34, 1 ff. 37, 3 ff. Die streitenden Brüder sind entweder die vorher schon Genannten, Esau und Jakob, oder die Brüder Joseph's. Die Notizen gehen unklar durcheinander. Ueber d. Thyesteia s. Einl.

[2]) 1. Mos. 40, 1 ff. Orig. zeigt (4, 47: μετὰ πάσης ἀσαφείας), dass Celsus die Personen nur andeutet.

[3]) [Nicht ganz wörtlich]. 1. Mos. 42, 1 ff. 50, 1 ff.

[4]) [Der Schluss ist nicht wörtlich erhalten]. Gosen (nicht so schlimm) 1. Mos. 46, 34. Ὁ θεσπέσιος Μωυσῆς; Cl. Al. protr. 8, 80, 30.

[5]) Vgl. 4, 49 u. 50 und die Anticipation 4, 38.

ist es mythologisch geredet (4, 50). Die vermeintlichen Allegorieen wenigstens, welche darüber geschrieben, sind viel hässlicher und unsinniger als die Mythen, indem sie das, was in keiner Weise irgendwie zusammengepasst werden kann, durch eine gewisse wunderliche und durchaus unverständige Thorheit verbinden (4, 51)[1]). Von solchem Charakter fürwahr habe ich auch die Streitrede eines gewissen Papiskos und Jason gefunden, nicht Lachen's, sondern vielmehr Mitleid's und Hasses werth. Mir nun wenigstens liegt die Absicht fern, dieses zu widerlegen, denn es ist Jedem wohl deutlich, allermeist, wenn einer es etwa aushält und erträgt, die Schriften selbst zu hören (4, 52)[2]).

III. Der philosophische Standpunkt (4, 52—99).

Vielmehr jenes will ich lehren, die Naturordnung, dass Gott nichts Sterbliches gemacht, sondern Gottes Werke zwar sind alle unsterblichen Wesen, Sterbliches aber ist das Werk von jenen[3]). Und die Seele zwar ist Gottes Werk, der Leib aber hat andere Natur[4]).

---

[1]) Die Allegorien der Juden seit Aristobul (150 v. Chr.). Die der Egypter 1, 20. 3, 19 und Griechen u. s. eigenen 6, 42 vgl. 3, 43. 1, 27 hat er freilich nicht verurtheilt. So tadelte ja auch Porphyrios die Allegorien bes. im A. T. auch an Origenes Eus. 6, 19, während er sie selbst handhabt (Fabric. bibl. gr. 3. A. V, 744) u. Arnobius 5, 31 sie als die gew. Theorie der Zeitgenossen bezeichnet.

[2]) Origenes 4, 52 lobt diese Schrift. Näheres bei Gieseler, K. G. 4. A. 1, 1, 209. Otto, Apolog. op. IX, 349 ff. Nach Hier. quaest. in Genes. war die höhere Christologie schon in die Schöpfungsgeschichte eingetragen: *in filio fecit Deus coelum et terram*.

[3]) [Zum Text vgl. noch c. 54]. Nach Platon's Timäos S. 41 ff. So Orig. c. 54. Vgl. Zeller, griech. Phil. 1. A. II, 254. Ueberweg 3. A. 1, 224. — [4]) Vgl. Timäus S. 30 ff. Zeller 261. Ueberweg 128.

Und in diesem Stücke wenigstens wird kein Unterschied sein zwischen einer Fledermaus oder einer Made oder einem Frosch oder dem Leib eines Menschen[1]). Denn es ist dieselbe Materie und das Vergängliche derselben ist ähnlich (4, 52)[2]). Gemeinsam ist aller vorgenannten Körper Natur und einheitlich in umkehrendem Wechsel ausgehend und zurückgehend (4, 60), und kein von Materie Erzeugtes ist unsterblich (4, 61)[3]). Darüber nun zwar genügt soviel, und wenn einer Mehreres hören könnte und suchen, er mag's erfahren (4, 61)[4]).

Böses aber im Seienden möchte weder früher noch jetzt noch künftig weniger und mehr werden. Denn Eine und dieselbe ist die Natur des Ganzen; und die Entstehung von Bösem ist immer dieselbe (4, 62). Welches die Entstehung des Bösen, ist zwar nicht leicht zu erkennen dem, der nicht philosophirt hat; es genügt aber, wenn für die Masse gesagt ist, dass aus Gott zwar nichts Böses ist, dass es aber der Materie anhaftet und dem Sterblichen innewohnt, dass von Anfang bis zu Ende der Kreislauf des Sterblichen ähnlich ist und nach den geordneten Kreiserneuerungen dasselbe immer sowohl geworden ist als auch ist und sein wird (4, 65)[5]). Weder ist das Sichtbare dem

---

[1]) Vgl. 4, 23. Vorzugs- oder Schönheitsstreit von Mensch, Stier, Ameise beim Akadem. Cotta Cic. n. D. 1, 28.

[2]) Zeller 217 ff.

[3]) [Die Bemerkung über die Gottwohlgefälligkeit der Thiere 4, 58 hat ihren Platz erst 4, 88].

[4]) Vgl. 7, 58.

[5]) Origenes zeigt hier von selbst 4, 62 die Paraphrase des plat. Dialog Theätet c. 25 (p. 176) auf vgl. Zeller 279. 704. Abdruck der Stelle

Menschen gegeben, vielmehr entsteht Jegliches und vergeht des Heils des Ganzen wegen gemäss dem Wechsel, von welchem ich geredet, aus einander und zu einander und weder das Gute noch das Böse im Sterblichen möchte geringer oder mehr werden; noch auch bedarf es für Gott einer neueren Verbesserung (4, 69)¹). Auch wenn dir etwas als böse erscheint, so ist es noch nicht offenbar, ob es böse ist, denn du weisst nicht, was entweder dir oder einem Andern oder dem Ganzen nützlich ist (4, 70)²). Die Juden und Christen freilich lassen Gott Worte des Zorn's gegen die Gottlosen reden und Drohungen gegen die, welche gesündigt (4, 71)³). Ist's denn aber nicht lächerlich, wenn ein Mensch (Titus), der den Juden zürnte, sie alle im waffenfähigen Alter zu Grunde richtete und ihre Stadt anzündete, dass sie solcherweise ein Nichts waren; und wenn dagegen der höchste Gott, wie sie sagen, zürnend und schnaubend und drohend seinen Sohn sendet und Solches leidet (4, 73)?

Aber damit nicht über die Juden allein (denn das will ich nicht), sondern über die ganze Natur, was ich ja ankündigte, die Rede sei, so will ich das Vorher-

---

bei Lommatzsch II, p. 98. *ἄρασι ἀλήθειᾳ* vgl. 4, 11. 60. 85. 69. 8, 53. Dazu Plat. Timäos p. 41. Politikos p. 268 (c. 12 ff.). Auch Heraklit u. Stoa s. J. Bernays, Rhein. Mus. 7, 100. 9, 242. F. Lassalle, Herakleitos 1858 II, 126 ff. Orig. spottet (4, 62), dass Celsus *δι᾽ ὀλίγων λεγόντων* die Frage des Bösen fertig bringen wolle.

¹) Vgl. 4, 8.
²) Die Idee des Ganzen Plat. Gesetze 10 S. 903 f. Cic. n. D. 2, 14. 3, 35. Uebel u. Böses im Ganzen verschwindend haupts. stoische Lehre vgl. Zeller 3, 90. Auch der Neuplatoniker Plotin 3, 770.
³) [Nicht ganz wörtlich erhalten].

gesagte deutlicher offenbar machen (4, 73)¹). Für die Menschen, sagen sie, hat Gott Alles gemacht²). Aber aus der Naturgeschichte und aus dem Scharfsinn, welchen die Thiere an den Tag legen, kann man zeigen, dass nicht in höherem Grade der Menschen als der unvernünftigen Thiere wegen Alles geworden ist (4, 74³). Donner und Blitze und Regen sind nicht Werke Gottes; wenn aber auch einer zugäbe, dass dieses Werke Gottes sind, so geschieht dieses nicht in höherem Grad uns den Menschen zur Nahrung, als den Pflanzen, Bäumen und Gräsern und Disteln⁴). Und wenn du etwa sagst, dieses wachse den Menschen, nämlich die Gewächse, Bäume und Gräser und Disteln: was magst du sagen, diese wachsen mehr den Menschen als den wildesten unvernünftigen Thieren (4, 75)⁵)? Wir unsererseits wenigstens nähren uns unter Anstrengungen und Aufbietung von Strapazen kaum und mühselig; ihnen aber wächst Alles ungesäet und ungepflügt (4, 76)⁶). Wenn du aber auch das Wort des Euripides anführen wirst:

Es muss die Sonn' und Nacht den Menschen dienen;

---

¹) Vgl. 4, 52.
²) Vgl. 4, 23. Ueber die Stellung der Griechen zur Weltteleologie s. Anm. 3 u. d. Einl. Abschn. 5 u. 7.
³) [Die Formation des obigen Satzes ist von Origenes]. Ganz ähnlich schon die neuere Academie (Carneades) gegen den plat. u. stoischen Satz: omnia nostri causa (*Cic. acad. quaest.* 4, 38, 120. nat. D. 2, 62 ff. vgl. Zeller III, 298. Dann d. Epikur, vgl. Lucret. nat. rer. 5, 199 ff.: nequaquam nobis divinitus esse paratam naturam rerum. So auch Sext. Emp. b. Zeller III, 175.
⁴) Woher der Donner? 5, 6.
⁵) Inkonsequenter Weise stellt er so wenigstens die Thiere und Menschen über die Pflanzen. — ⁶) Aehnlich Lucret. 5, 229 ff.

warum mehr uns als den Ameisen und den Fliegen¹)? Denn auch jenen tritt die Nacht ein zur Ruhe, der Tag aber zum Sehen und Thätigsein (4, 77). Wenn einer uns die Fürsten der Thiere nennen würde, da wir die andern Thiere jagen und verspeisen, so werden wir sagen: warum aber nicht vielmehr sind wir wegen jener geworden, da jene uns jagen und fressen? Dazu auch brauchen wir zwar Netze und Waffen und mehrere helfende Menschen und Hunde gegen das Gejagte; jenen aber hat sogleich und jedem für sich die Natur Waffen gegeben, indem sie in leichter Weise uns jenen unterwirft (4, 78)²). Zu dem, was ihr saget, dass Gott euch das Vermögen verliehen, die Thiere fangen und tödten zu können, werden wir erwidern, dass wahrscheinlicherweise, ehe Städte und Künste und solche Gemeinschaften und Waffen und Netze existirten, Menschen zwar von Thieren geraubt und gefressen, Thiere aber von Menschen durchaus nicht gefangen wurden (4, 79)³). Also hat in dieser Beziehung wenigstens Gott die Menschen vielmehr den Thieren unterworfen (4, 80). Wenn deswegen die Menschen einen Vorzug zu haben scheinen vor den Unvernünftigen, weil sie Städte gegründet haben und Staatsverfassung, Obrigkeiten und Oberhäupter gebrauchen, so ist dieses nichts zur Sache Dienendes, denn

---

¹) Phoenis. 546. Eur. scheint sein dramat. Liebling zu sein 2, 34.

²) Vgl. Lucret. 5, 219 ff. Dagegen die menschliche Herrschaft bei Cic. nat. D. 2, 60 ff. Acad. quaest. 4, 38, 120.

³) [Was in 4, 79 weiter folgt, hat, wie Orig. selbst andeutet (ἀνωτέρω προσίσα) s. Stelle 4, 11].

auch die Ameisen und Bienen haben das¹). Bienen doch also haben ein Oberhaupt, sie haben Gefolge und Dienstbarkeit und Kriege und Siege und Tödtungen der Geschlagenen und Städte und Vorstädte ja doch und Ablösung der Werke und Strafen gegen die Faulen und Bösen; die Drohnen wenigstens treiben sie weg und strafen sie (4, 81)²). Bei den Ameisen ferner ist die Haushaltungsthätigkeit in Betreff der Nahrung wie bei den Menschen und die Vorsorge für die Winterzeit³). Sie helfen einander in den Lasten, wenn sie eine sich abmühen sehen⁴). Von den Früchten, welche niedergelegt werden, thun sie die Keime ab, damit sie nicht schwellen, ihnen vielmehr das Jahr hindurch zur Nahrung bleiben (4, 83)⁵). Den sterbenden Ameisen scheiden die lebenden einen besondern Raum aus und jenes sind ihnen die väterlichen Begräbnisse⁶). Und fürwahr, auch wenn sie sich begegnen, unterreden sie sich miteinander, wesshalb sie

---

¹) Ein oft behandeltes Thema vgl. Aristoteles (hist. anim. 1, 1: πολιτικά), Theophrast, Plinius, Plutarch, Aelian. Bienen, Ameisen s. bes. Aristot. hist. anim. 1, 1. 9, 38. 40. Plut. d. solert. anim. 11. Ael. anim. 4, 43. 5, 10 ff. 6, 50. Virg. Georg. 1, 186. 380. Aen. 4, 402 ff. Varr. r. rust. 3, 16. Cic. Tusc. 2, 22. Nat. D. 3, 9. Plin. 11, 4 ff. 11, 36. Auch die Christen bewiesen die Monarchie Gottes aus den Einrichtungen der Thierwelt. Minuc. F. 18: *rex unus apibus* etc.

²) τ. ἡττωμένων αἱρέσεις (eig. Gefangennahmen) auch nach den alt. Erklärern im Sinn von καθαιρέσεις, *internecionem, caedes*.

³) [Nicht ganz wörtlich erhalten. Orig. sagt: διεξιὼν μυρμήκων ἐγκώμιον]. Plin. h. n. 11, 36: *reipublicae ratio, memoria, cura*.

⁴) *Onera* in Proportion mit *vires* Plin. a. a. O.

⁵) Vgl. Plut. de solert. anim. 11. Ael. anim. 4, 43. 6, 30. Plin. 11, 36: *semina arrosa condunt, ne rursus in fruges exeant e terra*.

⁶) Plin. a. a. O.: *sepeliunt inter se viventium solae praeter hominem*. Vgl. Aelian. anim. 5, 49.

auch die Wege nicht verfehlen; also ist auch Ausbildung der Vernunft bei ihnen und allgemeine Begriffe einiger das Ganze betreffenden Dinge und Sprache und Signalisirung der Vorkommnisse (4, 84)[1]). Gesetzt also, wenn einer vom Himmel auf die Erde schauen würde, was wohl würde er glauben, dass Unterschied sei in dem von uns oder in dem von Ameisen und Bienen Gethanen (4, 85)[2])? Wenn aber Menschen sich etwas einbilden auch auf Zauberkunst, so sind hingegen sogar auch in diesem Stück Weisere Schlangen und Adler. Viele Gegenmittel wider Gift und Uebel wissen sie wenigstens und fürwahr auch einiger Steine Kräfte zur Gesundheit der Jungen[3]). Wenn Menschen darauf treffen, so meinen sie, ein wunderbares Besitzthum zu haben (4, 86). Wenn man aber vom Menschen glaubt, er überrage die übrigen Thiere, weil er auch göttlichen Gedanken ergriffen hat, so sollen die, welche das sagen, wissen, dass auch dieses

---

[1]) Plin. a. a. O.: *quae concursatio? quam diligens cum obtrits quaedam collocutio atque percontatio?*

[2]) Wie viel massvoller ist hier der grosse Meister Aristoteles, der in den histor. anim. I, 1 den Menschen wohl mit Ameise und Biene zusammenstellt (ζῶον πολιτικόν) und geistige Gaben und Charactere den Thieren zuschreibt, aber doch nur ἴχνη, σπέρματα, μιμήματα 8, 1. 9, 1. 7, eine Art παιδῶν ἡλικία 8, 1, eine μάθησίς τις 9, 1, keinen νοῦς, kein βουλευτικόν 1, 1, eine μνήμη, aber nicht ἀνάμνησις. Auch bei Plat. trifft man alle Rubriken des Celsus, nur nicht in diesem Masse der Erhebung des Thierischen über das Menschliche. Μετέχοντες λόγου, λογισμοῦ, συνέσεως, διανοίας c. 2. 11. 25. 37; ἀγχίνοια c. 5. σοφία c. 35. Κοινωνικόν x. φιλάλληλον c. 17. 25. 33. θεοφιλέστατον 17. 35 f. θειότης αὐτῶν κ. μαντική c. 22.

[3]) Vgl. die Beweismittel im Einzelnen, nicht nachweislich aus Celsus entlehnt, bei Orig. 4, 86. Plut. 21. Aelian. 9, 16.

Stück viele der andern Thiere streitig machen werden.
Und sehr natürlich; denn was möchte einer göttlicher
nennen, als das Vorauserkennen und Vorausoffenbaren
der Zukunft?¹) Dieses also lernen Menschen von den
andern Thieren und am meisten von Vögeln. Und
Alle, welche auf die Anzeige jener horchen, die sind
Zukunftsschauer. Wenn aber also Vögel und alle
zukunftdeutende, aus Gott vorauserkennende Thiere
durch Zeichen uns lehren, um so viel mehr scheinen
jene näher beim göttlichen Umgang von Natur aus zu
stehen und weiser und gottgefälliger zu sein²). Es
sagen aber die Verständigen der Menschen, dass auch
Unterredungen jener stattfinden, sichtlich heiliger als
die unsrigen, und dass sie selbst irgendwie verstehen
das Gesagte und durch die That zeigen, dass sie es
verstehen, so oft die Voraussager, welche von einer
Rede der Vögel berichtet haben, dass sie irgend
wohin weggehen und dies oder das thun werden, es
nachher aufzeigen, dass diese dorthin weggegangen
und das thun, was sie eben vorausgesagt³). Gegenüber
Elephanten aber scheint es nichts Eidtreueres und
im Verhältniss zu den göttlichen Dingen Zuverlässigeres zu geben, durchaus doch wohl deswegen, weil

---

¹) Ächt heidnisch. Vgl. Plut. 22. Ael. 7, 7. Cic. divin. 1, 34 ff. 52.
²) Schon 4, 58 wies Orig. auf diesen celsischen Vorzug der
Thiere, θεοφιλίοτερα zu sein.
³) [Nachher]. Vgl. die Spatzen des Apollonius, welche auf
Anzeige Eines Collegen nach Korn fliegen, bei Philostrat. Leben des
Apoll. 4, 3. Mosheim meint, die Notiz des C. werde geradezu den
Quellen des Lebens d. Apoll. entnommen sein. Orig. 4, 89 sehr gut:
da wäre es besser, auf die Vögel zu hören, als Philosophie zu treiben.

sie Erkenntniss davon haben (4, 88)[1]). Auch die Störche sind frömmer als die Menschen, indem das Thier Gegenliebe beweist und Nahrung bringt den Erzeugern[2]). Das arabische Thier, der Phönix, besucht nach Verlauf vieler Jahre Egypten und bringt den gestorbenen und in eine Kugel von Myrrhen begrabenen Vater und legt ihn nieder, wo der Tempel der Sonne ist (4, 98)[3]).

Also nicht für den Menschen ist Alles gemacht, wie auch nicht für den Löwen oder Adler oder Delphin, sondern damit diese Welt als Gottes Werk vollständig und vollkommen in allen Stücken werde[4]). Deswegen ist Alles ausgemessen nicht als ein Eigenthum unter einander, vielmehr nur als Gesammtwerk, vielmehr als Eigenthum des Ganzen, und Gott liegt am Ganzen und dieses verlässt niemals die Vorsehung und es wird nicht schlechter, noch kehrt durch Zeit hindurch Gott zu sich selbst zurück, noch zürnt er der Menschen wegen, wie auch nicht von Affen oder Fliegen wegen; auch droht er diesen nicht, von denen ein jedes in seinem Theil sein Loos bekommen (4, 99)[5]).

[1]) Der kluge und fromme Elephant Cic. nat. D. 1, 35. Plin. 8, 1. Plut. 17. Ael. 4, 10. 5, 49. 7, 44. 11, 15. In 7, 44 ruft Aelian gar aus: Die Eleph. verehren die Götter, die Menschen aber zweifeln, ob es Götter gebe! Auch Schwan und Storch sind so fromm.

[2]) Plin. 10, 32: genitricem senectam invicem educant. Plut. 4. Ael. 3, 23. 10, 16.

[3]) Ueber den mythischen Phönix Herod. 2, 73. Plin. h. n. 10, 2. Tac. ann. 6, 28. 1. Clem. 25. Ael. 6, 58.

[4]) 4, 69. 75 vgl. Platon's Gesetze 10 S. 903 f. Cic. n. D. 2, 14 u. Einl. A. 5. Selbst Orig. erklärt hier s. συγκατάθεσις ὡς καλῶς εἰρημένῳ.

[5]) Der Text in τούτου χάριν μεμέτρηται τὰ πάντα κ. τ. λ. erschien Manchen corrupt. Ich habe die gew. Lesart festgehalten und möglichst treu gegeben. Der Sinn im Ganzen ist jedenfalls klar. Anders Cic. a. a. O.

IV. Die Folgerungen gegen Juden und Christen. (5, 1—65).

1. **Die Albernheit des jüdisch-christlichen Glaubens an das Herabkommen Gottes (5, 2—24).** Ein Gott zwar, o Juden und Christen, und ein Gottessohn ist keiner weder herabgekommen noch dürfte er herabkommen. Wenn ihr aber von einigen Boten (Engeln) redet, welche meinet ihr mit diesen, Götter oder irgend ein anderes Geschlecht? Irgend ein anderes, saget ihr, aller Wahrscheinlichkeit nach die Dämonen (5, 2)[1].

Zuerst nun bei den Juden wundert man sich billig, wenn sie den Himmel und die Boten in demselben verehren, dagegen die ehrwürdigsten und machtvollsten Theile desselben, Sonne und Mond und die andern Sterne, Fixsterne und Planeten, diese übergehen[2]. Als ob es anginge, dass zwar das Ganze Gott sei, die Theile desselben aber nicht göttlich, oder dass man denjenigen gar eifrig diene, welche in Finsterniss etwa den durch unrechtmässige Zauberei Geblendeten oder mittelst trüber Gespensterbilder Träumenden zu nahen den Ruf haben; dass man dagegen die so deutlich und glänzend Allen Prophezeienden, durch welche Regen sowohl als Hitze und Wolken und die von Jenen angebeteten Donner und Blitze und Früchte und alle Zeugungen verwaltet

---

[1] [Cap. 5 ist nur Paraphrase des Origenes]. Vgl. hinsichtlich der Folgerung 4, 20; über die Dämonen 7, 68 ff. u. Einl. 5. Zur Vergleichung mit Engeln s. Lact. 1, 7.

[2] Die Gestirne, der himml. Chor, sind nach Platon Tim. p. 39 ff. die gewordenen Götter, die edelsten Bestandtheile des Einen geschaffenen Gottes, der Welt. Zeller 2, 306. Ueber die Juden 1, 26.

werden, durch welche ihnen Gott geoffenbart wird, die sichtlichsten Herolde der oberen Dinge, die wahrhaftigen göttlichen Boten, dass man diese für das Nichts halte (5, 6)[1]). Einfältig aber ist es von ihnen auch zu glauben, wenn Gott einmal wie ein Koch das Feuer herbeigebracht, werde das ganze übrige Geschlecht gebraten werden; sie selber aber allein werden bleiben, nicht nur die Lebenden, sondern auch die längst einmal Gestorbenen, nachdem sie mit jenem ihrem leibhaftigen Fleisch von der Erde wieder aufgetaucht, durchaus die Hoffnung von Würmern[2])! Denn welche Menschenseele möchte noch nach einem verfaulten Leib sich sehnen?[3]) Ist doch dieses euer Dogma nicht einmal Einigen unter den Christen genehm und sie enthüllen das sehr Schmutzige, Verabscheuungswerthe zugleich und Unmögliche desselben[4]). Denn welcher ganz vernichtete Leib vermag zu seiner anfänglichen Natur zurückzukommen und gerade zu jenem ersten

---

[1] Nach Timäus B. 41. Zur Vermischung von Gott u. Welt Laci. 7, 3. Die Verbindung der Juden u. Christen mit den ältesten Zauberern oder gar Dämonen 4, 33. 6, 98 ff.
[2] Das Feuer 4, 2. 7. 20. 23. 7, 9 vgl. d. δείματα 3, 16 u. d. Wunsch, dass nicht Alle sich bekehren 3, 9. Würmer witzig nach 4, 29. 52 Antiker Widerwille gegen Auferstehung schon 1. Kor. 15, 12.
[3] 5, 14: αύτάς σαρῶν ἐκείνας. Dann σῶμα στοιχτώς. Vgl. 3, 42. 4, 52. 7, 42: r. σαρκί ἐνδεδημένοι. Ueber das Aufkommen des Ausdrucks σάρξ für Leib in der griech. Philosophie, zuerst bei Epikur u. Stoa, dann auch bei den Platonikern (Plutarch, Maximus) s. Zeller theol. J. 1852, 293.
[4] Die Gnostiker Ir. 1, 21, 5. 5, 13, 1 ff. Die Verachtung der Leiblichkeit bei Platonikern und Stoikern vgl. Sen. ep. 65 (caro ista); consol. ad Marc. 24.

Bestand, aus welchem er aufgelöst worden? Da sie nichts zu antworten haben, so nehmen sie zum unsinnigsten Rückzug ihre Zuflucht: dass Allen Gott möglich sei¹). Aber mit nichten doch das Schändliche kann Gott, noch will er das Widernatürliche; noch auch, wenn du nach deiner eigenen Schlechtigkeit etwas Unfläthiges begehrst, wird Gott dieses können und ziemt es sich sogleich zu glauben, dass es sein wird²). Denn nicht des fehlbaren Begehrens noch der verirrten Unanständigkeit, sondern der geordneten und gerechten Natur Führer ist Gott. Und ewiges Leben einer Seele möchte er darreichen können. Leichname aber, sagt Heraklit, sind verwerflicher als Misthaufen³). Fleisch also, voll von Dingen, von denen auch nicht zu reden schön, zu einem ewigen bestimmen wider Vernunft wird Gott weder wollen noch können. Denn er ist die Vernunft alles Seienden; nichts also vermag er wider Vernunft noch wider sich selbst zu thun (5, 14)⁴).

2. **Der relative Vorzug der Juden (5, 25-41).** Die Juden nun zwar, indem sie ein eigenes Volk geworden sind und in Landesweise Gesetze aufgestellt haben und diese unter sich jetzt noch pflegen und einen Gottesdienst halten, der, wie auch immer beschaffen, wenigstens vaterländisch ist, sie handeln

---

¹) 2, 77. 3, 70 u. Anm.
²) Vgl. 3, 70. 7, 12 ff.
³) Natur 4, 52. Ueber Heraclit's Wort s. Lassalle 1, 270 f. 320.
⁴) Vgl. 6, 71. Zeller, theol. Jahrb. 1852, 297 ff. Die Logoslehre haupts. bei Heraclit und bei den Stoikern vgl. bes. Lassalle 1, 320 ff. Max Heinze, die Lehre vom Logos in der griech. Philos. 1872.

ähnlich wie die andern Menschen, weil die Einzelnen
das Vaterländische befolgen, in welcher Art immer
es zufällig bestehe¹). Es scheint aber so auch nützlich zu sein, nicht blos deswegen, weil den Einen so,
den Andern anders in Sinn gekommen ist zu glauben
und man halten muss, was in's Gemeinsame beschlossen
worden; sondern auch deswegen, weil wahrscheinlicherweise die Theile der Erde von Anfang an die
einen diesen, die andern andern Aufsehern zugeschieden und in der Ordnung gewisser Herrschaften vertheilt worden sind und in solcher Weise auch verwaltet werden²). Und demnach die Dinge bei den
Einzelnen möchten richtig gethan werden, indem sie
so ausgeführt werden, wie es jenen lieb ist, aufzulösen aber das von Anfang ortsweise üblich Gewordene
ist nicht heilig (5, 25)³). Es möchte aber wohl einer
auch Herodot als Zeugen dafür gebrauchen, der so
sagt: es haben nämlich die von den Städten Marea
und Apis, welche Egypten, wo es an Libyen grenzt,
bewohnen und sich selbst für Libyer, nicht für Egypter

---

¹) 5, 25: θρησκείαν ὁποίαν δή, πάτριον δ' οὖν φυλάσσοντες, τὰ
πάτρια περίπουσι. Diese Forderung überall, bes. seit dem 2. Jahrh.
vgl. Tac. hist. 5, 5. Plut. d. superst. 3. 4. Pyth. orac. 16. 29. def.
orac. 12. consol. ad ux. 10. amat. 12. adv. Stoic. 31. Epict. enchir.
31 (κατὰ τὰ πάτρια). Apion in Cl. Hom. 4. 7. 8. Später einmüthig die
Neuplatoniker Porphyr. ad Marcell. 18. Lact. de mort. pers. 34.
Mit obiger Ausführung limitirt Celsus s. anfängl. Gleichstellung der
Juden s. Christen unter dem Begriff der στάσις; 3, 5. 7. Vgl. ebenso
Tac. hist. 5, 5: hi ritus, quoquo modo inducti, antiquitate defenduntur.
Reste des Vaterländ. bei Christen Cels. 8. 26.

²) Ganz ähnlich Plato Politikos c. 15. Vgl. das Nähere 7, 68 ff.

³) [Was in 5, 33 folgt vom andern Chor (der Christen), ist Prolepse des Orig. nach 5. 33 fin. u. 5, 34 in. Vgl. C. 41. 51].

halten, weil ihnen die heiligen Gebote zur Last waren und sie der Kühe sich nicht enthalten wollten, zu Ammon gesandt mit der Erklärung: sie hätten nichts mit den Egyptern gemein, da sie ja ausserhalb des Delta wohnen und nicht mit ihnen zusammenstimmen; so wollten sie auch, dass ihnen frei stehe, von Allem zu geniessen. Allein der Gott liess ihnen das nicht zu und erklärte, das sei Egypten, was der Nil in seinem Austritt bewässert, und das seien Egypter, die unterhalb der Stadt Elephantine wohnen und aus diesem Flusse trinken. Herodot seinerseits hat dieses erzählt[1]).

Ammon aber ist um nichts schlechter, Botschaften herumzuschicken hinsichtlich der Gottheiten, als die Boten der Juden; also ist es nichts Ungerechtes, dass Jegliche ihrem Gesetzlichen dienen[2]). Allerdings werden wir bei ihnen völkerweise die grössten Unterschiede finden und doch meinen sie, Jeder im Einzelnen, am meisten gute Sitte zu haben, indem von den Aethiopen die, welche Meroe bewohnen, Zeus und Dionysos allein ehren, die Araber aber die Urania und den Dionysos, diese allein; die Egypter aber alle Osiris und Isis, die von Sais Athene. Die von Naukratis aber nannten seit nicht gar langer Zeit Sarapis und die Uebrigen bezirksweise je im Einzelnen. Und die Einen enthalten sich von Schafen, sie verehrend als heilig, die Andern aber von Ziegen, die Andern von Krokodilen, die Andern von Kühen; von Schweinen aber enthalten sie sich mit Abscheu.

---

[1]) 2, 18 nach Ad. Schöll's Uebersetzung. — [2]) Vgl. c. 36.

Den Scythen wenigstens fürwahr ist auch das Schmausen
von Menschen schön. Von Indern aber sind welche,
die sogar die Väter essend Heiliges zu verrichten
meinen und irgendwo sagt's derselbe Herodot[1]). Ich
will aber wieder gebrauchen die eigenen Ausdrücke
von jenem, Glaubens wegen. Er erzählt aber so:
denn wenn man allen Menschen die Wahl stellte,
sie sollen sich die besten Bräuche auslesen aus allen
Bräuchen, so würden nach der Untersuchung Alle
ihre eigenen vorziehen; so sehr gelten Allen ihre
eigenen Bräuche bei weitem als die besten. Also
kann nicht wohl ein Anderer als nur ein rasender
Mann solche Dinge zum Gelächter haben. Dass es
aber mit ihren Bräuchen alle Menschen so zu halten
pflegen, lässt sich überhaupt aus vielen Beweisen
ermessen und namentlich aus folgendem. Während
seiner Herrschaft rief einmal Darius die Hellenen,
die bei ihm waren und fragte sie, um welchen Preis
wohl sie sich verständen, ihre todten Väter zu essen?
Darauf versicherten sie, das thäten sie um Alles nicht.
Nach diesem rief Darius die sogenannten Kallatier,
ein indisches Volk, das seine Eltern zu essen pflegt,
und fragte sie in Gegenwart der Hellenen und mit
Verständigung derselben über die Rede der Andern
durch einen Dolmetscher: um welchen Preis sie es
eingehen würden, ihre gestorbenen Väter zu verbrennen?
Darauf schrieen diese laut auf, er solle doch nichts
Unheiliges aussprechen! Das gilt so in der Welt;

---

[1]) Her. 3, 38. Skythen 1, 216. 4, 100. 106. Strab. 11, 8.

und der Dichter Pindar dünkt mir Recht zu haben, wenn er sagt, das Gesetz sei König über Alle (5, 34)[1]).

Wenn also in dieser Weise die Juden ihr eigenes Gesetz pflegen möchten, so ist ihr Handeln nicht tadelnswerth, das Derjenigen aber vielmehr, welche das Ihrige verlassen und das der Juden sich aneignen[2]). Wenn sie sich aber als Wisser eines Weiseren gross machen und von der Gemeinschaft der Andern als einem nicht ebenso Reinen sich abwenden, so haben sie schon gehört, dass sie nicht einmal die Lehre vom Himmel ihr Eigenthum nennen, sondern (um alles Andern zu geschweigen) ein von Alters her auch von den Persern Geglaubtes, wie irgendwo auch Herodot offenbart[3]). „Denn sie haben den Brauch, sagt er, dem Zeus auf den höchsten Gipfeln der Berge Opfer darzubringen, wobei sie den ganzen Himmelskreis als Zeus anrufen". Ich glaube also, dass es nichts ausmacht, Zeus Höchsten zu nennen, oder Zen oder Adonaios oder Sabaoth oder Ammun, wie die Egypter oder Papäos, wie die Scythen[4]). Nicht fürwahr auch in dem Stück möchten

---

[1]) Bis dahin Herodot. Pind. ed. Böckh. II, 2 p. 640.

[2]) Gemeint sind nicht die Christen, wie Orig. wegen 5, 25 meint in seiner Paraphrase 5, 35 (denn diese Worte gehören nicht Celsus an), sondern die heidnischen Proselyten der Juden, die *transgressi in morem eorum* Tac. hist. 5, 5, gehasst von Celsus wie von Tacitus u. Juvenal 14, 100 ff. Vgl. 3, 55 die christl. Proselytenmacher.

[3]) Ich lese mit Boh. ὡς οὐκ ἐξ ἴσου καθαρῶν. Vgl. das Folgende, wo von ihrer Heiligkeit die Rede. Hochmuth, Verachtung Andrer vgl. Röm. 2, 17 ff. Tac. h. 5, 4. 5 Juv. 14, 96 ff. Verehrung des Himmels 5, 6 vgl. 1, 23 ff. Von den Persern hat er aus anderm Anlass geredet 1, 5. Die Stelle Herodots 1, 131.

[4]) Vgl. 1, 24 u. 2, 74. Ammun Herod. 2, 42. Papäos 4, 59.

sie heiliger als die Andern sein, dass sie sich beschneiden, denn dies thun als Aeltere Egypter und Kolcher, noch dass sie sich von Schweinen enthalten, denn auch dieses thun die Egypter und noch dazu enthalten sie sich von Ziegen und Schafen und Stieren und Fischen; und von Bohnen wenigstens Pythagoras sowohl als seine Schüler, auch von allem Lebenden¹). Nicht fürwahr auch dass sie bei Gott in Ansehen stehen und irgendwie unterschiedlich von den Andern geliebt werden, ist wahrscheinlich, und dass ihnen allein von dort Boten geschickt werden, als hätten sie gar eine Art Land von Seligen durch's Loos bekommen; denn wir sehen sie sowohl als das Land, welcher Ehren sie gewürdigt²). Dieser Chor also mag abgehen, indem er Strafe der Prahlerei gelitten, den grossen Gott nicht kennend, sondern von der Gaukelei des Moses betrogen und belogen und nicht zu gutem Ziele der Schüler von jener geworden (5, 41)³).

3. Die Unvernünftigkeit und Selbstauflösung des Christenthums (5, 51—65). Es komme aber der zweite Chor: ich werde sie aber fragen, woher sie gekommen sind oder welchen Anführer vaterländischer Gesetze sie haben? Keinen werden sie nennen, sie, die doch von dorten selbst auch ausgegangen sind und den Lehrer und Chorostaten (Choran-

---

¹) Vgl. 1, 22. Das Schwein Tac. h. 5, 4. Juv. 14, 98.
²) Vgl. Cic. pro Flacc. 28: *quam cara Diis immortalibus*. Auch s. 6, 78. 8, 69. Min. 33. Hostile odium Tac. h 5, 5. Das Land der Juden und die Gegend Jerusalems findet auch Strabo 16, 2 nicht beneidenswerth. — ³) Mose's Betrug 1, 17 ff.

steller) nicht irgend anderswoher bringen; dennoch aber sind sie abgefallen von den Juden (5, 33. 51)[1]).

Und nun lassen wir bei Seite Alles, worin sie wegen des Lehrers widerlegt werden und es gelte einer (der Führer der Christen) als in Wahrheit ein Bote[2]). Kam aber entweder dieser als der Erste und Einzige oder kamen auch Andere früher? Wenn sie sagen möchten: er allein, so würden sie wohl überführt werden als solche, welche in Widerspruch mit sich selbst lügen. Denn dass auch Andre gekommen, sagen sie oft, und gleichzeitig doch 60 oder 70, welche denn böse geworden seien und gestraft werden, Fesseln unterworfen in der Erde; daher seien auch die warmen Quellen die Thränen von jenen[3]). Und wahrlich auch zum Grab gerade des Betreffenden (Jesus) sei ein Engel gekommen, die Einen reden von Einem, die Andern von zweien, welche den Weibern antworteten, dass er auferstanden[4]). Denn der Sohn Gottes konnte, wie es scheint, das Grab nicht öffnen, sondern er bedurfte eines Andern, der den Fels hinwegbewegen sollte[5]). Dazu kam auch zu Gunsten

---

[1]) [Dass 5, 35 ln. nicht etwa hieher gehört, sondern Paraphrase des Orig. ist, wurde schon zu 5, 41 ln. bemerkt S. 67, S. 70, 2]. Vgl. 1, 26. 3, 5. Man erinnert sich an den Titel der Christen in Tertullian's Zeit, keine Helden, keine Juden, *tertium genus ad nat.* 1, 8. *tertius ritus* c. 20. *tertii, novissimi* ib. Auch praed. Petri ap. Hilg. N. T. e. c. IV, 59. Diogn. 1.

[2]) Welcher Gegensatz gegen 1, 6. 26 f. 2, 70!

[3]) Henochbuch c. 10. 67 ff. Auch Orig. nennt Henoch 5, 54 f., zeigt aber zugleich die Konfusion des Celsus, die bestraften Engel bisher zu sieben.

[4]) Ein Engel Matth. 28, 2. Mark. 16, 5. Zwei Luk. 24, 4. Joh. 20, 12.

[5]) Hauptsächlich nach Matth. 28, 2 vgl. Mark. 16, 3—5.

der schwangern Maria zu dem Zimmermann ein Engel und zu Gunsten der Flucht und Errettung des Kindes ein andrer Engel¹). Und was muss man Alles pünktlich verhören und die angeblichen Gesandten an Moses und Andre von ihnen abzählen? Wenn also gesendet wurden auch Andre, so ist klar, dass auch dieser von demselben Gott kommt²). Ein Bedeutenderes aber mag er als Bote zu melden scheinen, angenommen, dass die Juden in etwas fehlten oder die Frömmigkeit verfälschten oder Unheiliges trieben; denn das deuten sie an (5, 52)³). So ist aber nicht von ihm allein erzählt, dass er das Menschengeschlecht besucht habe, wie sogar die unter dem Vorwand der Lehre des Namens Jesu vom Weltschöpfer als einem Geringeren Abgefallenen und dem Gott und Vater des Ankömmlings als einem Stärkern Zugefallenen es sagen, dass auch vor diesem Einige vom Weltschöpfer her das Menschengeschlecht besucht haben (5, 54)⁴). Also haben denselben Gott Juden sowohl als diese, indem deutlich wenigstens die von der grossen Kirche dieses gestehen und die bei den Juden übliche Kosmogonie

---

¹) Matth. 1, 20. 2, 13. Vgl. 1, 66.
²) Die Väter lassen die Vergleichung Jesu mit einem Engel nicht zu ep. ad Diogn. 7. Lact. 4, 10.
³) Vgl. 4, 22.
⁴) Die Gnosis leugnete im Allgemeinen die Engel und Propheten des Weltschöpfers nicht, vgl. Ir. 1, 5, 2. 1, 23, 3. 1, 24, 2. 4. 4, 25. 1 u. s. Der Marcionit Apelles soll dagegen nach Orig. 5,-54 alle Boten Gottes vor Jesus nude geleugnet haben. Vgl. Rhodon b. Eus. 5, 13. Doch ist dies auch nicht ganz genau angesichts des *creator angelus* Tert. praescr. 34. d. caro. Chr. 8 an. 23 vgl. Dilthey in Herzog IX, 39.

zulassen als wahr, und zwar in Betreff der sechs Tage und des siebenten, an welchem Gott ausruhte. Auch den ersten Menschen nennen sie wie die Juden und die Geschlechtsfolge von jenem an bringen sie in dieselbe Genealogie wie diese. Sie reden ebenfalls von einer gegenseitigen Nachstellung von Brüdern, von der Auswanderung nach Egypten und von der Flucht aus demselben (5, 59)[1]).

Möge nicht etwa einer meinen, ich wisse nicht, dass die Einen von ihnen es zugeben werden, sie haben denselben Gott wie die Juden, die Andern aber einen Andern festsetzen, dem dieser entgegengesetzt, und dass von jenem der Sohn gekommen[2]). Eine dritte Art nennt Psychiker Einige und Pneumatiker Andre[3]). Einige kündigen sich als Gnostiker an[4]). Einige nehmen Jesus an, indem sie sich deswegen Christen zu sein rühmen; noch dazu aber wollen sie auch nach dem Gesetz der Juden wie die Massen der Juden leben[5]). Einige sind auch Sibyllisten (5, 61)[6]). Auch einige Simonianer kenne ich, welche von ihrer Verehrung Helena's oder eines Lehrers Helenos Helenianer genannt werden; Markellianer von Mar-

---

[1]) [Nicht wörtlich erhalten]. S. p. 52 ff. Die Kirche bewies eben die Einheit des *summus Deus* und des *conditor mundi*, des *Deus Judaeorum* gegen die Gnosis, bes. Marcion. Der heidenchristl. Lactanz nennt die Juden *majores nostri* 4, 10. — [2]) Vgl. 5, 54.

[3]) Die Ausdrücke hauptsächlich (so auch Orig.) bei den Valentinianern Ir. 1, 7, 2 2, 29, 1 ff. 3, 15, 2. Aber eine dritte Art waren sie gegenüber den Vorigen nicht.

[4]) Der Name war Vielen gemeinsam Ir. 2 praef.; 3, 4, 3. Doch nannten sich bes. die Karpokratianer so Ir. 1, 25, 6.

[5]) Nach Orig. 5, 61 die zwei Klassen der Ebioniten oder Judenchristen. Vgl. Just. Tryph. 47. — [6]) Vgl. 7, 56.

kellina, Harpokratianer von Salome und Andre von
Mariamne und Andre von Martha; Markionisten,
welche Markion an die Spitze stellen (5, 62)¹). Die
Einen machen sich den Einen, die Andern einen
andern Lehrer und Dämon übel zurecht und wälzen
sich in grosser Finsterniss, ungesetzlicher und besudelter als die Genossenschaft des Antinoos in Egypten²). Und diese lästern aber gegen einander Furchtbares, Sagbares und Unsagbares, und sie möchten
nicht wohl auch nicht in irgend etwas zur Uebereinstimmung nachgeben, indem sie durchaus einander
verabscheuen (5, 63)³). Einige nennen sie Circen
und bestrickende Rührkellen (Aufrührer) (5, 63),

¹) [Orig. gibt die Aufzählung des Celsus (des σοφοὺς ὀνομάτων 5. 62) ohne dessen einzelne Worte]. Die Anhänger des Simon Magus u. der Helena Just. ap. 1, 26. Ir. 1, 23, 2 u. s. Marcellina, Anhängerin des Karpokrates in Rom unter Aniket Ir. 1, 25, 6. Die Harpokratianer sind ohne Zweifel die Anhänger des libortinistischen Gnostikers Karpokrates (Ir. 1, 25, 6). Celsus verwechselt ihn mit dem egyptischen Gott. Salome, ohne Zweifel urspr. die Mutter der Zebedaiden, spielte im Egypterevangelium eine Rolle. Der Spruch Jesu vom Zertreten des Kleids der Schaam soll zu ihr gesprochen worden sein. Vgl. m. Gesch. Jesu I, 32. Von Mariamniten und Marthaiten (wohl nach Luk. 10, 38 ff.) hatte nicht einmal Origenes gehört. Märtyrerinnen mit diesen zwei Namen b. Herzog XV, 705. XVI, 764. Von einem Kult der Schwestern Marthus u. Marthana bei den Elxaiten spricht Epiph. haer. 19 b. Lomm. 290. Marcion, der bekannte Gnostiker, Iren. 3, 4, 3.
²) Ueber Antinous 3. 36 f. Von den sogenannten christl. Gräueln, dem blühenden Vorwurf des 2. Jahrh., hat Celsus sonst nicht geredet (vgl. Orig. 6, 40); nur dem A. T. hat er Thyesteisches nachgeredet 4, 45. An unsrer Stelle wirft er dergleichen den Gnostikern vor, wie auch die Kirchenlehrer thun vgl. Just. ap. 1, 26. Iren. 1. 6, 3. 1, 26, 1. 2 u. s. Clem. Strom. 3, 4. Eus. 3, 29. 4, 7. Ueber ihre Magie und Zauberei beschwert sich Celsus 6, 40. Klage der Juden und Heiden über die Disharmonie der Parteien bei Clem. strom. VII, 15, 89.
³) Vgl. 6, 40. 3, 10. 12.

— 76 —

Einige Brandmale, Einige Räthsel, Einige hinwegtanzende und sophistische Sirenen, welche die Ohren versigeln und die Ueberredeten mit Schweinsköpfen versehen¹). Von Allen aber, die so weit auseinander sind und die sich selbst mit ihren Streitigkeiten auf's schmählichste durchhecheln, wirst du das Wort hören: mir ist die Welt gekreuzigt und ich der Welt (5, 64)²)... Und so viele Unterschiede der Parteien es gibt, so sagen sie alle, in ihren Reden gespreizt ausschreitend, sie verstehen mehr als die Juden (5, 65)³).

Dritter Theil.

Widerlegung der Einzellehre vom Standpunkte der Geschichte der Philosophie. 5, 65 — 7, 61.

Wohlan nun, auch wenn sie keine Grundlage der Lehre haben, so wollen wir ihre Rede selbst prüfen, zuvor aber alles das sagen, was sie von Andern schief

---

¹) Die Terminologien und Kultformen der Gnostiker sind (wie nur z. B. Irenäus zeigt) phantastisch genug, um solche Reden wahrscheinlich zu machen. Orig. hat die Ausdrücke nicht gekannt, doch vgl. Gal. 3, 1. 1. Tim. 4, 2 (so auch Orig. 5, 64); auch das *signare* u. *cauteriare* der Karpokratianer Ir. I, 25, 6. Die Verwandlungen vollbringen sie als Zauberer vgl. 6, 40. *Artes magicae, incantationes, philtra* Ir. I, 24, 5. 1, 25, 3.

²) Gal. 6, 14. Schwache Bemerkung des Origenes. Celsus irre, da nicht alle Christen, z. B. Ebioniten u. Enkratiten, die Briefe des Paulus (Gal. 6, 14) annehmen (5, 65).

³) [Dies der allg. Sinn. Orig. verzichtet auf vollständige Ausführung des Vorwurfs über die Uneinigkeit der Sekten].

gehört haben und aus Unwissenheit verderben, indem
sie unfein gleich in den Anfängen dreist sind über
Dinge, welche sie nicht wissen (5, 65)¹). Denn
besser und schärfer sind diese Dinge bei Hellenen
gesagt und ohne Aufgeblasenheit und Ankündigung
von Gott her oder vom Sohne Gottes (6, 1)²).

Erstes Kapitel. Die Widerlegung. 5, 65—7, 35.

1. Die Frage der Erkenntniss Gottes (6,
3—15)³). Das erste Gute, sagt Platon in einem seiner
Briefe, ist in keiner Weise aussagbar, sondern es
entsteht aus vielem Zusammensein im Menschen und
ist ein plötzlich angezündetes Licht in der Seele wie

---

¹) Was Orig. 5, 65 im Allgemeinen angedeutet, hat er 6. 1 ff.
näher eingehend gezeigt. Keine gute Grundlage s. 3, 14. Zur
Disposition s. Einleitung IV.
²) [Denn]. *Μᾶλλον κ. τρανότερον* 5, 65. In 6, 1 nur *μᾶλλον*. Grössere Bescheidenheit hes. bei Platon 6, 6. 10. Obiger Satz von den Entlehnungen und Missverständnissen, der die Erfindungskraft der Barbaren
(1, 2 vgl. Tat. 1) auf Null reduzirt, hat bei Celsus, welchem Minuc
F. folgt (s. II. Theil), eine weite Ausdehnung. 1) Schon Mose hat
von den Griechen entlehnt 1, 21 (*ἐπακηκοώς*); 4, 11 (*παρακούσματα*);
4, 21 (*παρακούσας*); 4, 42 (*παραχαρίττοντες κ. ῥαδιουργοῦντες*). Nach
4, 42 meinten die Juden, dass es nicht herankomme. Nach 4, 36
freilich waren alo *οἱ προκατάρξαντες*. 2) Die Christen korrumpiren das
Jüdische 2, 80 (*τοιαῦτα παρακούσματα*). 3) Die Christen entlehnen
von Hellenen u. Barbaren 3. 16 (*καλῶν λόγων παρακούσματα*); 5. 65.
6. 1. 7. 8. 12. 15. 19. 42. 50. 7, 32. 58. Dagegen redet dann wieder
Origenes von Entlehnungen der Griechen bei Mose u. Propheten
6, 19 u. s. und ebenso oft von *παρακούσματα καλῶν* 2, 10. 5. 6.
61. 64 u. s. Die Entlehnungen der Griechen aus dem A. T. waren
bekanntlich ein Lieblingsthema der K. V. vgl. Minuc. 34. Justin
redete fein von gleicher Theilnahme am Logos ap. 1, 46. II, 8. 13;
unfein von List der Dämonen ap. I, 54 f., noch gröber Theoph. 1. 14.
2, 37 von Diebstahl.
³) Vgl. 6, 7: *περὶ θεοῦ*. 6, 8: *γνωστὸν τὸ ἀγαθόν*.

von einem springenden Feuer (6, 3)[1]). Wiederum sagt er dort: wenn es aber mir scheinen würde, dass es hinlänglich zu beschreiben und zu sagen wäre zu der Menge, was Schöneres hätte von uns gethan werden können im Leben, als für die Menschen sowohl einen grossen Nutzen zu schreiben als auch die Natur in's Licht vorzuführen für Alle (6, 6)? Im Misverständniss dieser Sätze haben die Christen von Gott gelehrt und die Forderung gestellt, dass man nur sogleich ihnen glauben müsse, als ob es ein Neues neben dem früher Gesagten wäre[2])... Dagegen hat Platon vielmehr ausgesprochen, dass er durch den Gebrauch von Fragen und Antworten ein Licht schaffe dem Denken für die nach ihm Philosophirenden (6, 7) und in mehreren Stellen... betont, dass Wenigen das Gute erkennbar sei, weil die Meisten mit nicht richtiger Verachtung und von hoher und lockerer Hoffnung erfüllt, als hätten sie irgend etwas Erhabenes gelernt, Einiges als Wahrheit verkündigen (6, 8)[3]). Indem er dieses

---

[1]) [Dass nicht nur Orig. die obige Stelle gibt, sondern Celsus, darüber vgl. nur 6, 6 in. Im Grund liegt es schon in c. 3 in den begleitenden Worten des Orig.] Es ist der unächte Brief VII an die Freunde Dion's (nicht ganz wörtlich) ed. Steph. 341. An der Aechtheit dieser Briefe zweifelte schon das Alterthum nicht. Vgl. die Uebers. von Müller-Steinhart VII, 1, 412. VIII, 279 ff. 294 ff. Berührungen mit Phädrus und Theätet 302.

[2]) [Orig. stellt den Satz abrupt und kurz dem Sinne nach hin, da Celsus das schon oft gesagt. Vgl. 1, 9. 6, 10 ff. Diese Stelle zeigt den Sinn].

[3]) [Der Zusammenhang ist hier nicht ganz sicher herzustellen. Orig. gibt die platon. Stellen nicht wörtlich und hat auch nach 6, 8 manche platon. Stellen, welche Celsus anführte, übergangen]. Die beiden Stellen sind aus demselben VII. platon. Brief Steph. 341. 342.

vorausgesagt, treibt Platon seinerseits doch nicht Windbeutelei, noch stopft er den Mund Dessen, der ihn darüber anreden will, was es wohl sei, das er verkündige; noch befiehlt er sogleich, dass man eilends glaube: Gott ist ein so Beschaffener und hat einen solchen Sohn und dieser ist herabgekommen und hat sich mit mir unterredet (6, 8). Platon sagt dann wieder: noch aber habe ich mir vorgenommen, Ausführlicheres darüber zu sagen, denn vielleicht möchte in Betreff der Dinge, von denen ich rede, etwas Deutlicheres zu Stande kommen, wenn es gesagt ist [1]). Es gibt nämlich eine wahre Ursache, welche im Wege steht Dem, der es gewagt, über solche Dinge auch irgend etwas zu schreiben, welche oft von mir auch früher schon gesagt worden ist, aber also auch jetzt, wie es scheint, gesagt werden muss. Es gibt für Jedes vom Seienden drei Dinge, durch welche die Wissenschaft zu Stande kommen muss, das Vierte aber ist diese (die Wissenschaft) selbst, als Fünftes aber muss man das setzen, was da erkennbar und wahr ist. Von jenen Dreien ist das Eine Name, das Zweite Rede, das Dritte Bild, das Vierte aber Wissenschaft (6, 9)[2]). Du siehst, wie Platon, obwohl er versichert hat, dass es ein Aussagbares nicht gibt, dennoch, um nicht den Schein zu wecken, er ziehe sich in's Ununtersuchte zurück, einen Grund dieser

---

[1]) [sagt dann wieder] a. a. O. S. 342.
[2]) Vgl. zu dieser ungeschickten Darstellung der platon. Erkenntnisslehre Müller-Steinhart VIII, 302 ff.

Verlegenheit darbietet; denn ein Aussagbares wäre am Ende auch das Nichts (6, 10).

Platon prahlt also nicht und lügt nicht, indem er behauptet, dass er etwas Neues erfinde oder vom Himmel gegenwärtig verkündige; sondern er bekennt, woher dieses ist (6, 10)[1]. Die Christen aber sprechen zu jedem Herzutretenden: glaube zuerst, dass der, den ich dir einführe, der Sohn Gottes ist, sei er auch gebunden auf's ehrloseste oder gestraft auf's schmählichste, habe er sich auch gestern und ehegestern vor den Augen Aller auf's schimpflichste herumgetrieben; deswegen glaube nur noch mehr (6, 10)[2]! Wenn diese ihrerseits diesen einführen, Andere aber einen Andern, das Gemeinsame oder auch Handbereite Aller aber der Satz ist: glaube, wenn du gerettet werden willst oder geh' weg! was werden thun die, welche wahrhaftig gerettet werden wollen? Oder sollen sie Würfel aufwerfend sich wahrsagen lassen, wohin sie sich wenden und welchen sie sich zugesellen sollen (6, 11)? Von der Weisheit unter Menschen sagen sie, sie sei Thorheit bei Gott. Die Ursache davon ist schon längst gesagt; sie wollen durch diese Rede allein die Ungebildeten und Einfältigen an sich ziehen[3]. Aber auch dieses will ich aufzeigen als ihre Erdichtung und als Entlehnung von den Weisen bei den Hellenen, welche gesagt haben, eine andre

---

[1] [also].

[2] Λεκυλινδημένος bezieht sich wohl auf die Bettel- und Fluchtwege Jesu 1, 62. 2, 9; nicht auf d. Misshandlungen („gewälzt").

[3] Vgl. 1, 9. 27. S. 44 ff. 72 ff.

sei die menschliche Weisheit, eine andre aber die göttliche¹). Heraklit sagt: menschliches Wesen nämlich hat keine Erkenntnisse, göttliches aber hat sie; und an andrer Stelle: ein thörichter Mann hört soviel auf einen Dämon, wie nur immer ein Knabe auf einen Mann²). Und Sokrates redet in der Apologie Platon's so: ich nämlich, o Männer von Athen, habe wegen nichts Anderem als wegen Weisheit diesen Namen gehabt. Welchartige Weisheit aber ist dies? Eine solche, welche vielleicht menschliche Weisheit ist; denn in Wahrheit riskire ich in dieser weise zu sein (6, 12)³). Unter solchen Misverständnissen tragen sie den nächsten Besten, den Ungebildetsten oder Sklaven oder Unwissendsten die Dinge der göttlichen Weisheit vor, fliehen als Goeten in jäher Flucht die Geistreicheren als nicht Täuschungsfähige, ziehen aber die Bäurischeren in ihre Netze (6, 19. 14)⁴). Auch ihre Demuth ist ein Misverständniss der Reden Platon's, der irgendwo in den Gesetzen sagt: Gott denn, wie auch die alte Rede sagt, indem er Anfang und Ende und Mitte alles Seienden hat, vollführt sein Werk geradenwegs, naturgemäss vorwärtsgehend. Ihn aber

---

¹) [Aber auch dieses will ich aufzeigen. dem Sinn nach bei Orig.]
²) Nur bei Orig. erhaltene Fragmente. Vgl. Lassalle II, 450 f. Den Satz: ἦθος ἀνθρώπειον οὐκ ἔχει γνώμας κ. τ. λ. übersetzt Lassalle: m. Gesinnung hat nicht Erk. Vgl. über Heraklit's Dämonenlehre (πάντα δαιμόνων πλήρη Diog. 9, 1, 6). Lass. a. a. O.; s. negativen Urtheile über die ἀξύνετοι ἄνθρωποι b. Ueberweg 45.
³) Apologie c. 5. p. 20. Der Sinn des „Menschlichen" ist im Zusammenhang rückwärts u. vorwärts zu suchen vgl. c. 4—9; c. 4 zeigt das menschliche Bedürfniss, c. 5 u. bes. 9 die menschliche Schranke gegenüber der allein weisen Gottheit.
⁴) [Unter solchen Misverständnissen]. Vgl. 3, 44 ff.

begleitet stets Dike (das Recht) als Rächerin derer, welche das göttliche Gesetz verfehlt; an dieselbe sich anschliessend folgt begleitend in Demuth und Bescheidenheit, wer glücklich werden will. Bei ihnen dagegen demüthigt sich der Demüthige in unanständiger und unglückseliger Weise, zur Erde hingeworfen auf den Knieen und kopfüber, in ein elendes Gewand gehüllt und Asche sich aufstreuend (6, 15)¹).

2. Die Frage des Reiches Gottes (6, 16—41). Auch der Ausspruch Jesu gegen die Reichen: leichter ist's, dass ein Kameel durch ein Nadelöhr eingehe, als ein Reicher in das Reich Gottes, ist geradeaus von Platon her gesagt worden, indem Jesus das Platonische verdarb, wo Platon sagte: dass ein hervorragend Guter auch ein hervorragend Reicher sei, ist unmöglich (6, 16)²). Auch die Lehre vom Reiche Gottes ist bei Platon in gottvollen Worten, während die Schriften der Christen nichts dergleichen haben (6, 17)³). Um den König des All's, sagt er, ist Alles und Jenes wegen ist Alles und Jenes ist Ursache alles Guten. Ein Zweites aber bezieht sich auf das Zweite und ein

---

¹) [Bei ihnen dagegen]. Gesetze IV, 715 f. Müller 7, 2. 121 übersetzt: er führt es auf geradem Weg, der Natur desselben gemäss es umwandelnd, zum Ziel. Κεκοσμημένος übersetzt er: geregelten Sinnes. Orig. u. Mosheim ganz unrichtig: geschmückt. Die Beschreibung der christl. Büsser, von Orig. für die Idiot. Christen zugestanden (vgl. Ir. 1, 13, 5. 7. Tert. poen. 9. Plut. d. superst. 7. 12), hat auch Neander K. G. 2. A. I, 285 als Satz des C. erkannt.

²) [Auch]. Die Stelle nur nach Matth. 19, 24 (vgl. Luk. 18, 25. Mark. 10, 25). Die Stelle Platons: Gesetze V, 743 (Staatszweck sind gute und glückliche Menschen, aber allzu Reiche taugen nicht). Orig. spottet des platon. Studiums des „Zimmermannsohns".

³) [Auch. Orig. gibt es nicht ganz wörtlich. Die Uebers. ist nach dem Ausdruck des Orig.].

Drittes auf das Dritte. Die menschliche Seele nun bemüht sich um diese Dinge, um zu lernen, welchartiges immer sie wohl seien, schauend auf das ihr Verwandte, von welchem nichts genügend. In Betreff des Königs denn und dessen, wovon ich zuerst sprach, ist es nichts dergleichen (6, 18)[1]. Wiederum sagt er im Phädros: den überhimmlischen Ort hat weder irgend einer der irdischen Dichter je würdig besungen, noch wird er ihn jemals besingen. Er verhält sich aber so. Die farbenlose und gestaltlose und unberührbare Wesenheit, welche es wirklich ist, wird schaubar nur dem Lenker der Seele, dem Geiste. Um diese Wesenheit hat die Gattung der wahren Wissenschaft ihren eigentlichen Ort. Denn wie Gottes Gedanke an Geist und ungemischter Wissenschaft sich nährt, so sieht auch der Gedanke jeder Seele, welche immer das Geziemende annehmen will, in Zwischenräumen das Seiende, liebt es und erschauend das Wahre wird sie genährt und vergnügt sich, bis die Kreisdrehung an denselben Punkt zurückkommt. In der Umkreisung aber besieht sie die Gerechtigkeit selbst, besieht sie Besonnenheit, besieht sie Wissenschaft, die Wissenschaft in dem, was wirklich Seiendes ist, und nachdem sie auch das andere wahrhaft Seiende beschaut und [mit Zeus, dem grossen König im Himmel und dem Heer von Göttern und Dämonen] geschmaust hat, taucht

---

[1] S. den 2. angebl. platonischen Brief an Dionys 8, 312. Auch bei Clem. Al. protrept. 6, 20. Ueber die Unklarheiten u. möglichen Auslegungen dieser Stelle s. Müller-Steinhart VIII, 287 f Vgl. auch Celsus selbst 7, 45: πάντων ἐπέκεινα ὤν.

sie [von der Höhe des Himmelsgewölbes] wieder ein in's Innere des Himmels und kommt nach Hause. Wenn sie aber gekommen, so stellt der Wagenlenker die Rosse an die Krippe, wirft ihnen Ambrosia vor und tränkt sie dazu mit Nektar. Und diess ist Götterleben ¹).

Etliche Christen, die platonischen Sätze missverstehend, prahlen mit dem überhimmlischen Gotte, indem sie den Himmel der Juden noch überschreiten (6, 19)²). Allerdings gibt es einen Weg der Seelen zur Erde und von der Erde hinweg, welcher durch die Planeten geht, wovon auch Platon redet (6, 21)³). Dieses deutet auch die Rede der Perser an und das Mysterium des Mithras, welches bei ihnen ist⁴). Denn es ist darin ein Sinnbild der zwei Bewegungen am Himmel, der nicht planetarischen und wiederum der planetarischen und des Durchgangs der Seele durch dieselben. Das Sinnbild ist so beschaffen: eine Leiter

---

¹) Orig. deutet schon 6, 17 auf Stellen des Phädros. In 6, 19 gibt er die bekannte schöne Stelle Phädr. c. 26 ff., bes. c. 27. Dass Celsus selbst sie gab, geht aus dem folg. „Missverständniss" der Christen klar hervor; wieweit er den Platon wiedergab, ist aus Orig. 6, 19 nicht ganz ersichtlich. Doch zeigt 6, 19 u. 20 (vgl. περιφορά) wesentlich obige Stellen an. Das Eingeklammerte, bei Platon in der Umgebung stehend, vervollständigt die Sachähnlichkeit. Orig. denkt an Entlehnung Platons aus den Propheten 6, 19. Vgl. Ps. 68, 34. 5. M. 33, 26.

²) Zu ὑπερουράν. vgl. Ephes. 4, 10. Hebr. 7, 26. Sieben Himmel 6, 21. 23.

³) [Nicht ganz wörtlich]. Vgl. Phädr. 27. Timäus 8. 41. Zeller 262 ff. Auch s. Porphyr. Zeller III, 859. Celsus denkt an die gnostische Seelenwanderung vgl. 6, 34. 7, 32.

⁴) Ich lese ἡ τοῦ M. τελετή, ἥ παρ' αὐτοῖς ἐστι. Vgl. Spiegel. Parsismus, Herzog XI, 121 ff. 125.

mit hohen Thoren, darüber aber ein achtes Thor. Das erste der Thore ist von Blei, das zweite von Zinn, das dritte von Erz, das vierte von Eisen, das fünfte von gemischtem Metall, das sechste von Silber, von Gold aber das siebente. Das erste schreiben sie Kronos zu, durch das Blei anzeigend die Langsamkeit des Sterns; das zweite Aphrodite, indem sie mit ihr das Helle und Weiche des Zinns vergleichen; das dritte des Zeus, das „mit eherner Schwelle" und starke; das vierte des Hermes, denn ertragend alle Werke und betriebsam und arbeitselig sei das Eisen sowohl als Hermes; das fünfte des Ares, das aus der Mischung ungleiche und mannigfaltige Thor; das sechste des Monds, das silberne; das siebente der Sonne, das goldene, indem sie nachahmen ihre Farben. Die Ursache aber der so eingetheilten Ordnung der Sterne wird erklärt theils durch Sinnbilder in den Namen der übrigen Materie, theils durch musikalische Gesichtspunkte, welche die Theologie der Perser anfügt oder auseinandersetzt (6, 22)[1].
... Von den Persern oder Kabiren her ist denn in den Schriften der Christen von sieben Himmeln und von Lehren die Rede, welche gewisser dummer Hörer und Sklaven bedürfen (6, 23 vgl. 21)[2].

[1] [Das Letzte nicht ganz wörtlich erhalten]. Orig. bricht hier ab, da es nicht hergehörig. Χαλκοβατής vom Zeuspalast Hom. Il. 21, 438.
[2] [Nicht wörtlich erhalten]. Kabiren die Gottheiten der samothrak. Mysterien. Zu den 7 Himmeln der Juden (6, 23) vgl. 2. Kor. 12, 2. Schöttg. hor. hebr. 718. Die Valentin. liessen den Demiurgen über den 7 Himmeln thronen (Ir. 1, 5, 2) vgl. auch die Ophiten (1, 30, 12), die Markosier setzten 10 (1, 17, 1), die Basilid. 365 Himmel (1, 24, 3).

Wollte einer ein gewisses Mysterium der Christen mit dem genannten Mysterium der Perser zusammen untersuchen, diese miteinander vergleichend und zugleich die Dinge der Christen enthüllend, so würde er auf solchem Weg den Unterschied derselben sehen (6, 24). Denn die Christen haben eine Tafel (Diagramma) gemalt mit vielen Kreisen (6, 24 vgl. 38)... Die Tafel ist durch einen dicken Strich in zwei Theile getrennt und dieses wurde mir genannt die Geenna oder auch Tartarus, woraus die Seelen sich den Weg nach Oben bahnen sollen (6, 25)[1]. Sie reden auch von einem, der „das Sigel" umlegt und Vater genannt wird und vom Besigelten, der jung und Sohn heisst und dem Vater antwortet: ich bin gesalbt mit weissem Sigel aus dem Holz des Lebens[2]. Sieben Engel aber umstehen nach der Angabe dieser Vertreter des Sigels von beiden Seiten die Seele des vom Leibe Scheidenden, die einen Lichtengel, die Andern von den archontisch Genannten; der Archon (Oberherr) der archontisch Genannten aber heisst verfluchter Gott. Sie wagen es also, den Gott der Juden

---

[1] [woraus — bahnen sollten. So etwa muss Celsus den Sinn der Sache beschrieben haben vgl. 6, 33. 34. 7, 32]. Orig. verschmäht es, die Beschreibungen und die allg. Angriffe des Celsus gegen d. Christen hinsichtlich des Diagramma zu geben 6, 25. 26. Ueber die Ophiten u. ihr Diagramma s. Orig. 6, 24 ff. 7, 40. Ir. haer. 1, 30, 1—15. Vgl Gass. Herzogs R. E. X, 660. 663. Beziehungen zum Parsismus erkennt auch Gass a. 663.

[2] [dem Vater. Nicht ganz wörtlich erhalten]. Orig. sagt, er habe Solches auch bei Häretikern nie gefunden. Ohne Zweifel aber ist es der ophitische Allvater im Verhältniss zum Menschensohn oder zu Christus. Ir. 1, 30. 1. 2. 6. Das „Sigel" gesteht Orig. (c. 27) als üblichen Ausdruck der Kirche zu vgl. 2. Kor. 1, 22. Off. 7, 3 ff.

so zu nennen, der regnet und donnert und der Schöpfer dieser Welt und der Gott Mose's und seiner Kosmogonie ist (6, 27)[1]). Ein Solcher ist auch Fluches würdig nach denen, welche diese Meinung über ihn aufstellen, nachdem er doch die Schlange, welche Erkenntniss von Gut und Bös den ersten Menschen einführte, verflucht hat (6, 28). Was möchte aber wohl einfältiger oder wahnsinniger sein, als diese stumpfsinnige Weisheit? Denn was hat der Gesetzgeber der Juden verbrochen? Und wie nimmst du die Kosmogonie von jenem für dich selbst an durch eine gewisse, wie man sagt, typische Allegorie oder das jüdische Gesetz, lobst aber wider Willen, o Gottlosester, den Schöpfer der Welt, der ihnen Alles versprochen, der angekündigt hat, ihr Geschlecht zu mehren bis zu den Enden der Erde und sie aufzuwecken aus den Todten in leibhaftigem Fleisch und Blut und der die Propheten inspirirt, und wiederum schmähst du diesen?[2]) Aber so oft du von ihnen [den Juden] genöthigt wirst, bekennst du, denselben Gott zu ver-

---

[1]) [also. Nicht ganz wörtlich erhalten. Die letztern Worte des Orig. müssen auf Celsus selber zurückgehen, da nur so c. 29 verständlich wird, wo Celsus die Enlehrung des Judengottes tadelt. Auch passt der konkrete Ausdruck für Ihn]. Dieser Gott heisst bei den Ophiten Jaldabaoth, von welchem dann wieder Ophiomorphos, der Schlangengestaltige, das Princip des Bösen, aber auch der Erkenntniss (1. Mos. 2, 17. 3, 5) descendirt. Vgl. Iren. I, 30, 5 ff. Die je sieben Engel § 5, 6. 11. Eine bes. Sekte der Archontiker Theodoret. haer. f. I, 11. Herzog XIX, 75.

[2]) [Aber]. In der That hatte Jaldabaoth eine Doppelrolle, er vertritt ein niedrigeres Princip und dient doch zugleich unwissend dem Allvater, sendet Mose u. Propheten (Ir. I, 30, 11). Insbesondere in der Auffassung des Schlangengeists bestand eine ganz zwiespältige Theorie § 5. 7. 8.

ehren, wenn aber das Entgegengesetzte dein Lehrer Jesus und der Lehrer der Juden, Moses, als Gesetz aufstellt, suchst du einen andern Gott anstatt dieses und des Vaters (6, 29)¹). Vom ersten der sieben dämonischen Archonten sagen sie, er sei in die Gestalt eines Löwen gekleidet; der nachfolgende und zweite ein Stier; der Dritte eine Art Amphibium und zwar erschrecklich zischend; der Vierte mit Adlersgestalt; der Fünfte mit Bärengestalt; der Sechste hat nach ihrer Erzählung einen Hundskopf; der Siebente, Thaphabaot oder Onoel genannt, das Antlitz eines Esels (6, 30)²). Einige treten auch in die archontischen Gestalten ein, so dass Etliche Löwen genannt werden, Andere aber Stiere und Andere Drachen oder Adler oder Bären oder Hunde³). Auch von einer viereckigen Gestalt ist die Rede und von den Gebeten an den Thoren des Paradieses und dem feurigen Schwert, welches das Holz der Erkenntniss und des Lebens bewacht (6, 33)⁴).

---

¹) Celsus denkt an Disputationen und Verfolgungen. Vgl. Orig. 6, 12. Die Abweichungen Jesu von Moses hat er scharfsinnig 7, 18 selbst notirt.

²) Vgl. 6, 27. Orig. 6, 30 sagt, dass er auf dem Diagramma die Symbole und die Namen dazu gefunden: Michael, Suriel, Raphael, Gabriel, Thauthabaoth, Erathaol, endlich Onoel oder Thartharaoth (Celsus Thaphabaoth). Vgl. über d. ophit. Namen der *daemones mundiales serpentis* auch Ir. 1, 30, 8. 9. Epiph. haer. 26. 31. An das letztere Symbol wie zugleich an die spöttischen Sagen über die Eselsverehrung der Juden (Oesch. Jesu III, 81, 4) mag sich der Vorwurf gegen die Christen schliessen: *asinarii cultores* Minuc. F. 9. 28. Tert. ad nat. 1, 11 vgl. den Onochoetas ib. 14. ap. 16. Statt des Esels wurde auch von einem Schweinskopf geredet Epiph. haer. 26.

³) [auch]. Vgl. die Schweinsköpfe 5, 64 u. Epiph. 26.

⁴) [auch. Nicht ganz wörtlich]. S. Orig. c. 33 f.

Andere setzen noch Anderes ohne Ende dazu, Reden von Propheten und Kreise zu Kreisen und Ausflüsse der irdischen Kirche und der Beschneidung und die fliessende Kraft einer gewissen Prunikos, einer Jungfrau, eine lebendige Seele, einen geschlachteten Himmel, damit er zum Leben komme und eine mit dem Schwert geschlachtete Erde und viele Geschlachtete, damit sie leben und ein Aufhören des Todes in der Welt, wenn die Sünde der Welt gestorben sein wird und einen von Neuem engen Herabweg und von selbst sich öffnende Thore[1]). Ueberall aber ist dort das Holz des Lebens und Auferstehung des Fleisches vom Holz, deswegen, meine ich, weil ihr Lehrer an ein Kreuz angenagelt wurde und ein Zimmermann war in seiner Kunst[2]). Aehnlich so, wenn jener zufällig von einem Abhang hinuntergeworfen oder in einen Abgrund gestossen oder mit einem Seil erstickt worden wäre oder ein Schuster oder Steinmetz oder Eisenarbeiter gewesen wäre, ginge wohl über die Himmel hinaus der Abhang des Lebens oder der Abgrund der Auferstehung oder der Strick der Unsterblichkeit oder der selige Stein oder das Eisen der Liebe oder hei-

---

[1]) Die Jungfrau Prunikos (Erklärung bei Neand. gnost. Syst. 257) ist die ophitische niedere, wollüstige Weisheit, entsprechend der valentin. Achamot, welche in die Materie stürzt, ihr Erzeugniss Jaldabaot. Iren. 1, 30, 2 ff. Gass 662. Sonst sind hier eine Menge gnostischer Anspielungen auf's N. T. (Apokalypse π Paulus) vgl. Orig. 6, 35. Zum Herabweg s. S. 84.

[2]) Holz des Lebens bei den Ophiten (6, 33) nach 1. Mos. 3, 22. Aber auch die Kirche nahm nach der Apokalypse 2, 7 u. s. diesen Ausdruck an. Vgl. Just. Tryph. 86. 138. Ir. 5, 17, 3. Cl. Rec. 1, 45 u. s.

liges Leder¹). Oder welches alte Weib, welches zum Einschläfern eines Kindleins einen Mythos herbeibringt, würde sich wohl nicht geschämt haben, etwas derartiges zu zischen (6, 34)? Ein Wunder derselben aber ist ganz vorzüglich jenes: sie erklären nämlich einige Inschriften zwischen den überhimmlischen obersten Kreisen, insbesondere gewisse zwei, ein „Grösseres" und „Kleineres" „des Sohnes und des Vaters²)". Und mit Solchem sich brüstend rühmen sie sich auch einer gewissen Magie und Zauberei und sie nennen barbarische Namen von etlichen Dämonen und dies ist ihnen die Hauptsache der Weisheit (6, 38. 39)³). Sie treiben es dabei ähnlich wie Diejenigen, welche auf denselben Grundlagen Gaukelei treiben vor denen, die nicht wissen, dass anders im Verhältniss zu ihnen selbst sind die Benennungen bei Hellenen und anders bei Skythen⁴). Denn den Apollon nennen die Skythen nach Herodot Gongosyros, den Poseidon aber Thagimasas, die Aphrodite aber Argimpasa, Hestia aber Tabiti⁵). Was muss ich aufzählen Alle die, welche Reinigungen lehrten oder Sühnungsgesänge oder Worte zur Abwendung des Bösen, Abbilder oder dä-

---

¹) Diese Symbolik war vom Apostel Paulus begonnen worden Gal. 2, 20. 6, 14. Röm. 6, 1 u. s. f.

²) Geht auf die Ophiten vgl. 6, 27. Auch Orig. fand obige Worte „der Vater und der Sohn" auf dem Diagramm verdeutlicht 6, 38.

³) [Nicht ganz wörtlich erhalten, combinirt aus c. 38. 39]. Zauberformeln schon 6, 83. Vgl. 1. 26. 4, 33. 5, 64. Gebrauch hebräischer Namen u. Worte Ir. 1, 21, 3 u. s. Vgl. Gesch. J. II. 150.

⁴) d. h. es sind nur verschiedene Namen 1, 24. 5, 41.

⁵) Vgl. die Ähnlichkeiten u. Unterschiede gegenüber Herodot 4, 59, auf welchen Celsus selbst gewiesen zu haben scheint.

monische Schematismen in Kleidern oder Zahlen oder Steinen oder Pflanzen oder Wurzeln und überhaupt mannigfaltiger Dinge mannigfache Abwehrmittel (6, 39)? Bei einigen Aeltesten dieser Meinung habe ich barbarische Büchlein gesehen, Dämonennamen und Zaubereien enthaltend; Aelteste freilich, welche zwar gar nichts Gutes versprechen, Alles aber zu Beschädigungen der Menschen (6, 40)[1]). Uebrigens hat ein gewisser Dionysios, ein egyptischer Musiker, der mit mir zusammen gewesen, über die magische Kunst gesagt, dass diese bei Ungebildeten und bei Verdorbenen in den Sitten etwas vermag, bei denen aber, welche philosophirt haben, nichts zu wirken im Stande ist, da sie nämlich für gesunde Lebensweise vorher gesorgt haben (6, 41)[2]).

3. Die Frage des Teufels und Antichrists (6, 42)[3]). Sie täuschen sich aber in gottlosester Weise auch in Hinsicht der folgenden grossartigen Unwissenheit, welche ähnliches von göttlichen Räthselreden ab sich verirrt hat, indem sie Gott einen gewissen Gegner machen und Ebendiesen Teufel (Verleumder) sowohl als auch in hebräischer Sprache Satan nennen. Im Voraus nun zwar ist dieses gänzlich sterblicher Art und auch nicht heilig

---

[1]) Vgl. Iren. 1, 21, 3. 24, 5. 1, 25, 3. 6. Auch denkt man an das Wort Kaiser Hadrians im Brief an Servian (Vop. Sat. 8) über die Egypter: *nemo illic archisynagogus Judaeorum, nemo Samarites, nemo Christianorum presbyter non mathematicus, non haruspex, non aliptes*. Orig. 6, 40 protestirt gegen die Absicht des Schadens.

[2]) [Uebrigens]. Celsus zeigt hier Respekt und Angst vor den christl. Zaubereien. Vgl. 1, 6. 8, 37.

[3]) ἀπὸ ἄλλης ἀρχῆς c. 42. Den Namen Antichrist gibt Orig. c. 45.

zu sagen, dass also der grösste Gott, indem er den Menschen etwas nützen will, den Widersacher hat und unvermögend ist. Der Sohn Gottes also wird geschlagen vom Teufel, und gestraft von ihm lehrt er auch uns die Strafen von diesem verachten, indem er vorausverkündigt, dass Satan selbst auch ähnlich [in der Welt] erscheinend grosse und wunderbare Werke aufzeigen wird, die Herrlichkeit Gottes sich widerrechtlich zueignend; auf diese sollen die nicht achten, welche jenen meistern wollen, vielmehr ihm allein glauben. Dieses ist doch geradaus die Rede eines betrügerischen Menschen, der um Lohn Geschäfte macht und sich im Voraus vor Andersmeinenden und Anderssammelnden schützen will (6, 42)[1]).

Woher aber die Missverständnisse der Räthselreden in Betreff des Gegner's Gottes[2])? Einen gewissen göttlichen Krieg deuten räthselhaft die Alten an; Heraklit seinerseits, indem er so sagt: „man muss wissen; dass der Krieg allgemein ist und Recht Streit ist und dass Alles im Weg von Streit entsteht und betrieben wird"[3]). Pherekydes aber, der viel

---

[1]) Vgl. 1, 0. 2, 49 (Teufelswunder); 2, 38. 45. 47. 79 (Todeszweck); 1, 9. 2, 35 (Betrugsbettler).

[2]) Dem Sinn nach (παρακηκούτας αιτημάτων vgl. c. 42 in.).

[3]) Nach der verbess. Lesart Schleiermacher's, welcher auch Zeller u. Lassalle folgt: εἰδέναι χρή... x. δίκην ἔριν. Nach der gew. Lesart müsste man übersetzen: wenn es geziemend ist (εἰ δὲ χρή), den bestehenden gemeinsamen Krieg auch Recht zu nennen (δίκην ἔριν) s. Lassalle I, 115 ff. 374. Vgl. Πόλεμος πατήρ πάντων Plut. d. Is. 48. Aristot. Eth. Nic. 8, 2: πάντα κατά ἔριν γενέσθαι. Diog. L. 9, 1, 8 § 8; τὸ ἐπὶ τ. γένεσιν ἄγον καλεῖσθαι πόλεμον κ. ἔριν.

älter als Heraklit gewesen, macht den Mythos von einem Heere, welches sich gegen ein Heer aufstellt und gibt als den Führer des einen Kronos, des andern Ophioneus (Schlangengott), erzählt ihre Herausforderungen sowohl als Wettkämpfe; eine Uebereinkunft aber komme ihnen zu Stand, dass welcher von beiden Theilen in den Ocean (Ozenos) falle, dieses die Besiegten seien, die aber, welche sie hinausgestossen und besiegt haben, den Himmel besitzen sollen[1]). Mit dieser Absicht hängen auch zusammen die Mysterien in Betreff der Titanen und Giganten, welche Götterkrieg ankündigen, und die egyptischen Erzählungen über Typhon, Horos und Osiris. Jenes aber ist nicht ähnlich den Reden über einen Teufeldämon oder, was wahrer, einen betrügerischen menschlichen Rivalen. Auch Homer deutet Aehnliches an, wie Heraklit und Pherekydes und die Einführer der Mysterien von Titanen und Giganten, in den Worten des Hephästos zu Hera:

Denn schon einmal vordem, da zur Abwehr kühn ich
    genaht war,
Schwang er mich hoch, an der Ferse gefasst, von der
    heiligen Schwelle

und in den Worten des Zeus zu Hera so:

Denkst du nicht, wie du hoch herschwebetest und an die
    Füss' ich
Zween Ambose gehängt und ein Band um die Hände
    geschürzet

---

[1]) Pherekydes von Syros, Theolog u. Kosmolog (600 v. Chr.), erster Prosaist (Plin. 7, 571 in mythischen Formen. Vgl. Eus. praep. ev. 1. 10. Diog. L. 1, 11. 1, 1, 15. Lomm. 8. 375. Preller, Rhein. Mus. N. F. IV. 377. Westermann in Pauly's R. W. V, 1447. Ueberweg 27 ff. 39. Müllach. fragm. philos. gr. 1860. 67 behandelt ihn nicht.

Golden und unzerbrechlich? Aus Aetherglanz und Ge-
  wölk her
Schwebtest du; ringsum traurten die Ewigen durch den
  Olympos.
Doch nicht wagte zu lösen ein Nahender: wen ich erhaschte,
Schleudert' ich, mächtig gefasst, von der Schwell' ab,
  dass er hinunter
Fuhr zu der Erd' ohnmächtig¹).

Diese Worte des Zeus an Hera sind Worte Gottes zur Materie; die Worte zur Materie aber deuten an, dass Gott sie, die von Anfang in fehlerhaftem Zustand war, kraftvoll anfasste, in gewissen richtigen Verhältnissen zusammenband und schmückte; und dass er die um sie befindlichen Dämonen, alle, welche übermüthig, dass er diese strafend hinwegwirft auf den Weg hieher²). Von diesen Sprüchen Homer's in solchem Verstande hat Pherekydes geredet in den Worten: unterhalb jenes Theiles ist der Theil des Tartaros; es bewachen ihn aber die Töchter des Boreas, die Harpyen und Thyella, wohin Zeus ausstösst von Göttern, wenn etwa einer in Uebermuth ausbricht. Mit solchen Gedanken hängt auch zusammen der Peplos um Athena, der beim Festaufzug der Panathenaeen von Allen geschaut wird. Denn es wird aus demselben geoffenbart, dass eine gewisse mutterlose und unbefleckte Gottheit die trotzenden

---

¹) Ilias I, 590 ff. 15, 18 ff.
²) Platonisirung Homers. Aehnliches schon in Cic. a. Deor., im 2. Jahrh. bei Maximus v. Tyrus diss. 4, 6 und in d. ganzen 10. diss. Auch Plutarch d. audiend. poet. 40. Vgl. Tzschirner Fall d. Heid. 140 f. Wie kann da C. gegen die Allegorie der Juden und Christen schmähen? 4, 38. 48 ff.

Erdgebornen überwindet[1]). Bei den Christen aber
wird der Sohn Gottes vom Teufel gestraft und lehrt
uns, damit wir, wenn von demselben gestraft, standhaft
bleiben möchten. Und das ist das durchaus
Verlachenswerthe. Denn es geziemte sich, meine
ich, den Teufel zu strafen, aber nicht den von ihm
betrogenen Menschen zu drohen (6, 42)[2]).

4. Die Frage der Weltschöpfung
(6, 47—65). Woher aber auch eben dieses sie augewandelt
hat, einen Sohn Gottes zu nennen, erkläre
ich[3]). Alte Männer haben diese Welt, als aus Gott
geworden, Sohn desselben und Jüngling benannt[4]).
Ganz ähnlich wenigstens ist diese sowohl als jener
ein Sohn Gottes (6, 47)[5]). Noch dazu doch fürwahr
ist auch ihre Kosmogonie sehr einfältig; sehr einfältig
auch die Schrift über Entstehung der Menschen

---

[1] Die reine u. mutterlose (ἀμήτωρ) Atheue war die Besiegerin
der Titanen u. Giganten und in den Stickereien ihres prachtvollen
Peplos war einer der Giganten (Enkelados) abgebildet. Schol. Plat.
d. rep. 1 p. 327. Schol. Aristoph. eq. 566. Schol. Eur. Hec. 466.
Suid. s. v. πέπλος vgl. Spenc. Orig. c. C. 1077 annot. 8. 83. Pauly
R. W. V. 1109. Otto Jahn, de antiquiss. Minervae simulacris attiris
1866 p. 12. not. 39. Allegorische Deutungen dieser Gottheit des
lichten und geistigen Elements waren schon im Alterthum sehr
gewöhnlich vgl. Pauly's R. W. V, 45.

[2] Erwähnt Orig. c. 45 den Antichrist, so ist dies der in c. 42
besprochene. Strafe Teufels u. Standhaftigkeit 2, 38. 45. 47. 73.

[3] Offenbar führt dieser Satz vom Sohn Gottes zur Welt hinüber.

[4] Vgl. Platon Tim. 34. 41 ff. Zeller 259 ff. Auch bei Philon
ist der Logos der ältere, die Welt der jüngere Sohn Gottes. Zeller
III, 623.

[5] Dieser Satz ist nur etwa richtig hinsichtlich der dogmat.
alexandr. Idee des Sohnes Gottes bei Philon, Paulus, Johannes
u. s. f., nicht aber hinsichtlich des alttestament. Sohnes Gottes.

(6, 49)[1]). Die Alten haben über die Entstehung von Welt und Menschen Verschiedenes gesagt...[2]). Die aber, welche die Schriften diesen (Christen) hinterlassen, haben in der Unwissenheit über das, was immer die Natur der Welt und der Menschen ist, dicke Albernheit komponirt (6, 50)[3]). Bei Weitem thörichter aber noch ist, auch einige Tage der Kosmogonie zuzutheilen, ehe Tage vorhanden; denn da der Himmel noch nicht geworden und die Erde noch nicht irgend gegründet und die Sonne nicht irgendwo hier im Umlauf war, wie waren Tage da (6, 60 vgl. 50)[4])? Auch meinen sie, dass der Weltschöpfer wunschweise gesagt habe: es werde Licht! Denn nicht doch, wie die, welche die Lichter bei Nachbarn anzünden, hat der Weltschöpfer Licht von oben geborgt. Und wenn es ein gewisser dem grossen Gott entgegengesetzter verfluchter Gott war, der dieses wider die Meinung von jenem that, warum lieh er ihm das Licht (6, 51)[5])? Ich aber sage über Entstehen und Vergehen der Welt, entweder dass sie ungeschaffen und unvergänglich oder dass sie geschaffen war, aber unvergänglich oder dass sie das Umgekehrte sei, ich sage darüber jetzt nichts[6]). Diese aber sagen, dass der Geist des höchsten Gottes wie in Fremdem hier auf Erden

---

[1]) Vgl. schon 1, 17 ff. und dann 4, 36 ff. Im jetzigen Zusammenhang ist es eine Digression.
[2]) Origenes führt dieses nicht näher an.
[3]) Vgl. 4, 14. 52.
[4]) Der wörtl. Ausdruck erst in 6, 60, nicht schon 6, 50.
[5]) [Und]. Vgl. 6, 27 den Jaldabaoth der Ophiten.
[6]) 4, 79 sprach er sich für Ungeschaffenheit aus (s. zu 4, 11).

aufgetreten sei, indem sie davon reden, dass der Geist Gottes über dem Wasser geschwebt habe und dass ein andrer Weltschöpfer als der grosse Gott üble Anschläge gegen seinen Geist gemacht, welche der höhere Gott zuliess, während sie der Zerstörung bedurft hätten¹). Dann fordert der grosse Gott, der dem Weltschöpfer den Geist gegeben, diesen wieder zurück²). Aber welcher Gott giebt etwas, um es wieder zurückzufordern³)? Denn eines - Bedürftigen ist das Zurückfordern, es bedarf aber Gott keines Dings⁴). Warum, da er es lieh, wusste er nicht, dass er einem Bösen lieh? Warum übersieht er einen bösartigen Weltschöpfer, der ihm entgegenhandelte (6, 52)? Warum aber sendet er heimlich und richtet die Schöpfungswerke dieses zu Grund? Warum aber dringt er heimlich ein und macht durch Ueberreden abwendig und verführt⁵)? Warum aber lockt er die von diesem Verurtheilten oder Verfluchten, wie ihr saget, an sich und führt sie in der Weise irgend eines Menschenräubers heimlich davon? Warum aber lehrt er, vom Herrn zu entlaufen? Warum aber, zu entfliehen dem Vater? Warum aber adoptirt er selbst, während der Vater es nicht zugesteht? Warum aber verspricht er, ein Vater der Fremdlinge zu sein? Ein ehrwürdiger Gott doch, der die Begierde hat,

---

¹) [Nicht ganz wörtlich erhalten]. So die Gnostiker, auch die Ophiten. Vgl. Ir. 1, 30, 6. 7.
²) [Dann. Ueberhaupt nicht wörtlich erhalten]. Vgl. hier die ophitische Lehre Ir. 1, 30, 6. 12. 14. Valentin. 1, 7, 1 ff. 2, 29, 2 f. Marcion 1, 27, 3. — ³) [Aber]. — ⁴) Ἀπροσδεής 8, 21.
⁵) abstrahit, aufert, advocat Marc. Ir. 4, 33, 2.

Vater der bei einem Andern verurtheilten Sünder und Erbtheillosen und Auswürflinge, wie sie selbst sagen, zu sein und der es nicht vermag, den, welchen er doch ausgesandt und welcher jene heimlich wegführte, zu rächen, nachdem er gefangen genommen worden[1])! Wenn aber dieses seine eigenen Werke sind, wie machte Gott seinerseits Böses? wie aber vermag er nicht, zu überreden und zurechtzuweisen? wie aber empfindet er über ihnen, da sie undankbar und bösartig geworden, Reue? Und seine eigene Kunst schilt er und hasst und droht und richtet zu Grunde die eigenen Abkömmlinge? Oder wohin immer führt er sie heimlich weg aus dieser Welt, welche er selbst gemacht (6, 53)[2])?

Dazu aber, von vorn an die Sache anfassend, lasset uns überlegen, wiefern wohl nicht abgeschmackt wäre der erste und grösste Gott, indem er befiehlt: es werde Dieses! und ein Anderes! oder Das! und indem er an Einem Tage soviel zimmert, am andern aber wieder um soviel mehr und am dritten und am vierten und am fünften und am sechsten (6, 60) und nach diesem fürwahr wie ein ganz und gar schlimmer Handwerker ermattet ist und zum Ausruhen Müssig-

---

[1]) Ich lese αὐτούς (statt αὐτοῦ) ὑπεξάγοντα. Orig. beschuldigt den Celsus 6, 53, die Sätze der Gnostiker, bes. Marcion's (vgl. Ir. 4, 33, 2. Tert. c. Marc. 1, 2 ff.) durcheinander zu werfen. Im Grunde aber war die Sammlung der zerstreuten Lichtelemente in der Welt und aus der Welt durch den oberen Gott allgemein gnost. Theorie. S. 97, Anm. 2. Jesus vom Demiurgen getödtet Ir. 1, 30, 13.

[2]) Orig. 6, 53 bezieht diesen Satz mit Recht auf die Kirchenlehre, welche die monistische Gotteslehre aufrecht halte. Die Reue Gottes bezieht sich nicht etwa auf Jaldabaoth Ir. 1, 30, 10, sondern (Orig. 6, 53) auf I. Mos. 6, 6.

gang bedarf¹)? Es ist aber nicht in der Ordnung, dass
der erste Gott ermatte, noch handwerke, noch befehle (6, 61)²). Auch kein Mund ist ihm noch eine
Stimme, auch nicht ein Anderes von dem, von welchem wir wissen (6, 62). Auch nicht hat er einen
Menschen als sein Ebenbild gemacht; denn nicht derartig ist Gott, noch irgend einer andern Gestalt ähnlich (6, 63). Er hat nicht an Figur Antheil oder an
Farbe oder an Bewegung; auch nicht am Wesen hat
Gott Antheil (6, 64). Aus ihm ist Alles und er aus
Nichts. Auch nicht mit Wort ist er erreichbar, nicht
einmal nennbar. Denn er leidet nichts, was mit
einem Namen begreifbar; er ist ausserhalb jedes
Leidens (6, 65)³).

5. Die Frage der Offenbarung Gottes
im Geiste Christi (6, 66—81). Wie nun, spricht
einer, soll ich Gott erkennen? und wie den Weg
dorthin lernen? und wie zeigst du mir ihn? Denn
jetzt doch schüttest du Finsterniss vor meine Augen
und nichts Deutliches sehe ich! Diejenigen, welche
einer etwa in helles Licht aus Finsterniss hervorführt,
diese büssen freilich, indem sie den flimmernden

---

¹) Der faule Handwerker Plat. Gesetze X, 903. Der faule Sabbat
Gensch. J. III, 471, 2. Die Vermenschlichungen Gottes im 1. Buch
Moses rügten auch die Heiden des Theophilos (2, 22), z. B. dass Gott
im Paradies spazieren gegangen.

²) [Aber]. Der Ausdruck τεκταίνομαι doch auch bei Platon,
Tim. 33.

³) Vgl. die Einleitung V. Auch 4, 14. 5, 14. Plat. d. republ. VI
S. 509: ἐπέκεινα τῆς οὐσίας. Phaedr. c. 26: τὸ θεῖον καλόν, σοφόν,
ἀγαθὸν κ. πᾶν ὅτι τοιοῦτον. 27: ἡ ἀχρώματός τε κ. ἀσχημάτιστος
κ. ἀναφὴς οὐσία. Abbild Gottes die Welt Zeller 259. Sehr ähnlich
Min. F. 18. 32.

Strahlen nicht widerstehen können, das Sehen ein, leiden Schaden und glauben geblendet zu sein (6, 66)[1]).

Wie meinet ihr nun, Gott zu erkennen und wie, von ihm her gerettet zu werden (6, 68)[2])? Da Gott gross ist und schwer zu erkennen, sagen sie, so hat er seinen eigenen Geist in einen uns ähnlichen Leib eingeworfen und hieher herabgeschickt, damit wir von ihm hören und lernen könnten (6, 69)[3]). Indem sie sagen, dass Gott ein Geist sei, sind sie darin in nichts unterschieden von den Stoikern bei den Hellenen, welche aussprechen, dass Gott der durch Alles hindurchgegangene und Alles in sich umfassende Geist sei (6, 71)[4]).

Weil denn der Sohn ein Geist von Gott her ist, der in menschlichem Leibe eingekehrt, so möchte wohl selbst der Gottessohn nicht unsterblich sein. Denn nicht eine solche ist die Natur des Geistes, um immer zu bleiben[5]). Daher haben auch Einige von ihnen nicht zugestanden, dass Gott ein Geist sei, sondern nur sein

---

[1]) [Freilich]. — [2]) [Nun].

[3]) Vgl. Röm. 8, 3. Joh. 1, 14. Barn. cp. 6. 7. Past. Herm. par. 9, 12. Just. 1, 66. Ign. Eph. 7. Diogn. 7.

[4]) [Nicht ganz wörtlich erhalten. Was Orig. 6, 71 über die stoische Weltzerstörung sagt, gehört nicht dem Celsus an.] Zur Sache vgl. 5, 14: αὐτὸς γάρ ἐστιν ὁ πάντων τῶν ὄντων λόγος. Senec. cons. ad Helv. 8: *divinus spiritus per omnia... difusus*. Vgl. Min. F. 32: *Deus ubique infusus est*. Auch s. Zeller 3, 1, 71 ff.

[5]) Nach stoischer Lehre ist ja der Geist selbst ein Körperliches, *ignea vis* Cic. n. Deor. 3, 14; *animus ignis* Tusc. 1, 10; *ignis interiturus, ne ignis quidem aeternus* n. D. a. a. O. vgl. Zeller III, 100 ff.

Sohn¹)? Ist aber Gott oder sein Sohn ein Geist, so ist nothwendig, dass ausgehaucht habe der Gott; woraus folgt, dass Jesus nicht mit dem Leib auferstehen konnte²). Denn nicht wohl hätte zurückgenommen Gott den Geist, den er gegeben, besudelt durch des Leibes Natur (6, 72)³). Wollte er aber einen Geist aus sich herabschicken, was bedurfte er, ihn in den Schoos eines Weibes einzublasen? Denn er konnte, da er es schon verstand, Menschen zu bilden, auch diesem einen Leib herumbilden und nicht den eigenen Geist in ein so grosses Miasma einwerfen; so würde er sicherlich wohl auch keinem Unglauben begegnet sein, wenn er von oben her sogleich fertig erzeugt gewesen wäre (6, 73)⁴). Einige gestehen das auch wirklich zu, dass der Sohn Gottes ganz von oben gekommen und entflichen dadurch manchen Anklagen, andern aber ver-

---

¹) [Daher n. nur ist eingesetzt. Der Satz nicht ganz wörtlich erhalten]. Vgl. die Ophiten bei Iren. I, 30, 1. Aber ähnlich so Basilidianer I, 24, 3; Valentinianer I, 1, 1.

²) [Nicht ganz wörtlich erhalten]. Cic. n. Deor. I, 9: *animus ab anima; efflare animam dicimus*.

³) Nach den Stoikern kehrt die Seele am Ende der Weltzeit zu Gott oder in den Urstoff zurück, wobei man stritt, ob alle Seelen (Kleanthes) oder nur die der Weisen (Chrysipp) so lange dauern werden s. Diog. L. 7, 157 vgl. Zeller III, 105. Das Miasma des Leibs c. 73 vgl. 5, 14.

⁴) Einblasung theils gemäss dem stoischen Begriff der Seele als πνεῦμα ἔνθερμον (warmer Hauch) Diog. 7, 157, theils nach Matth. 1, 20. Luk. 1, 35 vgl. Lact. 4, 12. Merkwürdige Zusammenstimmung mit Marcion: *cloacam voca uterum tanti animalis* l. c. *hominis* Tert. c. Marc. 3, 11. Aber auch Plutarch sprach von einem μίασμα τῆς σαρκὸς ἡμῶν. Jacoblitz u. Beiler Lex. s. σάρξ. Zu den Vorschlägen gegen den Unglauben s. 2, 63, 68, 71.

fallen sie¹)... Woher mag z. B. als Sohn Gottes aufgezeigt werden derjenige, der solche Strafen gelitten, wenn nicht Voraussagungen über denselben ergangen sind? Oder gibt es wohl zwei Söhne von Göttern, der Eine des Weltschöpfers und der Andere des obersten Gottes? Ihre Zweikämpfe aber und der Väter Götterkämpfe sind wahrlich wie der Wachtelkrieg; oder ordnen diese, wegen Alters unbrauchbar und kindisch, zwar nichts gegenseitig an, lassen aber die Söhne kämpfen (6, 74)²).

Da nun einmal göttlicher Geist im Leibe war, so musste er durchaus in etwas verschieden sein von den Uebrigen, in Grösse oder Schönheit oder Stärke oder Stimme oder Eindruck oder Ueberredungskraft. Denn unmöglich ist's, dass derjenige, dem ja etwas

---

¹) [Orig. übergeht hier den Text des Celsus mit der Bemerkung, dass er sich nun mit Marcion beschäftige, theils für, theils gegen ihn Partei nehmend. Dies ist im Text möglichst mit Worten des Celsus ausgedrückt]. Man kann hier nur vermuthen, dass C. Marcion's Theorie, wonach Christus *subito de coelo manavit* Tert. c. M. 4, 7. 11; *carnem ut terrenam et stercoribus infersam aspernatus est* 3, 10; *omnem nativitatis et educat. foeditatem et ipsius etiam carnis indignitatem perroravit* 4, 21 (vgl. Dillhey, Herzog IX, 32), theilweise approbirte, wie auch das Folgende zeigt.

²) [wahrlich. Nicht ganz wörtlich]. Man muss hier zunächst an Marcion's Christus als Vertreter des guten Gottes gegenüber d. Demiurg denken (*duos Ponticus Deos affert* Tert. 1, 2 vgl. 1, 4: *superato aemulo*); aber auch auf die Ophiten und den Gegensatz des höchsten Gottes und seines Gesandten gegen Jaldabaoth und Ophiomorphos trifft es zu. — Zum Wachtelkrieg s. Aristot. hist. anim. 9, 8 (ed. Bekk.). Aristoph. aves 1303 u. d. pace 789. Ferner Ovid. amor. 2, 6, 25 ff.: *non tu fera bella movebas: garrulus et placidae pacis amator eras. Ecce coturnices inter sua proelia vivunt, forsitan et fiant inde frequenter anus.* Juv. sat. 12, 97 f.: *rerum haec nimia est impensa:- coturnix nulla unquam pro patre cadet.* Vgl. noch J. B. Friedreich, Symb. u. Mythol. d. Natur S. 560 f. Becker, Charikles I, 150 f.

Göttliches in höherem Mass als den Andern zustand, sich in nichts von einem Andern unterschied; dieser Geist aber unterschied sich in nichts von einem Andern, sondern, wie sie sagen, war er klein und übelgestaltet und unedel (6, 75)[1]. Dazu fürwahr, wenn doch Gott, wie Zeus beim Komödiendichter, aus dem langen Schlaf erwachend das Menschengeschlecht aus Uebeln retten wollte, warum doch in aller Welt in Einen Winkel sandte er diesen Geist, wie ihr saget?[2] Es war nöthig, viele Leiber gleichmässig zu durchblasen und sie in die ganze Welt umher auszusenden[3]. Aber der Komödiendichter seinerseits schrieb sein Stück, um im Theater Lachen zu erregen, dass nämlich Zeus vom Schlaf erwacht Atheniiern und Lakedämoniern Hermes schickte; du aber meinst nicht etwas noch Lächerlicheres gedichtet zu haben in dem den Juden gesendeten Gottessohn (6, 78)[4]? Denn gott-

---

[1] Vgl. 1, 70 f. 6, 73. Nur hat sich Celsus 1, 71. 2, 35 über die „Stimme" vielmehr lustig gemacht. Ueber die ältere Meinung von einer Hässlichkeit Jesu, welche selbst noch bei Lact. 4, 16 (lediglich nach Jes. 52, 14. 53, 2), s. m. Gesch. J. I, 400. Orig. gibt nur das δυσειδἑς; (nach der Schrift) zu, dagegen nicht das μικρόν und ἀγενἑς. Die Gnostiker (Basilid. und Karpokrat.) gaben zuerst das ideale Christusbild.

[2] Vgl. zum Winkel 4, 36. 5, 41. Zum Schlaf Lucian. Tim. 2. 6 u. A. 4.

[3] Vgl. den stoischen λόγος σπερματικός (Diog. L. 7, 157. Zeller III, 85), welchen ja irgendwie auch die alexandr. christl. Theologen vertraten.

[4] Die Stelle des Komikers (offenbar über den peloponnes. Krieg) ist nicht gefunden. Weder Origenes noch die Späteren weisen sie auf. Sie ist nicht in Aristophanes, wo man sie bes. im „Frieden" 195 ff. verhaften möchte, noch in den Fragm. Com. Graec. von A. Meineke 1839 ff. Aehnlich redet übr. vom schlafenden Zeus (nach Hom. Il. 14, 160 ff. 353 ff. vgl. 2, 1 ff.) Luc. Timon c. 2 ff. vgl. Celsus selbst 4, 8: τὸν ἄρα ἀπηρηκώς.

vollste Völker zwar sind von Anfang Chaldäer, Magier, Egypter, Perser, Inder, die Juden aber ein in nächster Zukunft untergehendes Volk (6, 80)[1]). Und der Alles wissende Gott verstand das nicht, dass er bösen Menschen und Solchen, die sündigen und ihn strafen würden, seinen Sohn schicke? Längst sei das vorausverkündigt! wird von ihnen dann zur Vertheidigung gesagt (6, 81)[2]).

6. **Die Frage der Weissagungen der Propheten (7, 2—18).** Lasset uns sehen, auf welchem Weg sie auffinden eine Entschuldigung! Die zwar, welche einen andern Gott einführen, finden keine; die aber, welche denselben Gott, sagen wieder dasselbe, jenes wahrlich Weise: dass es so geschehen musste! als Merkmal aber: denn längst war dieses vorausgesagt (7, 2)[3])! Das zwar, was von Pythia oder den Dodoniden oder dem Apollon von Klaros oder durch die Branchiden oder in Ammon's Heiligthum und von tausend andern Sehern vorausgesagt worden, von welchen fast jedes Land kolonisirt worden, das achten sie für nichts; was aber von denen in Judäa in der Weise jenes Landes und wie es noch jetzt die Leute in Phönizien und Palästina gewohnt sind, gesagt oder nicht gesagt ist, das eben halten sie für wunderbar und unumstösslich (7, 3)[4]). Es gibt zwar mehrere Gestalten von Propheticen, die vollkom-

---

[1]) [Nicht wörtlich erhalten]. Vgl. 1, 14. 20. Die Juden 5, 41. 8, 69.
[2]) [Und dann]. Vgl. 2, 28 ff. u. die Pfiffigkeit 6, 74.
[3]) [Gott (das 2. Mal)]. Vgl. 6, 81.
[4]) [Der Schluss in 7, 6 enthält kein neues Wort des Celsus].

menste aber bei den Männern in diesem Lande ist
diese¹). Viele und zwar Namenlose nehmen auf's
leichteste aus ganz zufälliger Ursache in Heiligthümern und ausserhalb derselben, zum Theil auch als
Bettler herumziehend und Städte oder Kriegslager
besuchend, Bewegungen an scheinbar wie Weissager.
Jedem aber ist's zur Hand und üblich zu sagen:
Ich bin Gott oder Gottessohn oder göttlicher Geist.
Ich bin aber gekommen, denn schon geht die Welt
zu Grund und ihr, o Menschen, fahret wegen der
Ungerechtigkeiten dahin. Ich aber will retten, und
ihr werdet mich sehen von Neuem, mit himmlischer
Macht wiederkommend. Selig, wer mich jetzt verehrt, den Andern aber allen werde ich ewiges Feuer
auferlegen, sowohl Städten als Ländern. Und Menschen, welche ihre Strafen nicht kennen, werden dereinst vergeblich andern Sinns werden und seufzen; die
aber, welche mir gefolgt, werde ich ewig bewahren.
Nachdem sie diese weitläufigen Drohungen ausgestossen,
fügen sie der Reihe nach unverständliche, halbver-
rückte und ganz unklare Worte bei, deren Verständniss kein Verständiger finden möchte, denn es ist
undeutlich und nichts; jedem Unsinnigen aber oder
Betrüger gibt es in jeder Hinsicht Anlass, wohin er
das Gesagte zu seinem Vortheil wenden will (7, 9).
Diese angeblichen Propheten, welche ich selbst ge-

Klaros in Jonien bei Kolophon; d. Branchiden die srbl. Priester
des Apolltempels zu Didyma bei Milet Strab. 14, 1. Vgl. Luc. Alex.
8 ff. Auch s. zu S. 24.
¹) [Nicht buchstäblich erhalten].

hört, haben, wenn ich sie überführte, mir bekannt, wessen sie bedurften und dass sie ihre Worte erdichtet haben von einem zum andern (7, 11)[1]).

Auch die, welche von den Propheten aus eine Vertheidigung führen in Betreff der Dinge Jesu, können nichts zur Sache Gehöriges antworten, wenn etwas Schlechtes oder Hässliches oder Unreines oder Besudeltes über das Göttliche gesagt erscheint (7,11.12)[2]). Hässlichstes aber leidet Gott doch nicht, noch dient er dem Bösen. Denn was Anderes wäre es für Gott, Fleischtheile von Schafen zu essen und Galle oder Essig zu trinken, als ein Kothfressen (7, 13)[3])? Wohlan, wenn die Propheten etwa voraussagen, der grosse Gott werde, um nichts anderes Gröberes zu sagen, Knecht sein oder krank sein oder sterben, so wird Gott sterben müssen oder knechten oder krank werden, da es vorausgesagt war, damit vom Gestorbenen geglaubt werde, dass er ein Gott war[4])? Aber wohl nicht möchten dieses die Propheten voraussagen; denn es ist böse und unheilig. Also, weder ob sie es voraussagten, noch auch, ob sie es nicht voraussagten, muss man

---

[1] [Nicht ganz wörtlich erhalten. Zu c. 11 vgl. auch 9]. Die Thatsache solcher Propheten leugnet Orig.; Celsus habe das erfunden. Doch ist dies nicht wahrscheinlich. Weissagungen des Weltuntergangs sind bei Juden und Christen in den ersten Jahrh. reichlich aufzuweisen; selbst in Rom verkündigte einer unter M. Aurel auf dem Marsfeld: *ignem de coelo lapsurum finemque mundo affore* Cap. M. Anton. Ph. 14.

[2] Die „tausend" Einwände (c. 12) hat Orig. nicht verschwiegen, sie kommen im Folgenden. Nichts Unreines kann von Gott prädizirt werden vgl. 5, 14.

[3] Bezieht sich auf das Passahessen und Golgotha 1, 70. 2. 37. Koth vgl. Heraklit 5, 14. — [4] Min. 23: *Deus mori non potest*.

zusehen, sondern ob das Werk Gottes würdig ist
und schön. Dem Hässlichen und Bösen aber muss
man, auch wenn alle Menschen im heiligen Wahnsinn es vorauszusagen scheinen, nicht glauben. Wie
nun ist das, was an diesem als an einem Gott gethan wurde, ein Heiliges (7, 14)? Wenn dieses pro-
phezeit würde von dem Gott über Allem, muss man
wohl, da es vorausgesagt wird, Solches glauben über
Gott (7, 15)?

Jenes aber werden sie nicht wiederum bedenken?
Wenn die Propheten des Gottes der Juden voraussagten, dieser werde jenes Sohn sein, wie gibt jener
zwar durch Moses das Gesetz, dass sie reich sein,
herrschen, die Erde füllen, die Feinde im blühenden
Alter niedermetzeln und stammweise tödten sollen,
was er bekanntlich auch selbst unter den Augen der
Juden nach der Erzählung des Moses thut, und dazu
noch, wenn sie nicht gehorchen, droht er ihnen ausdrücklich, ihnen das Schicksal der Feinde anzuthun;
sein Sohn also aber, der Nazoräische Mensch, gibt
dagegen das Gesetz, dass der Reiche oder Herrschafts-
lustige oder Weisheitsbegierige oder Ruhmsuchende zum
Vater nicht einmal nahen dürfe; man müsse aber für
Nahrungsmittel und Vorrathskammer nicht in höherem
Grad irgend besorgt sein als die Raben, für das Kleid
aber noch weniger als die Lilien; dem aber, der Einmal geschlagen, es anbieten, auch von Neuem zu
schlagen. Lügt Moses oder Jesus? oder hat der
Vater, indem er diesen sandte, vergessen, was er
Moses aufgetragen? oder ist er, seine eigenen Gesetze

verurtheilend, zu anderer Ueberzeugung gekommen und sendet den Boten mit entgegengesetzter Ordre aus (7, 18)[1])?

7. **Die Frage des ewigen Lebens** (7, 27—35). Von Gott sagen sie, dass er ein Körper der Natur nach sei und zwar ein menschenähnlicher Körper; Sätze, welche leicht zu widerlegen sind (7, 27)[2]... Wenn man sie selbst aber fragt: wohin wollet ihr weggehen und welche Hoffnung habet ihr? so antworten sie: in eine andere Erde, besser als diese (7, 28)[3]). Von göttlichen alten Männern ist erzählt worden ein glückliches Leben für glückliche Seelen; es nannten es aber die Einen Inseln von Seligen, die Andern das Elysische Feld, von der Lösung der hiesigen Uebel genannt; wie auch Homer sagt:

Nein, dich führen die Götter dereinst an die Enden der Erde
Zu der elysischen Flur,
Wo ganz mühlos leben die Menschen[4]).

---

[1]) Der jüdische Standpunkt 2, 29; 4, 43; 6, 29, sehr verwandt mit Marcion's Charakteristik des Judengottes Tert. c. Marc. III, 12. 24. IV, 20 vgl. Dilthey a. a. O. 31. Aus dem N. T. vgl. Matth. 19, 24. 11, 20. 6, 25 ff. 5, 39. Der Nazoräer haupts. nach Matth. 2, 23 vgl. Gesch. J. I, 319.

[2]) [Der Satz selbst ist nicht ganz wörtlich erhalten; ja Origenes übergeht hier die ganze Aussage und Polemik des Celsus (7, 27). Celsus habe Solches nur etwa von Ungebildeten hören können]. Orig. gibt dem Abschnitt den Titel περὶ Θεοῦ 7, 27. 28; aber von Gott handelte ja der erste Abschnitt, und der körperliche Gott kommt wesentlich als Erkenntnissgegenstand des ewigen Lebens in Betracht. Zur Körperlichkeit Gottes vgl. Melito Eus. 4, 26. Clem. Hom. 17, 7 ff. Tertullian de carne Chr. 11 und die Opposition der Alexandriner s. Hagenbach Dogm. G. 5. A. 79 ff. Aber auch schon Min. F. 18, 32 (viell. gegen Celsus).

[3]) [Der Anfang nicht wörtlich]. — [4]) Odyss. 4, 563 ff.

Platon aber, der die Seele für unsterblich hält, hat jenes Land, wohin sie sich auf den Weg macht, geradezu Erde genannt in dieser Weise, indem er sagte, sie sei ein sehr Grosses und wir wohnen bis zu den Säulen des Herakles vom Phasis an in einem kleinen Theil, um das Meer wohnend, wie Ameisen oder Frösche um eine Pfütze; und Andere wohnen anderswo, Viele in vielen solchen Orten. Denn rings um die Erde seien viele und in Gestalten und Grössen mannigfaltige Höhlungen, in welche zusammengeflossen seien das Wasser und Nebelgewölk und die Luft; das reine Land selbst aber liege im reinen Himmel (7, 28)[1]). Was aber Platon durch dieses anzeigt, ist nicht Jedem leicht zu erkennen, ausser wer immer verstehen könnte, was wohl jenes ist, das er sagt: vor Schwäche und Schwerfälligkeit seien die Menschen nicht im Stande hindurchzugehen zum Aeussersten der Luft; und wenn die Natur fähig wäre den Anblick auszuhalten, so würde sie wohl erkennen, dass jenes der wahre Himmel und das wahrhaftige Licht ist (7, 31)[2]). Ebenso aber, wie die Lehre Platon's von der reinen Erde, haben die Christen die Versetzung von einem Leib in den andern (die Seelenwanderung) missverstanden und zu einer lächerlichen Lehre der Auferstehung verwandelt, wobei sie von einem Saamen des Leibes reden, von einem Ausziehen

---

[1]) Phädon c. 58 S. 109. Vgl. dazu Stallbaum. Auch Celsus 8. 51.
[2]) Phädon a. a. O.

und Darüberanziehen der Leiber (7, 32)¹)... Wenn sie denn von allen Seiten aus der Stellung getrieben und widerlegt werden, gehen sie wieder, wie wenn sie nichts gehört hätten, zur gleichen Frage zurück: wie nun sollen wir erkennen und sehen Gott? und wie sollen wir zu ihm kommen (7, 33)²)? Sie erwarten Gott mit Augen des Leibs einst zu sehen und mit Ohren seine Stimme zu hören und mit sinnlichen Händen ihn anzurühren (7, 34)³). Mögen sie gehen zum Sitz des Trophonios und Amphiaraos und Mopsos, wo menschengestaltige Götter geschaut werden, nicht lügende, ja auch leibhaftige. Es wird sie einer sehen nicht nur ein einziges Mal heimlich eingeschlichen, wie den, der diese betrogen hat, sondern stets verkehrend mit den Wollenden (7, 35)⁴).

Zweites Kapitel. Die Aufforderung. 7, 36—61.

Sie aber werden sogar noch einmal fragen: wie wird man ohne sinnliche Anfassung Gott erkennen⁵)? Wie kann man ohne Sinne lernen? Das ist nicht eines Menschen, noch der Seele, sondern des

---

¹) Orig. geht auf die spöttische Ausführung des Celsus gar nicht ein. Man sieht nur, dass er die Ansichten „idiotischer" Christen referirte und höhnte, wobei von Samen des Leibs (1. Kor. 15, 37. 2. Kor. 5, 2) die Rede gewesen sein muss. Auch die Gnostiker, bes. Valentinianer redeten viel von Samen Ir. 4, 35, 1 u. s.
²) Vgl. 6, 66.
³) Vgl. Matth. 5, 8. 1. Joh. 3, 2. Off. 22, 4. Dazu Cels. 7, 27. Schöne Abweisung einer sinnlichen Anschauungsweise Minuc. F. 18. 32.
⁴) In der Auferstehung ist er ἅπαξ παραῤῥυείς vgl. 2, 55 ff. Trophonius etc. 3, 34. — ⁵) 6, 66. 7, 33.

Fleisches Stimme¹)! Dennoch aber nun sollen sie hören, wenn sie etwas auch verstehen können, als ein nichtsnutziges und körperliebendes Geschlecht: falls ihr der Sinnlichkeit euch verschliessend aufschauet im Geist und abgewendet vom Fleisch das Auge der Seele aufrichtet, nur so werdet ihr Gott schauen²). Und wenn ihr einen Führer dieses Weges aufsuchet, so müsset ihr fliehen die Verführer und Betrüger und die, welche die Gespenster (Idole) anempfehlen, damit ihr nicht in allen Stücken lächerlich seiet, indem ihr die Andern, die sich erweisenden Götter, als Gespenster lästert, den aber, der elender als die wahren Gespenster selbst und nicht einmal mehr ein Gespenst, sondern in Wirklichkeit ein Todter ist, verehret und einen ihm ähnlichen Vater suchet (7, 36)³).

Wegen solchen Irrthums fürwahr und jener wunderbaren Nothhelfer und der dämonischen Anreden an den Löwen und den Drachen und den Eelsköpfigen

---

¹) Der Ausdruck Fleisch vgl. Son. op. 65. cons. ad Maro. 24. Pers. sat. 2, 62 f.: palpa. Auch a. Zeller, theol. Jahrbb. 1852, 293 ff. Vgl. 7, 42. 45. 8, 49.
²) αἰσθήσει (7, 39: αἰσθήσισι) μύσαντες. la o. 39 erklärt durch ὀφθαλμοί. Platonisch. Aber wie viel richtiger durften die Christen diese Vorwürfe an's Heidenthum adressiren! Deum oculis carnalibus ti videre? Minuc. 32. Ep. ad Diogn. 2. 8. Theoph. 1, 1 ff. Selbst Cl. Hom. 17, 10: r. εὐμορφίαν θεοῦ τῷ νῷ κατοπτεύειν. Gesteht Celsus nicht selbst das φιλοσώματον der Dämonen, also auch ihrer Diener zu (8, 60)?
³) Die Führer s. 1, 9. Verführer 2, 1 ff. Der Todte s. 7, 35. 68. Lästerung der Götter s. 8, 38. Das Wort εἴδωλον ist weder als Bild noch auch in wechselndem Sinn bald als Bild bald als Gespenst zu übersetzen. Letzterer Begriff reicht überall durch u. vgl nur 7, 35 (ἀπαξαραρόντες). Die Christen ihrerseits hielten die Götter für Dämonen oder Gespenster.

und die Andern und die erhabenen Thürhüter, deren Namen ihr Elenden mühselig auswendig lernt, werdet ihr übel vom Dämon geplagt und an den Pfahl hinaufgehängt (7, 40)[1].

Anstatt dessen sollen sie folgen, alter Führer und heiliger Männer nicht entbehrend, den gottvollen Dichtern und Weisen und Philosophen (7, 41)[2]. Ein noch energischerer Lehrer der Angelegenheiten der Theologie ist Platon, bei welchem es im Timäos heisst: „den Bildner nun zwar und Vater dieses All's zu finden ist Arbeit und wenn man ihn gefunden, ihn auszusprechen für Alle, ist Unmöglichkeit"[3]. Ihr sehet, auf welche Art von göttlichen Sehern der Weg der Wahrheit gesucht wird und wie Platon wusste, dass Allen auf diesem zu gehen unmöglich ist[4]. Da aber

---

[1] Es sind die σύμβουλοι und θυρωροί (ἄνοδοι) der Ophiten (6, 29—32) gemeint. So auch Orig. o. 40. Dämonische Anreden (δαιμόνια ῥήματα) heisst entweder zauberische oder närrische. δαιμονᾶτε, ihr werdet geplagt. Die Todesnoth der Christen 1, 3. 8. 2, 45. 8, 69. Orig. bemerkt c. 40 (wie d. andern K. V. u. schon 2. Tim. 3, 12 f.), dass die Gnostiker nicht in den Tod gehen. Die Structur des Celsus-Satzes ist etwas irregulär.

[2] [Nicht ganz wörtlich erhalten]. Minuc. 7: pleni et mixti Deo vates. Vgl. schon 1, 9.

[3] πράγματα θεολογίας. Der Name Theolog, Theologie zuerst von den Kosmologen Pherekydes u. A. Diog. L. 1, 11. Cic. n. D. 3, 21. Varr. ap. Aug. c. d. 6, 5. Theologen bei den Orakeln Luc. Alex. 19. Die Stelle (oft bei K. V. vgl. Min. 26) Tim. 8. 29. Die Gnostiker wenigstens waren immer schon auf dem empfohlenen Weg. Ir. 1, 25, 6: imagines Christi coronari et proponunt cum imaginibus mundi philosophorum, videl. cum imagine Pythagorae et Platonis et Aristotelis et reliquorum. Philos. 5, 20: ἔστι δ' αὐτοῖς ἡ πᾶσα διδασκαλία τοῦ λόγου ὑπὸ τῶν παλαιῶν θεολόγων, Μουσαίου κ. Λίνου κ. τοῦ τὰς τελετὰς κ. τὰ μυστήρια καταδείξαντος Ὀρφέως.

[4] Vgl. 6, 45.

deswegen weise Männer ihn aufgefunden haben, damit wir von dem Unbenennbaren und Ersten einige Vorstellung erhalten möchten, welche ihn verdeutlicht entweder auf dem Weg der Synthese mit dem Uebrigen oder der Analyse (Trennung) von demselben oder der Analogie, so würde ich mich, indem ich das sonst Unsagbare lehren möchte, wohl wundern, wenn ihr mir werdet folgen können, als gänzlich ins Fleisch Eingebundene und nichts Reines Sehende (7, 42)[1]. Wesen und Werden ist ein Begriffliches und ein Wahrnehmbares; beim Wesen ist Wahrheit, mit dem Werden aber Irrthum. Um die Wahrheit nun ist Wissenschaft, um das Andere aber Meinung; und vom Begrifflichen einerseits gibt es einen Begriff, vom Sichtbaren aber eine Anschauung[2]. Begriffliches aber erkennt begreifender Geist, Sichtbares aber das Auge. Was nun in den sichtbaren Dingen die Sonne ist, welche weder Auge ist noch Schauen, sondern dem Auge Ursacherin des Sehens und dem Schauen des ihretwegen Entstehens und dem Sichtbaren des Gesehenwerdens, allem Sinnlichen des Werdens und nicht sie selbst für sich selbst des Geschautwerdens: das ist in den begrifflichen Dingen Jener, welcher doch weder Verstand, noch Begreifen, noch Wissenschaft ist, sondern dem Verstand Ursache des Verstehens und dem Begreifen des Seins seinetwegen und der Wissenschaft

---

[1] Vgl. 4, 63. 7, 36. Ausdruck: παντελῶς τῇ σαρκὶ ἐνδεδεμένοι. Vgl. die platon. Erkenntnislehre bei Zeller 171 ff.
[2] Nach Platon's Staat VI S. 507 ff.

des Erkennens seinetwegen und allem Begrifflichen und der Wahrheit selbst und dem Wesen selbst, zu sein, während er jenseitig ist gegen Alles, durch eine gewisse unsagbare Kraft begreiflich¹). Diess ist gesprochen zu Menschen, welche Verstand haben; wenn aber etwas davon auch ihr verstehet, dann stehts gut mit euch. Und ein Geist, wenn ihr meinet, dass ein solcher von Gott herabkommend das Göttliche vorankündige, möchte dieser Geist wohl sein, der dieses ausruft, von welchem fürwahr erfüllt die alten Männer Vieles und Gutes ankündigten. Wenn ihr das nicht verstehet, so schweiget und verhüllet in Schaam eure Unwissenheit und saget nicht, dass blind seien die Sehenden und lahm die Laufenden, während ihr selbst gänzlich in den Seelen abgelähmt und verstümmelt seid und dem Leibe lebet, das heisst dem todten (7, 45)²).

Um wie Vieles aber wäre es besser für euch, wenn ihr doch etwas Neuerungen begehrtet, euch um irgend einen andern der edel Gestorbenen und zur Uebernahme einer göttlichen Heldensage Befähigten zu bemühen³)? Wohlan, wenn Herakles nicht gefiel und Asklepios und die von Alters her Gepriesenen, so haltet ihr Orpheus, einen Mann, der anerkanntermassen frommen Geist besass und der ebenfalls gewaltsam starb. Aber vielleicht war er von Andern

---

¹) Vgl. Platon 8, 3 und bei Zeller 195 ff.
²) Vgl. 3, 76 f. Leib 7, 36. 42. Min. F. 12: *nec interim ricitis*.
³) Vgl. 9, 34. '*Ἐπειδή γε καινοτομῆσαί τι ἐπεθυμήσατε* vgl. Min. F. 13: *si philosophandi libido est*.

vorweggenommen worden¹). Den Anaxarch also wenigstens, welcher in einen Mörser geworfen und auf ungesetzlichste Weise zerstossen die Strafe gar sehr verachtete, indem er sprach: stampfe, stampfe den Sack Anaxarch's, denn ihn selbst stampfst du nicht! In Wahrheit eines gewissen göttlichen Geists war der Ruf²). Aber auch diesem sind einige Naturforscher euch zuvorkommend nachgefolgt. Also nicht Epiktet? welcher bei der Verdrehung seines Beins durch den Gebieter lächelnd ohne Erschrecken sagte: du zerbrichst es! und wie er es zerbrochen, das Wort sprach: sagte ich's nicht, dass du es zerbrechest³)? Welches Aehnliche hat euer Gott bei seiner Bestrafung ausgesprochen? Ihr aber würdet auch wohl die Sibylle, welche Einige von euch gebrauchen, von Rechtswegen wohl eher als Gottes Tochter aufstellen; nun aber könnet ihr zwar in die Sprüche jener Vieles und Gotteslästerliches auf gut Glück fälschend hineinschreiben, den aber, der das verrufenste Leben und den jämmerlichsten Tod gehabt hat, weihet ihr als Gott⁴). Wie viel tauglicher als dieser wäre für euch Jonas im

---

¹) Durch die Hand thrasischer Frauen oder durch Blitzstrahl getödtet Diog. L. prooem. 4, 5. Vorweggenommen d. h. in der Verehrung. — ²) Cic. nat. D. 3, 33.
³) Der Stoiker Epiktet hatte ein lahmes Bein, nach den Einen von Natur, nach Andern durch Misshandlung seines Herrn. Pauly III, 178.
⁴) Justin (ap. 1, 20. 44), Athenag., Theophilos, Clemens u. in reichstem Masse noch Lactanz gebrauchen arglos die jüdische Sibylle (Cels. 5, 61) als heidnische. Andre, Tatian, Minucius, Tertullian, Cyprian, Orig., Dionys v. Alex. enthalten sich. Zur jüdischen trat früh die christliche. Spott Lucian's, Tod Peregr. 29 f. Lact. inst. 4, 15: non sue illa carmina Sibyllina, sed a nostris conferta et composita. Orig. leugnet die Fälschung o. 56. Verbot Roms (unter Anton.

Leib des Ungethüms oder Daniel, der aus den Bestien Gerettete, oder die noch grösseren Wundermänner als diese (7, 53)[1])?

Es ist bei ihnen auch [vielleicht zur Rechtfertigung des Tods ihres Meisters] eine solche Vorschrift, dass man den übermüthig Handelnden nicht abwehre; und wenn er etwa, sagen sie, den einen Backen schlägt, so reiche du dagegen auch den andern dar[2]). Auch dieses ist ein altes, gar sehr früher gesagtes Wort; sie aber haben es etwas bäurisch erzählt. Denn auch Platon hat Sokrates eingeführt, mit Kriton so sich unterredend: auf keine Weise also darf man Unrecht thun? „Ganz und gar nicht"! Auch nicht also, wenn man Unrecht leidet, dagegen Unrecht thun, wie die Menge meint? da man ja in keiner Weise Unrecht thun darf? „Es scheint nicht"! Was denn also? Böses thun darf man, o Kriton, oder nicht? „Man darf es in der That nicht irgendwie, o Sokrates". Was aber? dagegen Böses thun, wenn man übel leidet, wie die Menge sagt, ist es gerecht oder nicht gerecht? „In keiner Weise". Denn irgendwie Böses thun Menschen ist vom Unrechtthun in nichts verschieden. „Du sagst Wahres". Also darf man weder dagegen Unrecht thun, noch Böses thun irgend einem Menschen, auch nicht

---

Pius) gegen die Lesung Just. ap. 1, 44. Vgl. Spenc. ann. 70; im Ganzen Friedlieb, die sibyllin. Weissagungen 1852, Einl. X ff. Hilg. N. T. e. c. 1, 90. IV, 66. *Βίοι ἐπιφθονώτατος* wie s. Schüler 1, 62.

[1]) Vgl. Jona 2, 1. 11. Dan. 6, 16 ff. Wundermänner, jüd. oder heidn. 3, 26 ff.

[2]) Matth. 5, 39 vgl. oben 7, 18. Der Zusammenhang mag der im Text in Klammern angedeutete gewesen sein vgl. 6, 41.

wenn man was immer von ihnen leidet. Das sagt Platon und wieder dieses: sieh also doch auch du gar sehr zu, ob du übereinstimmst und einverstanden bist, und beginnen wir dann von hier aus unsere Ueberlegungen, dass es niemals richtig sich verhält weder mit dem Unrechtthun noch mit dem Unrechterwidern noch mit der Abwehr in Vergeltung von Bösem beim Leiden von Bösem: oder fällst du ab und theilst nicht den Ausgangspunkt? „Ich meinerseits habe längst und jetzt noch diese Ansicht"[1])! So gefiel es nun zwar Platon; es waren aber dieses auch noch vorher die Ueberzeugungen göttlicher Männer. Doch über diese Dinge und die andern alle, welche sie (die Christen) verfälschen, möge das Gesagte genügen und wem immer es lieb ist, noch ein Mehreres davon zu erforschen, wird es wissen können (7, 58)[²]).

Vierter Theil.

Bekehrungsversuch. 7, 62—8, 76.

Erstes Kapitel. Empfehlung der Betheiligung am heidnischen Kulte. 7, 62—8, 32.

1. Der Gegensatz der Christen gegen den heidnischen Kult. Stellen wir uns aber auf eine andere Seite: sie ertragen es nicht, indem

---

[¹] Kriton (welcher den Sokrates aus dem Gefängniss retten will) c. 10 S. 49.
[²] Aehnlich 4, 61.

sie Tempel sehen und Altäre und Bildsäulen[1]). Denn auch Skythen haben das nicht, noch die libyschen Nomaden, noch die götterlosen Serer und andere Völker, die jeweilig gottlosesten und gesetzlosesten. Dass aber auch die Perser solches Herkommen haben, erzählt Herodot in Folgendem: „von den Persern aber sind mir folgende Bräuche bekannt. Götterbilder und Altäre und Tempel zu errichten, haben sie so gar nicht im Brauch, dass sie vielmehr denen, die das thun, Thorheit vorwerfen, wie mir scheint, weil sie nicht mit den Hellenen dafür hielten, dass die Götter menschenartig seien[2])". Und fürwahr auch Heraklit spricht seine Ansicht so etwa aus: „und zu diesen Bildsäulen beten sie, wie wenn Jemand zu den Zimmerwänden schwatzte, weder Götter erkennend noch Heroen, welches Wesens sie sind[3])". Was Wei-

---

[1] 7, 62: στόμεν δ' ἐπίθεν. Uebergang zu neuer (aber nicht etwa christlicher) Betrachtungsreihe, nachdem in 7, 58 der Schluss der geschichtsphilosophischen Vergleichung gemacht ist. In 7, 62 kommt Heraklit doch sehr zufällig und Scythen, Serer, Perser treten hier vor dem Philosophen auf. Die neue Betrachtungsreihe giebt neue Momente hauptsächlich der praktischen Frömmigkeit und zugleich der praktischen Staatsfragen und zeichnet sich auch durch versöhnlichere Gesinnung aus. Vgl. Einl. IV. Zur Sache vgl. Minuc. F. 8: *templa ut busta despiciunt, deos despuunt, rident sacra, miserentur miseri, si fas est, sacerdotum.* Just. ap. 1, 24. Athenag. leg. 12: μετροῦντες τὴν εὐσέβειαν θεῶν νόμῳ. — Ἐπικαλοῦσι τὰ μὴ τοὺς αὐτοὺς τοῖς πᾶσι θεοὺς προσιέναι κ. ἄγειν.

[2] Schon 1, 5 angedeutet. Herod. 1, 131. Aehnlich Cic. leg. 2. 10. Diog. L. procem. 6. Scythen 5, 34. 41. Lob der Serer Cl. Rec. 8, 48.

[3] Schon 1, 5. Auch bei Clem. A. praec pt. c. 4, 30 vgl. Plut. d. Isid. 77. Gegen den Schleiermacher'schen Verdacht jüdischen Ursprungs dieses angeblich Heraclit'schen Satzes, indem selbst Celsus von alexandr. Juden getäuscht worden wäre, erklärt sich mit Recht Lassalle, Herakleitos I. 269 ff. Vgl. Ueberweg 45. Lassalle übersetzt: „mit den Häusern" reden. Aber vgl. schon Lact. 2, 2: *ad parietes.*

sores wenigstens also gegenüber Heraklit lehren sie uns? Er seinerseits wenigstens deutet sehr geheim an, dass es einfältig sei, zu den Bildsäulen zu beten, wenn einer nicht erkennt Götter und Heroen, welcherartig sie sind. Heraklit nun so; sie aber entehren geradeaus die Bildsäulen'). Geschieht es, weil der Stein oder das Holz oder Erz oder Gold, welches der und der gearbeitet, nicht wohl Gott wäre, so ist lächerlich die Weisheit²). Denn auch welcher Andere, es wäre denn ein gänzlich Unmündiger, hält dieses für Götter und nicht vielmehr für Weihgeschenke von Göttern und Abbilder³)? Geschieht es aber, weil man auch nicht göttliche Bildnisse annehmen darf (denn anders sei eines Gottes Gestalt, wie auch den Persern scheint), so haben sie vergessen, dass sie sich selbst überführen, wenn sie sagen, dass Gott den Menschen zu seinem eigenen Bild gemacht, in Gestalt aber ähnlich sich selbst⁴). Aber sie werden zwar zugeben, dass diese Dinge zu Ehren von Einigen, Aehnlichen oder Unähnlichen der Gestalt nach, existiren; aber weder seien es Götter, denen dieses

---

¹) Zu Heraklit vgl. 6, 12. — 7, 62: ἀντικρυς ἀτιμάζουσι. 7, 36: εἴδωλα βλασφημοῦντες. Näher 6, 3ff.
²) Vgl. Jesaj. 44, 9 ff. Jeremj. 10, 3 ff. Weish. 13, 10. 1. Kor. 12, 1. Just. I, 9. Diogn. 3. Athenag. leg. 13 ff. Theoph. ad Aut. 2, 2. 3.
³) So sagen die Heiden auch bei Athenag. 13. 15, auch bei Lact. 2, 2, die Bilder sind nicht die Götter, sondern der Weg zu ihnen. Nach der modernen platon. Weisheit aber standen diese Weihgeschenke wenigstens unter den Einwirkungen der Götter, wurden bewegt, gaben Zeichen. Plut. d. def. orac. 13. cur Pyth. 8. Just. 1, 5. Ath. 15. Der Ausdruck des Celsus ἀναθ. x. ἀγάλματα kann „Abbilder" oder „Zierrathen" bedeuten. Der Zusammenhang ist für Ersteres.
⁴) Εἰκών, εἶδος; vgl. 1. Mos. 1, 27. Cels. 4, 36. 6, 63.

gewidmet, vielmehr Dämonen, noch zieme es sich für Denjenigen, Dämonen zu dienen, welcher Gott verehrt (7, 62 vgl. 66). Sie selbst nun zwar werden gänzlich und klärlich widerlegt, dass sie nicht Gott, aber nicht einmal einen Dämon, sondern einen Todten verehren (7, 68)[1]).

2. Die Vernünftigkeit der Anbetung der Dämonen. Vorher aber werde ich fragen: warum darf man Dämonen nicht dienen? Werden denn nicht alle Dinge nach der Meinung Gottes verwaltet und jede Vorsehung kommt aus jenem her? Und Alles, was nur etwa in dem All ein Werk Gottes oder von Engeln oder andern Dämonen oder Heroen ist, alles dieses hat Gesetz aus dem grössten Gott[2])? Gesetzt aber ist über ein Jedes mit Zuloosung von Gewalt, wer immer gewürdigt ist? Diesem also, der von dort her Vollmacht erlangt, dient ihm nicht gerechterweise der, welcher Gott verehrt? „Es ist ja nicht möglich, sagt der Christ, dass einer und derselbe mehreren Herren diene" (7, 68)[3])! Dieses aber ist eine Stimme des Aufruhrs von denen, welche

---

[1]) 7, 35. 36. Die Dämonen ἐν μεθορίῳ θεῶν κ. ἀνθρώπων Plut. def. or. 12 vgl. Cels. 2, 17.

[2]) Zur Dämonenlehre des Celsus s. 1, 6. 9. 2, 17. 5, 6. 25. 7, 62 ff. 68 ff. 8, 28. 35. 39. 53. 55. 58. 60. Ferner s. Plat. Politikos c. 15. Phaedr. S. 246. Sympos. 202 f. Plut. d. def. orac. 10 ff. Isid. 25. 67: δυνάμεις ὑπουργαί. Just. 1, 5. 12 u. s. Ath. 21 ff. Lact. 2. 14. Orig. 7, 5. 8, 24 ff. 29 ff. u. Spenc. 91; Lommatzsch zu 8, 34. M. Art. Besessene im B. L. I, 412 ff. Vgl. auch oben 5, 25. Zur Succession (7, 68 vgl. 8, 2): Dämonen, Heroen Plut. def. 10 u. Athenag. a. a. O.

[3]) Matth. 6, 24. Vgl. auch Luc. d. merc. cond. 23: οὐχ ἑνός, ἀλλὰ πολλῶν δοῦλος.

sich selbst absperren und losreissen von den übrigen Menschen¹). Die, welche dieses sagen, tragen, so viel an ihnen ist, einen Abklatsch ihres Affektes auf Gott über²). Denn bei Menschen zwar trifft es zu, dass der Diener eines Gewissen nicht wohl vernünftigerweise auch einem andern Menschen diene, sofern der Andere von der verschiedenartigen Knechtschaft geschädigt wird, auch dass Derjenige, welcher vorher einem Gewissen zugeschworen, sich nicht auch einem Andern durch Eid verpflichte: wie es ein schädliches Verhältniss hätte, gleichzeitig verschiedenartigen Heroen und dergleichen Dämonen zu dienen³). Bei Gott aber, zu welchem weder irgend ein Schaden noch eine Betrübniss dringt, ist es unvernünftig, dass man sich hüte vor dem Dienste mehrerer Götter, ähnlich so wie bei Menschen, Heroen und derartigen Dämonen⁴). Wer mehreren Göttern dient, thut ja, indem er ein Stück der Thätigkeiten des grossen Gottes bedient, auch darin jenem ein Angenehmes. Denn wenn du noch irgend ein anderes von den Wesen im All bedienen wirst, so darf in diesem Punkt nicht einmal geehrt werden irgend Jemand, welchem dieses nicht von jenem her gegeben worden (8, 2 vgl. 9)⁵). Wenn also einer die Angehörigen von Jenem alle ehrt und

---

¹) 8, 2: τοῦτο στάσεως φωνή τῶν ἀποτειχιζόντων ἑαυτούς καὶ ἀποῤῥηγνύντων ἀπό τ. λοιπῶν ἀνθρώπων. Vgl. 3, 5.
²) 8, 2: ἀπομάττεσθαι τ. σφέτερον πάθος εἰς τ. θεόν.
³) Orig. findet diesen Satz 8, 7 mit Recht bedenklich und unklar.
⁴) Der ideale Gott 6, 65. 8, 21 u. s.
⁵) Orig. 8, 9 sieht in dem Satz eine Diorthose der vorangehenden (u. folgenden) Weitherzigkeit.

anbetet, wie betrübt er Gott, dessen sie Alle sind (8, 2 vgl. 10)¹)? Und fürwahr, Derjenige wenigstens, der sagt, Einer sei Herr genannt, indem er von Gott redet, handelt gottlos, indem er das Reich Gottes trennt und Aufruhr macht, als ob es eine Partei gäbe und irgend ein Anderer Gegenparteimann gegen ihn wäre (8, 11)²).

3. **Die Unvernunft der Christen, welche neben und über Gott Jesus anbeten.** Wenn diese denn keinem Andern dienen werden ausser dem Einen Gott, so wäre ihnen wohl etwa gegen die Andern ein gewisser unbiegsamer Streit; nun aber verehren sie diesen neulich Erschienenen über die Massen und meinen doch in nichts zu fehlen in Beziehung auf Gott, wenn auch seinem Handlanger gedient werden wird (8, 12)³). Denn daraus, dass sie mit Gott seinen Sohn verehren, folgt ihnen, dass auch nach ihrer Ansicht nicht allein Gott, sondern auch seine Diener bedient werden (8, 13). Belehrst du sie etwa, dass dieser nicht der Sohn von jenem, jener aber gewiss Vater von Allen ist, welchen man allein in Wahrheit ehren muss: so möchten sie wohl nicht mehr wollen, ausser wenn sie auch diesen ehren dürfen, welcher ihnen ja der Führer des Aufruhrs ist⁴). Und sie haben doch Diesen Sohn Gottes genannt, nicht weil

---

¹) Die Stelle steht genau erst 8, 9. 10. Hier insbes. ist der letzte Satz Fragesatz. Vgl. Arnob. 2, 3: *minoribus supplicare diis*.

²) Das Reich Gottes, Ausdruck des Celsus auch 1, 39. 6, 17. — Gegner δυσαναυωιτης; vgl. 6, 42.

³) ἀτενής λόγος. Der Neuerschienene 1, 26. Just. ap. 1, 13: μανία, δευτέραν χώραν μετὰ τ. ἄτρεπτον — ἀνθρώπῳ σταυρωθέντι διδόντες. — ⁴) 1, 26. Sie würden nicht mehr wollen vgl. 3, 9.

sie Gott sehr ehren, sondern weil sie diesen sehr fördern (8, 14). Dass ich aber nicht ab vom Ziele dieses annehme, so werde ich Aeusserungen von Jenen selbst gebrauchen. Denn in dem „himmlischen Dialog" (wie es etwa heisst) sagen sie so ungefähr und mit folgenden Worten: „wenn stärker ist der Sohn Gottes und sein Herr ist der Menschensohn, welcher Andere wird dann Herr sein des herrschenden Gottes? Wie kommt's, dass Viele um den Brunnen gehen und Keiner in den Brunnen? Warum bist du muthlos, während du einen so grossen Weg zurücklegst"? „Du täuschest dich, sagt der Andere, denn gegenwärtig ist mir Muth und Schwert"!¹) Also, ist nicht Obiges ihr Vorsatz? Denn den überhimmlischen andern Gott haben sie unterlegt als Vater von diesem, über dessen Verehrung sie übereingekommen, damit sie unter dem Vorwand des grossen Gottes diesen, den sie an die Spitze stellen, den Menschensohn, den sie als Stär-

---

¹) Der himmlische Dialog (ὁ οὐράνιος διάλογος) gehörte sichtlich den oben so ausführlich geschilderten Ophiten an. Denn sie hauptsächlich vertraten die Lehre vom Menschensohn (tr. 1, 30, 1), und sie hatten den „überhimmlischen Gott" s. 6, 19. 27. Schwerlich aber hat Celsus u. Orig. (der 8, 15. 16 von unbekannter Sekte, dann von Erdichtung, endlich von Mischung der Sätze verschiedener Sekten redet) das Wort richtig verstanden. Denn der κρατῶν Θεός ist wahrscheinlich Jaldabaoth, der Demiurg, nicht der oberste Gott, der *pater omnium* oder *primus homo*, aus welchem und dem *secundus homo* oder *filius hominis* durch das weibl. Princip des h. Geists Christus hervorgeht. Jesus aber, d. Produkt Jaldabaoths, überliestet durch die Inspiration der oberen Mächte den Jaldabaoth Ir. 1, 30, 6. 11—14. Sonst könnte man nur an Marcion denken 5, 54. 6, 53. Tert. 4, 10. 20. Der Schluss des Gesprächsworts zeigt den Vorwurf des gnost. Lehrers, dass dem Schüler oder Neophyten die Thatkraft des Entschlusses für die neue Lehre fehle, wogegen dieser protestirt.

keren und Herrn des herrschenden Gottes bezeichnen, allein verehren. Daher stammt ihnen jenes Gebot, nicht zweien Herren zu dienen, damit der Aufruhr um diesen Einen her erhalten werde (8, 15)[1]).

4. **Die Vereinbarkeit des Dienstes des Einen Gottes mit der Theilnahme an den religiösen Volksfesten.** Die Errichtung von Altären und Bildsäulen und Tempeln fliehen sie; denn ihr Kennzeichen ist die Verabredung einer unsichtbaren und geheimen Gemeinschaft (8, 17)[2]). Aber Gott ist doch fürwahr Allen gemeinschaftlich, gut und unbedürftig und ausserhalb Neid's; was hindert nun, dass die, welche am meisten ihm geheiligt sind, auch an den Volksfesten Antheil nehmen (8, 21)[3])? Wenn diese Götterbilder nichts sind, welches Entsetzliche ist es, am allgemeinen Schmause theilzunehmen[4])? Wenn es aber irgendwie Dämonen sind, so sind offenbar auch diese Gottes, denen man sowohl glauben, als unter günstigen Vorzeichen gesetzmässig opfern und zu denen man beten muss, damit sie gnädig seien

---

[1]) 7, 68. 8, 2. 49.
[2]) Vgl. 7, 62. Minuc. F. 10: *cur nullas aras habent, templa nulla, nulla nota simulacra?* c. 8: *plebs profanae conjurationis, tenebrosa et lucifugae natio.* c. 9: *occultis se notis et insignibus noscunt.* Zum Ausdruck: τὸ πιστὸν (ἡμῖν) ἀγανοῦς κ. ἀπορρήτου κοινωνίας σύνθημα (lat. *tessera-collio*) vgl. 1, 1. 3. 14 f.
[3]) [Aber]. Gott 6, 65. 8, 2. Die Geheiligten sind die „Bilder" Gottes 6, 63. 7, 62. 8, 39. 41. „Volksfeste" vgl. Minuc. 12: *konviviis voluptat. abstinetis, non spectacula visitis, non pompis interestis, conviciis publ. atque vobis* etc. vgl. 31. 37. Athen. 35. Tat. 22 ff. Theoph. 3, 19. Dagegen die Gnostiker *in omnem diem festum ethnicorum primi conveniunt* Ir. 1, 6, 3.
[4]) Vgl. 1. Kor. 10, 19. 8, 5. 6. Schmaus παυθοινία.

(8, 24). Wenn sie denn nach einer gewissen vaterländischen Sitte sich einiger derartiger Opferthiere enthalten, so müssen sie sich durchaus auch des Essens aller Thiere enthalten, wie es auch Pythagoras gutfindet, indem er die Seele ehrt und ihre Organe[1]. Thun sie es aber, wie sie sagen, damit sie nicht Tischgenossen von Dämonen seien, so preise ich sie glücklich wegen ihrer Weisheit, dass sie langsam zum Verständnis kommen über ihre stete Tischgemeinschaft mit Dämonen; und dann denn allein hüten sie sich davor, so oft sie ein Opferthier schlachten sehen; wenn sie aber Getreide essen und Wein trinken und Baumfrüchte kosten und Wasser selbst und Luft selbst ein- und ausathmen, empfangen sie wohl nicht das Einzelne davon von etlichen Dämonen, denen stückweise die Sorge jedem Einzelnen aufgetragen ist (8, 28)[2]?

Zweites Kapitel. Entweder - Oder. 8, 33—58.

1. Die Forderung. Entweder also muss man durchaus nicht leben, noch die Erde betreten, oder

---

[1] Pythagoras 5, 41. Unklarheit des Celsus über d. Ursprung dieser Enthaltungen; er nimmt hier einen vaterländisch jüdischen Rest an vgl. Luc. m. Peregr. 16.

[2] οἷς κατὰ μέρη τὸ ἐπιμελὲς ἑκάστου προστέτακται. Tischgenossen der Dämonen nach 1. Kor. 10, 20 ff. Just. 1, 12. Tryph. 30. 35. Cl. Rec. 4, 36. Orig. 8, 24. 29. 31. Ir. 1, 5, 3 u. a. Die Widerlegung hinkt insofern, als die Christen nicht etwa die Speisen der Dämonen als etwas an sich Unreines betrachteten, woraus dann das Postulat der Enthaltung von allen Speisen als einer Gabe der Dämonen gezogen werden konnte, sondern lediglich die Speisen der Götzenopfer als Widmungen an die Dämonen und insofern dann als ihr Eigenthum betrachteten. Vgl. 1. Kor. 10, 25 ff. Orig. 8, 31.

muss der, welcher unter diesen Verhältnissen in's Leben gekommen, den Dämonen, welche die Dinge auf der Erde durch's Loos empfangen, danksagen und Erstlinge und Gebete abgeben, so lange wir nur leben, damit wir sie als Menschenfreundliche erfahren (8, 33)[1]). Oder der Satrap zwar und Gouverneur oder Prätor oder Prokurator des Königs der Perser oder Römer, dazu fürwahr auch die Inhaber der kleineren Herrschaften oder Verwaltungen oder Dienste, sie vermöchten wohl ein Grosses zu schaden, wenn sie vernachlässigt werden; die Satrapen und Diakonen aber in den Lüften und auf der Erde möchten Kleines schaden, wenn sie übermüthig behandelt werden (8, 35)[2])?

2. Die falsche Furchtlosigkeit der Christen. Oder, wenn einer sie mit barbarischen Namen nennt, werden sie Kraft haben? wenn aber hellenisch oder römisch, nicht mehr (8, 37)[3])? Siehe, sagen sie, ich stelle mich neben die Bildsäule des Zeus oder Apollon oder welches Gottes nur immer und lästre und schlage und in keiner Weise rächt er

---

[1]) Zu den Erstlingen vgl. noch 8, 60. 66. Vgl. Lact. 5, 2: *ut propitios sibi Deos experirentur*.

[2]) Die Rache der Götter nicht nur gegen Christen, sondern auch gegen die Städte, worin sie wohnen Anton. ad comm. Asiae. Tert. apol. 40. Arnob. 1. 1. Selbst Porphyrios phantasirte noch von Rache des Asklepios u. d. and. Götter Eus. praep. 5, 1. Vortrefflich in s. Art sagt Arnob. 3, 2: *supercacuum, personas ire per singulos*. Auch einer königl. Familie gegenüber verehrt man ausdrücklich nur den König; die übrigen Mitglieder sind stillschweigend miteingeschlossen.

[3]) [Oder]. Anspielung auf die Beschwörungen der Juden und Christen mit barbar. Namen vgl. 1. 6. 6, 41.

sich an mir (8, 38)¹)! Siehst du also nicht, o Bester, dass auch deinen Dämon irgend ein Auftretender nicht nur lästert, sondern auch aus jedem Land und Meer hinaustreibt und dich, den ihm wie ein Bildniss Geweihten, fesselt und wegführt und an den Pfahl aufhängt, und der Dämon oder, wie du sagst, der Sohn Gottes, rächt sich in keiner Weise an ihm (8, 39)¹). Der Priester des Apollon oder Zeus aber antwortet

„Spät mahlen Mühlen der Götter"
und
„auf Kinder von Kindern, die je aufsprossen
in Zukunft" (8, 40)³)!

Du zwar verlachst lästernd ihre Bildsäulen, der du, wenn du ihn selbst doch, den gegenwärtigen Dionysos oder Herakles geschmäht hättest, wohl nicht ebenso fröhlich weggekommen wärest. Die aber, welche deinen Gott, als er gegenwärtig war, ausspannten und straften, sie, die dieses ausgeführt, haben nichts gelitten; aber auch nicht nach diesem in so

---

¹) [sagen sie]. Orig. leugnet c. 38. 39. 41 diese Gewaltthätigkeiten der Christen, von welchen auch 7, 36. 62. 8, 35. 41 die Rede ist. Nur von Ungesetzlichen oder Ungebildeten könne Celsus das gebürt haben. Aber sie sind bezeugt. Minuc. 8: *Deos despuunt. Grassantur* in *Deos*. Tert. idol. 11: *quo ore fumantes aras despuet et exsufflabit?* ad uxor. 2, 5: *aliquid immundum flatu extpuis*. Die Martyrol. sind dessen voll. Vgl. Prudent. π. στεφάν. 3, 130: *simulacra duripei importumque modum turibulis pede provolgit*. Allerdings sannte man schon das Nichtopfern *insultare Diis*. Ruin. acta Felicit. 8. 26.

²) Ganz ähnlich von Gott 8, 69. Jesus als Dämon (oder Gottesbote) 5, 2. 7, 68. Die Verfolg. s. Einl. IX. Das Bild Gottes 8, 21. 41.

³) Sprichwörtl. Vers ὀψὲ θεῶν ἀλέουσι μύλοι, ἀλέουσι δὲ λεπτά Sext. Emp. c. Mathem. 1, 279. Plut. s. num. vind. 3. Die 2. Stelle Hom. Il. 20, 308.

langer Zeit ist etwas Neues von jenem her geschehen gegen den, der dann wohl zum Glauben gekommen, dass jener nicht ein betrügerischer Mensch war, sondern Gottes Sohn[1]). Und der doch den Sohn gesendet hat gewisser „Abbilder" wegen, hat den, der so grausam gestraft wurde, dass auch die „Abbilder" mit zu Grunde gingen, übersehen und auch nach Verlauf so langer Zeit hat er sich nicht umgewendet[2]). Welcher Vater ist so unheilig! Jener nun zwar hat es vielleicht gewollt, wie du sagst, deswegen ist er von allen Seiten misshandelt worden[3]). Diese aber, welche du lästerst, es ginge wohl an zu sagen, dass auch sie es wollen und deswegen dulden sie es, dass sie gelästert werden. Denn das Gleiche mit dem Gleichen zu vergleichen, ist das Beste. Vielmehr aber rächen sich diese doch gar sehr an dem Lästerer, indem er doch deswegen flieht und sich verbirgt oder gefangen wird und zu Grund geht (8, 41). Was muss man aufzählen Alles, was aus Orakelstätten hier Propheten und Prophetinnen, hier andere Inspirirte, sowohl Männer als Frauen mit gottvoller Stimme vorausgesagt[4])? Und Alles, was aus innerstem Heiligthum selbst heraus Wunderbares gehört wurde? Alles, was aus Opferthieren und Opfern

---

[1]) 2, 34. 63. Mit Einem Mal ist Jesus jetzt von langer Zeit vgl. 1, 26.

[2]) Statt ἀγγέλματα ist klarer Weise ἀγάλματα zu lesen vgl. 8, 39. Orig. c. 42: Jerus. wurde zerstört; Strafe genug!

[3]) Vgl. 6, 42. 7, 18. 58.

[4]) Minuc. 7: *pleni et misti Deo vates futura praecerpunt*. Vgl. auch Cels. 7, 35 und die Rechtfert. des Plut. in den drei Schriften de def. orac. c. 9 ff. cur Pyth. 21 ff. u. d. ser. num. vind. 8 ff.

den Gebrauchenden geoffenbart ward? Alles, was aus
anderen wunderbaren Zeichen? Andern aber standen
deutliche Erscheinungen vor Augen. Voll von diesem
ist die ganze Welt. Wie viele Städte sind in Folge
von Orakeln aufgerichtet worden und haben Krankheiten
abgelegt und Hungersnöthe? Wie viele aber;
die dieses vernachlässigten oder vergassen, sind übel
zu Grund gerichtet worden? Wie viele aber wurden
zu Koloniestiftung ausgesandt und durch Befolgung
der Aufträge glücklich? Wie viele Herrscher, aber
auch wie viele Privatleute haben deswegen besser
oder schlimmer geendigt? Wie Viele, welche Kinderlosigkeiten
schwer trugen, haben erhalten, um was
sie baten? Wie Viele sind dem Zorn von Dämonen
entflohen? Wie viele körperliche Verkrüppelungen sind
geheilt worden? Wie Viele aber wiederum, die bei
den Heiligthümern übermüthig waren, sind sogleich
ergriffen worden, indem die Einen auf der Stelle vom
Wahnsinn gefangen wurden, die Andern bekannten,
was sie gethan, Andere sich selbst entleibten, Andere
in unheilbare Krankheiten eingebunden wurden! Ja
es ist auch schon vorgekommen, dass aus den geweihten
Räumen selbst eine gewaltige Stimme sie
niederstreckte (8, 45) [1].

3. Das Gerichtdrohen der Christen.
Die Christen sind eifrig bis zum Tod zu kämpfen,

---

[1] Minuc. 7: *pleni et mixti Deo cates futura praecerpunt, dant cautelam periculis, morbis medelam, spem afflictis, opem miseris* etc. Die Christen gestanden diese Wunder selbst zu, indem sie sie nur etwa von Dämonen in ihrem Sinn (bösen Geistern) ableiteten vgl. Orig. c. 47. Clem. Hom. 10, 21. Just. 1, 5. 14. Athenag. 21 ff. Theoph. 1. 8.

um das Christenthum nicht abzuschwören und sie drohen ihren Feinden dafür mit ewigen Strafen¹). Aber ganz und gar, o Bester, wie du ewige Strafen glaubst, so auch die Exegeten (Deuter), Telesten (Einweiher) und Mystagogen (Mysterienführer) jener Heiligthümer; die Strafen, welche du den Andern drohst, drohen jene dagegen dir²). Welches nämlich von beiden wahrer und mächtiger sei, das kann man prüfen: denn in Rede versichert ihr Beide gleichmässig, jeder zu seinen Gunsten, in Betreff des Seinigen. Wenn aber Kennzeichen nöthig sein sollten, so zeigen Jene viele und deutliche, indem sie Werke sowohl von gewissen dämonischen Mächten und Orakeln, als auch Thatsachen mannigfaltiger Prophezeiungen hervorholen (8, 48)³). Dazu aber, wie ist dieses nicht ungereimt an euch, nach dem Leib zu verlangen und zu hoffen, dass eben dieser aufstehen wird, als ob es für uns nichts Besseres und Werthvolleres gäbe; wiederum aber ihn wegzuwerfen zu Strafen wie ein Unwerthes⁴)! Freilich mit Leuten, die solche Ueberzeugung haben und die mit dem Leibe verschmolzen sind, ist es

---

¹) [Der Eingang nur mit den Ausdrücken des Orig. erhalten S. 48]. Vgl. 1, 8. 8, 54. Noch strenger redete M. Aurel Selbstbetracht. 11, 3 von ψιλή παράταξις. Vgl. Plin. ad Traj. 10, 97: *perniciciam rerte et inflexibilem obstinationem debere puniri*. Luc m. P. 21: *τροχοβολία*. Arrian. diatr. 4, 7. Diogn. 1 u. s. Minuc. 8: *spernunt tormenta praesentia, dum incerta metuunt et futura* etc. Die Drohungen (welche Eindruck machten) vgl. 4, 11. 21. 6, 14. 7, 9. Just. ap. 1, 8. 2. 9. Minuc. 5: *formidolosae opiniones* vgl. 8, 11. 12.
²) [Aber].
³) Vgl. 8, 45.
⁴) Vgl. 5, 14. 8, 48. Minuc. 8, 11.

nicht der Mühe werth, sich darüber zu besprechen¹). Denn es sind das die auch im Uebrigen Bäurischen und Unreinen und ohne Vernunft Genossen des Aufruhrs²). Mit denen nur, welche die Seele oder die Vernunft (mögen sie diese geistlich nennen oder intelligenten, heiligen und seligen Geist oder lebendige Seele oder überhimmlischen und unzerstörlichen Ausfluss göttlicher und leibloser Natur oder wie sie es immer zu nennen lieben), mit denen, die dieses in der Zukunft mit Gott ewig zu haben hoffen, werde ich mich unterreden³). Dieses nun gewiss glauben sie richtig, dass die, welche gut gelebt, glücklich sein werden, die Ungerechten aber ganz und gar mit ewigen Uebeln behaftet sein werden und von dieser Lehre mögen weder diese noch irgend ein anderer Mensch jemals abfallen, indem sie dabei energisch beharren (8, 49)⁴).

4. Die Nothwendigkeit des Dämonendienstes. Da aber die Menschen mit einem Körper zusammengebunden geboren sind, es sei der Oekonomie des Ganzen wegen, es sei, dass sie Strafen der Sünde zahlen, es sei, dass die Seele von einigen Leidenschaften beschwert ist, bis sie in den geordneten Perioden ausgereinigt sein wird (denn es muss

---

¹) σώματι συντετηχότες. Vgl. φιλοσώματοι 7, 36. 42. 45. Der Leib 5, 14.
²) Vgl. 1, 27 u. s. Aufruhr 3, 5 ff. 8, 2.
³) Ueber Unsterblichkeit 5, 14. 6, 72. 7, 28. Pneumatisch, psychisch 5, 61 (1. Kor. 2, 13 f. 15, 46). „Ueberhimml. Ausfluss" gnostische Bezeichnung vgl. Ir. 1, 5, 5 ff. 1, 30, 8 ff.
⁴) Vgl. dagegen 4, 23.

nach Empedokles das Wesen der Sterblichen 30,000 Zeitabschnitte umherschweifen fern von den Seligen, lange Zeit hindurch sich abarbeitend): so muss man also glauben, dass sie übergeben sind einigen Epimeleten (Verwaltern) dieses Gefängnisses da (8, 53)[1]). Es hilft ja zu nichts, den Leib herzugeben zum Verdrehen und Ausspannen in den Tod, ähnlich dem Verhalten von Missethätern, welche gefasst ertragen, was sie wegen Räuberei erleiden (8, 54)[2]). Von Zweien das Eine fordert die Vernunft: wenn sie es unter ihrer Würde halten, das Rechtmässige zu pflegen und zwar dessen Vorstände, dass sie dann auch nicht zu Männern wachsen, noch ein Weib heimführen, noch Kinder auf den Arm nehmen, noch irgend etwas Anderes thun in der Welt, vielmehr von hier weggehen mit aller Eile, keinen Saamen zurücklassend, damit wohl ausgerottet würde gänzlich auf der Erde das sogestaltige Geschlecht[3]). Wenn sie aber auch Weiber nehmen und Kinder zeugen und Früchte ge-

---

[1]) Vgl. 4, 52 u. die platon. Lehre bei Zeller II, 262 ff. Empedokles' (nach 500 v. Chr.) Seelenwanderung Zeller I, 169. Ueberweg 67. Bähr in Pauly III, 116 ff. Gans bes. Stars, Emped. Agrig. 1835, 448 ff. Die Stelle fand ich bei Spenc. ann. p. 82. Nach 1, 32 hätte C. den E. öfter genannt; es wird aber mehr auf Plat. u. Pyth. gehen.

[2]) [Nicht wörtlich erhalten]. Siehe 8, 48. Vergleichung mit Vorbrechern 2, 44. Aehnlich Luc. m. Peregr. 23. Lact. 5, 13 leugnet diese Ebenbürtigkeit; selbst Räuber von grösster Körperstärke seufzen, schreien, daher der Eindruck der christl. Märtyrer bis an den Kindern.

[3]) λίπι τ. dϑίους Eus. 4, 13. *Eruenda prorsus haec consensio* Min. 9. Ausrottung mit Weib und Kind begehrt selbst Athenag. leg. 1 ff., wenn die christl. Greuel wahr seien. Tert. ap. 37 denkt an Auswanderung der Christen.

niessen und an den Gütern der Welt theilnehmen und die auferlegten Uebel tragen werden (denn diese Natur bringt es mit sich, dass alle Menschen von Uebeln versucht werden; dass nämlich Uebel seien ist Nothwendigkeit, eine andere Stelle aber haben sie nicht): dann müssen sie wahrlich die geziemenden Ehren den damit Beauftragten abgeben und der Welt die gebührenden öffentlichen Dienste leisten, bis sie von den Banden gelöst werden, damit sie nicht gar Undankbare gegen diese zu sein scheinen¹). Denn es ist ja auch ungerecht, als Theilnehmer an dem, was diese haben, ihnen keinerlei Beisteuer zu leisten (8, 55). Dass fürwahr in diesen Dingen bis zu den kleinsten Solche sind, welchen Vollmacht gegeben ist, möchte einer wohl lernen aus dem, was die Egyptier sagen, dass den Leib des Menschen 36 Dämonen oder gewisse ätherische Götter portionsweise bekommen haben, indem er in so viele Theile getheilt ist (Andere aber nennen noch viel mehrere), und dass einer dieses, der andere jenes Stück davon zu pflegen befehligt ist. Und von den Dämonen wissen sie die Namen in der Landessprache, z. B. Chnumen und Chnachumen und Knat und Sikat und Biu und Eru und Erebiu und Ramanor und Reianoor und welche andere immer sie in ihrer Sprache nennen; und denn diese anrufend heilen sie die Leiden der Theile. Was hindert nun, mittelst Bewillkommnung Dieser und der Andern, falls einer

---

¹) Uebel 4, 62. Die Güter v. den Dämonen 8, 28. Dienst 8, 24. 33, 73.

wünscht, lieber gesund zu sein als krank und glücklich zu sein als unglücklich, von Foltermitteln und Strafmitteln, wie es möglich ist, befreit zu sein (8, 58)¹)?

Drittes Kapitel. Das Maass im Dämonenkult. 8, 60—67.

Vor jenem übrigens muss man sich hüten, dass nicht einer im Zusammensein mit diesen untrennbar mit ihrem Dienst verschmelze und in der Liebe zum Leiblichen und in der Abwendung von Besserem von Vergessenheit überwältigt werde. Denn man muss billiger Weise nicht ungläubig sein weisen Männern, welche denn sagen: deswegen weil von den erdumgebenden Dämonen der grösste Theil mit Zeugung verschmolzen ist und angenagelt an Blut und Opferdampf und Gesänge (Melodien) und manches Andere von dieser Art, so könnte er (dieser Mehrtheil) wohl nichts Besseres als den Leib heilen und bevorstehendes Schicksal einem Menschen und einer Stadt voraussagen und Alles, was in Betreff der menschlichen Handlungen diese (Dämonen) wissen und können (8, 60)²). Man muss sein Gewissen gegen diese rein halten, soweit es heilsam ist; denn durchaus

---

¹) Vgl. Salmasius über die klimakterischen Jahre (haupts. nach Firmic. mathes. II. VIII) u. zwar hins. der Sache und der egypt. Namen, bei Spenc. ann. 92; auch Lommatzsch zu 8, 58 S. 195. 1.
²) Dass die Dämonen φιλοσώματοι (also wie die Christen 7, 36. 8, 49), ist die gew. Lehre der Zeit Plut. d. Isid. 25. def. orac. 13. 15. Minuc. 26. Ath. 22. Siehe die Stellen S. 120. Vgl. auch Apulejus bei Döllinger Vorhalle d. Christ. 599.

dieses zu thun, räth Vernunft nicht (8, 62)¹). Doch ist mehr zu meinen, dass die Dämonen nichts bedürfen oder etwas begehren, sondern Freude haben an denen, welche die Frömmigkeit gegen sie üben²). Von Gott aber muss man niemals und nirgendwie ablassen, weder den Tag hindurch, noch bei Nacht, weder in's Oeffentliche noch im Alleinsein, mit Wort sowohl in Allem und mit Werk ununterbrochen; sondern gewiss sowohl in diesen Thätigkeiten als auch ohne sie sei die Seele stets gerichtet auf Gott³). Wenn sich die Dinge so verhalten möchten, was ist's so schrecklich, die hier Herrschenden günstig zu stimmen, sowohl die Andern als auch die Dynasten und Könige unter den Menschen, sofern auch diese nicht ohne dämonische Stärke der Besitzthümer hier gewürdigt sind

---

¹) Mit Recht triumphirt Orig. c. C. gegen das Zugeständniss des Feindes.

²) [Doch]. Das ist eine künstliche Wendung, welche gegen den aufgestellten Begriff der Dämonen als sinnlich-geistiger, der Entstehung und Vernichtung unterworfener und an's Irdische gefesselter Wesen ist (vgl. G. 42). In 8, 33 bewilligte er ihnen Erstlinge, nun sollen sie an frommen Gesinnungen (8, 63) oder blossen Lobgesängen (8, 66) satt werden. Der höchste Gott (und die Götter 8, 68) begehrt nach Celsus wie nach den Platonikern u. Neuplaton. (vgl. Apollonios v. Tyana 1, 10. 11. 7. 10. 5, 25. Porphyr. d. abstin. 2. 34. Eus. praep. 4, 11) nur geistigen Kult.

³) Vgl. 1, 8. Die Einheit d. obersten Gottes von d. Heiden zugegeben (vgl. Tac. h. 5, 5) vgl. Just. ap. 13 (ὁ πατὴρ τῆς κ. διὰ τὸν θεόν). Tert. ap. 24. Arnob. 1, 28. Lact. Inst. 5, 3. Ganz ähnlich wie Celsus machte Hierokles am Schluss seiner Streitschrift (im Epilog) dem höchsten Gott seine Komplimente. *Proaemium enim summi Dei laudes, quem regem, quem maximum, quem opificem rerum, quem fontem bonorum, quem parentem omnium etc. confessus es, a demisti Jovi Ino regnum eamque summa potestate depulsum in mixtorum numerum redegisti*. Lact. a. a. O.

(8, 63)¹). Wenn übrigens zwar einer etwa befehlen würde, dass ein Verehrer Gottes entweder gottlos handle oder etwas anderes Schändliches spreche, so ist es niemals und nirgendwie zu glauben, sondern vor diesem in jeglichen Qualen auszuhalten und jegliche Todesart zu bestehen, ehe man etwas Unheiliges über Gott nicht allein doch redet, sondern übt²). Wenn aber einer etwa befiehlt, die Sonne zu preisen, oder Athene eifrigst mit schönem Lobgesang (Paean) zu ehren: auf diese Weise doch wirst du in höherem Maass den grossen Gott zu verehren scheinen, wenn du auch diese besingst; denn die Gottverehrung, welche durch Alle hindurchläuft, wird vollkommener (8, 66)³). Und wenn dir einer etwa befiehlt, unter Menschen bei einem König zu schwören, so ist auch dieses nicht schrecklich. Denn gegeben ist diesem das auf der Erde und was immer du etwa empfängst im Loben, empfängst du von diesem (8, 67)⁴).

---

¹) Aechtheidnische Kombination der Könige mit dämonischen Gewalten vgl. c. 67. 68. In 8, 35 Vergleichung der Statthalter mit Dämonen. Auch in der Verfolgung Diocletian's rühmte ein Gegner *providentiam principum* Lact. 5, 2. Aber auch die Apologeten, bes. Athenag., sind der Parallelen zwischen Gott und den Königen voll.

²) Vgl. 1, 8.

³) Τὸ γὰρ θυσιαστὴς διὰ πάντων διηκόν τελεώτερον γίνεται (vgl. auch 7, 68 ff.). Vortrefflich Arnob. 3, 2: *cum divinitatis ipsius caput teneamus — supervacuum putamus, personas ire per singulas.* Vgl. Athen. 37. Theoph. 1, 11.

⁴) Konsequenz von 8, 63. Eus. 4, 15 (Proconsul zu Polykarp): ὄμοσον τὴν Καίσαρος τύχην! Tert. ap. 32: *juramus sicut non per genios Caesarum, ita per salutem eorum.* Aber nach dem *jurare* kam immer noch das *supplicare* Plin. ep. 10, 97. Tert. ap. 10.

Viertes Kapitel. Unterthänigkeit und Beistand gegenüber dem Kaiserthum. (8, 68 –73).

Man muss nicht ungläubig sein einem Mann des Alterthums, der längst vorausgesagt: Einer nur König, dem's schenkte der Sohn des verschlagenen Kronos [1]). Denn wenn du diese Lehre auflösest, wird der König rechtmässiger Weise sich an dir rächen [2]). Denn wenn dasselbe mit dir Alle thun würden, so wird nichts hindern, dass er seinerseits allein und einsam gelassen, die Dinge auf der Erde aber in die Herrschaft der gesetzlosesten und wildesten Barbaren gelangen und weder von deinem Gottesdienst noch von der wahrhaftigen Weisheit ein Ruf unter den Menschen übrig gelassen wird (8, 68) [3]). Durchaus nicht doch wirst du dieses sagen, dass wenn etwa die Römer dir folgend und ihre herkömmlichen Ordnungen gegen Götter und Menschen vernachlässigend deinen Höchsten oder welchen immer du herbeirufen willst, verehren würden, er herabkommend für sie kämpfen und es keiner andern Stärke bedürfen werde [4]). Denn auch vorher

---

[1]) Homer Il. 2. 205.
[2]) Wie die Dämonen und Provinzialstatthalter 8, 35.
[3]) Vgl. bei Tert. ap. 37 den Gedanken einer chrlstl. Auswanderung: *expariscetis ad solitudinem vestram, silentium et stuporem quasi mortui orbis*.
[4]) Vgl. die ähnlichen Stellen Minuc. c. 10. 12 mit Bez. auf Juden und Christen (c. 10: *quis ille — Deus unicus, solitarius, destitutus?*). Hadr. ap. Vopisc. Saturn. 8: *unus illis Deus nullus est*. Rom durch Götter gross Min. 6. Tertull. apol. 25. Das grosse Wunder des Christengottes in der *silis germanica* unter M. Aurel, bezeugt nicht

hat derselbe Gott denen, die auf ihn Acht hatten, dieses sowohl als auch viel Grösseres als dieses, wie ihr saget, versprochen und ihr sehet, wie viel er genützt hat jenen sowohl als euch. Den Einen ist, anstatt dass sie Herren der ganzen Welt wären, auch nicht irgend eine Erdscholle oder ein Heerd übrig gelassen; von euch aber irrt zwar einer noch herum in Verborgenheit, aber er wird aufgesucht zur Strafe des Todes (8, 69)'). Nicht fürwahr ist auch jenes aushaltbar, wenn du sagst, dass du, falls die jetzt uns Regierenden von dir überredet in Gefangenschaft gerathen, die wiederum Regierenden überreden werdest, dann Andere, wenn auch jene gefangen, und so der Reihe nach, bis endlich, wenn alle von dir Ueberredeten gefangen, Eine vernünftige und die Katastrophe voraussehende Herrschaft euch Alle, ehe sie selbst vorher zu Grund geht, mit eurer ganzen Race ausrotten wird (8, 71)²).

erst von Tert. ap. 5. Scap. 4, sondern schon vom Zeitgenossen Apollinarios Eus. 5, 5, ist demnach dem Celsus noch ganz unbekannt oder auch unwahr.

¹) Vgl. 5, 41. 8, 39. Er meint die grossartigen alttestamentl. Verheissungen. Dazu vgl. neben Minuc. (c. 10. 12; c. 10: *Judaeorum sola et misera gentilitas*) auch Cic. p. Flacc. 28: *quam cara Diis immortalibus!* Just. ap. 2, 5 (derselbe Einwurf gegen den θεὸς ζηλωτὴς). Noch Arnob. 2. 76. Lact. inst. 5. 21.

²) Der Text: ἄμα τις ἀρχὴ οσηφορήσουσι ist verdorben. Im Voraus ist zu lesen μία τις (c. 71 fin.). Im Uebrigen ist statt der Conject. εἰ μή τις ἀρχή oder ᾖ μία τις ἀρχή einfach textgemäss zu setzen: μέχρι πάντων — μία τις ἀρχὴ οσηφορήσασα. So kecke Hoffnungen, wie die obigen, findet Orig. von keinerlei Christen ausgesprochen und nur von Celsus boshafter Weise fingirt (c. 71). Aber Orig. selbst glaubt (c. 68) an einen wenigstens geistigen Sieg des Christenthums inmitten aller Völker, obwohl er, sich und Tertullian widersprechend, in 8. 69 von wenigen Christen im Reiche redet; von

Wenn es doch möglich wäre, dass zu Einem
Gesetz zusammenstimmten die Bewohner Asiens und
Europa's und Libyen's, Hellenen sowohl als Barbaren,
welche bis zu den Enden vertheilt sind! Freilich wer
dieses meint, weiss nichts (8, 72)¹) ... Aber für die
Christen ziemt es sich, zu helfen dem König mit aller
Gewalt, mit ihm die Arbeit zu theilen in gerechter
Weise und für ihn zu kämpfen und mit ihm in's
Feld zu ziehen, wenn die Noth drängt und das Heer
mit ihm zu führen (8, 73), das Vaterland zu regieren,
wenn es sein muss und dieses zu thun wegen der
Rettung von Gesetzen und Frömmigkeit (8, 75)²).

der Menge u. von d. Gunst der Mächtigen konnte er selbst erzählen
(3, 9). Zur Zeit Constantin's bot sich das Christenthum von selbst
dem Imperium als seine festeste Stütze an, aber auch schon in der
Zeit des Celsus glaubte Mosito (Eus. 4, 26) an ein providentielles
Aufwachsen des Christenthums mit den römischen Kaiserthum, ebenso
etwas später selbst der strenge Tertullian ap. 5 ff.; Just. ap. 2, 7.
Diogn. 6 an die christl. Weltseele, und noch ein Jahrhundert
vorher zielte schon der Apostel Paulus auf Rom Röm. 1, 5 ff. 13, 1.
Auch zeigen sich die Heiden schon in Justin's Zeit (wie Apost. 17, 7)
misstrauisch gegen das „Reich Gottes" ap. 1, 11. Dabei ist nicht zu
verkennen, dass gleichzeitig aus begreiflichen Gründen Rom von den
Christen wieder negirt wird, nicht nur von der Apokalypse 13, 1.
17, 1, sondern selbst von Paulus 1. Kor. 2, 8. 15, 24, dann Irenäus,
Tertullian, Commodian, Lactanz u. s. f. Daher die Bosheit des
Celsus.

¹) [Hier ist vielleicht ein Satz ausgefallen]. Also war es doch
nichts mit der Verkündigung der Philosophen und des Celsus selbst
über „das Eine Gesetz und die Eine Redo in der Welt" (1, 14), über
die Identität der Götter und der Kulte. Maxim. Tyr. diss. 17. Plut.
d. Isid. 67 vgl. Cels. 1, 14. 24. 5, 41. 45. Eine Lebensordnung für
Alle wünscht übrigens auch Tat. ad Graec. 28. Orig. aber versichert
8, 72 prophetisch, dass das Christenthum diese bringe.

²) [Orig. gibt nicht den wörtl. Zusammenhang. Es kann hier eine
Lücke sein. Oben ist lediglich „aber" eingesetzt]. Vgl. 8, 68. Das
Postulat des Celsus ist die Klage des Heidenthums, Minuc. F. 8:

In einer andern Schrift werde ich ausführlicher zeigen, in welcher Art Diejenigen leben müssen, welche mir folgen wollen und können (8, 76)¹).

---

honores ne purpuras despiciunt ipsi seminudi. Latebrosa et lucifugas natio, in publicum muta, in angulis garrula. Tert. d. pall. 5: *vita ignava, infructuosi in negotiis; scilicet patriae et imperio reique publicae vivendum est.* Aber nicht nur Tert. schlägt mit Berufung auf Epikur und Zeno das öffentl. Leben ab (vgl. apol. 38: *non ulla res magis aliena quam publica*), obwohl er c. 42 dagegen protestirt, dass die Christen *Brachmanae aut Indorum gymnosophistae, silvicolae et exules vitae* seien und ihr *cohabitare, navigare, militare, rusticari, mercari etc.* hervorhebt; auch Orig. verbittet sich 8, 73 Kriegsdienst und Aemter, indem er die Annahme u. Hilfe Gottes (8, 70), der ja auch die Juden gestraft (8, 60), und die Bekehrung der gefürchteten Barbaren (8, 68) verspricht, und Justin ap. 1, 16 f. sowie Tatian c. 4 rühmen nur den duldenden Gehorsam der Christen, ihr Steuerzahlen und Dienen im Allgemeinen. Nur war im 3. Jahrhundert dieser Grundsatz schon wesentlich gebrochen, wie Tertullian selbst u. Orig. u. Euseb. überall zeigen, und durch die freilich ziemlich gewissenlose Betheiligung an allem Heidnischen unter dem den Pastoralbriefen (Tit. 2, 5 u. s.) abgeborgten Losungswort: *ne nomen blasphemetur* (Tert. idol. 14) die Föderation Rom's und des Christenthums unmittelbar eingeleitet.

¹) [Die Stellung dieser Stelle ist nicht ganz sicher; sie konnte etwa auch 4, 61 oder 7, 58 stehen. Wahrscheinlich aber fand Orig. sie eben hier, wo er sich ihrer erinnert; und nach der Bekehrung der Christen ziemte es sich ja ganz, ihnen einen Katechismus zu schreiben].

II.

Zwei Zeitgenossen des wahren Worts.

I. Lucian von Samosata.

Zwar ist der bekannte Lucian'sche Dialog Philopatris (Vaterlandsfreund), welcher die Luftwandler (ἀεροβατοῦντας c. 24), nämlich die Christen, verhöhnt und ihre bösen Wünsche für das römische Reich verurtheilt, als unächt dahinzugeben und mit Gessner in die Regierungszeit Kaiser Julian's des Abtrünnigen unmittelbar vor der persischen Katastrophe (363 n. Chr.), nach Niebuhr gar in die des Nikephoros Phokas (963 ff.) zu verlegen. Dagegen fehlen den ächten Schriften Lucian's Erwähnungen der Christen nicht so ganz (Alex. 25. 38; schwerlich dagegen Lügenfreund 16) und besonders in der berühmten Spottschrift über den Tod des cynischen Philosophen Peregrinos, welche Lucian seinem Freunde Kronios schreibt, ist ein ganzes Kapitel dem Christenthum gewidmet, welchem jener „Proteus" in seinen mancherlei Metamorphosen aus Phantasterei und Ehrgeiz, aus Noth und Geldmangel, nach Ehebrüchen und Päderastieen und vollzogenem Vatermord, in Syrien und Kleinasien zeitweise sich zugewendet und selbst noch nach seiner Ausstossung aus der Kirche in seiner geschichtlich wohlbezeugten freiwilligen Selbstverbrennung bei den olympischen Spielen, dem Dokument seiner christlich-cynischen „Todesverachtung" (c. 23. 33), eine Art Denkmal gesetzt haben soll¹). Als die Zeit

---

¹) Vgl. über ihn auch noch A. Gellius, noct. atticae 8, 3; 12, 11. Philostr. vit. soph. ed. Kayser S. 69. Tatian. ad Graec. 25. Athenag. legat. pro Christ. 23. Tertull. ad mart. 4. Ammian. Marcell. rer. gest. 29, 1, 39. Gellius nennt P. in 12, 11: *vir gravis et constans*. — Der

der Blüthe Peregrin's, dessen Person übrigens von andern
ältern Schriftstellern viel günstiger beurtheilt wird, erscheint
die Regierungsperiode des Kaisers Antoninus Pius (138—
161 n. Chr.), als die Zeit seines Feuertods der Sommer 165,
nämlich das fünfte Jahr M. Aurels, das erste Jahr der 236.
Olympiade, näher der Schluss der olympischen Spiele (c. 35),
und unmittelbar nachher (Herbst 165) baute Lucian seinen
Denkstein, er schrieb den Aufsatz über Peregrin[1]).

palästi. Syrer und Sophist in Luc. Lügenfreund c. 16 könnte auf Jesus
und seine Dämonenthaten Matth. 8, 28 ff. 17, 14 ff. zu deuten scheinen;
aber wie kann es J. sein, da der Mann als Lebender und als Gold-
macher mit griechischen wie barbar. Zauberformeln eingeführt und
die Teufelsaustreibung des Judenthums sonst bekannt genug ist! So
auch Sommerbrodt S. VIII. Noch weniger ist wohl in Alex. 24 auf
Jesus angespielt.

[1]) Die Regierungszeit des Antoninus Pius erscheint am bestimm-
testen mors Peregr. 18: ἐνδοχεῖτο τῷ βασιλεῖ, πρᾳότατον αὐτῶν κ.
ἡμερώτατο νενδὼς, ὥστι ἀσφαλῶς ἐτόλμα. Diess kann nur auf Anton.,
nicht auf M. Aurel gehen vgl. Capitol. Anton. P. 2: rerr natura
clementissimus. Dagegen über M. Aurel vit. Anton. Philos. 29: dede-
runt ei ritio, quod ei fletus fuisset nec tam simplex, quam videretur aut
quam rei Pius vel Verus fuisset. Den Feuertod des Peregrin aber
setzt Chron. Eus. (vgl. Alfred Schöne Eus. Chron. 1866, 170 f.)
in die 236. Olympiade, 1. Jahr und 5. Jahr M. Aurel's = 165 n. Chr.
Diese Zahl haben auch die meisten Neuern (auch Proller IV, 1169)
festgehalten. Sie passt in der That gut zu allen Anzeichen des
Lucian. Denn 1) gehört die Schrift der griechischen Periode Lucian's
an, welche hauptsächlich dem fl. Jahrzehnd zufällt (vgl. bis accus.
32. Hermot. 13. quom. hist. sit conscrib. 14; mors Peregr. 35. wonach
Lucian beim Tod des Peregrinus zum 4. Mal die olymp. Spiele besuchte). 2) Stimmt dazu der Lebensgang des Peregrin selbst. a. Irrfahrten nach dem Vatermord und langer Aufenthalt bei den Christen,
Aufsteigen zu den ersten Kirchenämtern und längeres Gefängniss
(M. P. 10 - 14). b. Geschenk an Parium und neue christliche Land-
streicherei bis zur Ausstossung (14—16). c. Mittschrift an Kaiser
Antonin und Reise nach Egypten (16—17). d. Reise nach Italien
und längerer Aufenthalt in Rom unter Antoninus; schliessliche Ver-
treibung (18). e. Längerer Aufenthalt in Griechenland, Beginn unter
Antoninus, gegen den er die Griechen zum Aufstand reizt (c. 19 vgl.
Capitol. Anton P. 5; auch Büdinger, Unters. zur röm. Kaisergesch.

Dieser zeigt, was die Philologen mitunter übersehen, auf
Grund oberflächlicher Beobachtungen viel Gehässigkeit und
noch mehr die grenzenloseste Verachtung des übrigens fort-
während mit dem Judenthum verwechselten Christenthums,
welchem im Grund keine directen groben Verbrechen, sondern
hauptsächlich nur eine schwachsinnige Gutmüthigkeit und
Leichtgläubigkeit für tolle Lehren und Lehrer, selbst für
sittlich zweifelhafteste Menschen zugeschrieben wird: ein Vor-

---

2. B. 1868, 313), Schluss unter M. Aurel, indem Peregrin drei Festen
zu Olympia anwohnt und beim dritten sich verbrennt (19 ff.), wonach
der griechische Aufenthalt von 157—165 n. Chr. sich erstrecken
würde. Lucian aber schrieb das Peregrinusbuch bald nachher (1 ff.
37 f.). Dies sind die festen Haltpunkte, während man durch die
Hereinziehung christlicher Literatur die Frage nur verwirrt, wenn man
nämlich über d. Par. Stellen Athenag. leg. pro Christ. 26 (Lindn. 23)
(wonach Peregrin im J. 177 nach seiner Selbstverbrennung bei Olympia
in seiner Heimat Parion bereits Bild und Kult besitzt) und Tert. ad
mart. 4 (*Peregrinus, qui non olim se rogo immisit*) hinausgeht und eine
Abhängigkeit Lucian's in seiner Schilderung des Peregrinus theils
von der Polykarp-, theils von der Ignatiussage statuiren will. Auf
Polykarp's Feuer-Martyrium meinte man durch den Geier, der sich
aus der Flamme erhob (m. P. 39), auf die Ignatianischen Briefe
durch die Gesandtschaften der Christen und durch die Botschaften
Peregrin's (m. P. 12. 13. 41) gewiesen zu sein. Aber Polykarp's
Martyrium ist (auch nach Chron. Eus.) später, thatsächlich im J.
166 (Hilg. Paschahstreit 241 f., Zeitschrift 1861, 288), und der sagen-
hafte Bericht von seinem Tod ist wieder später (nach Rec. Coteler. ap.
Ruin. act. mart. S. 41 c. 18, auch Eus. 4, 15 steht die Feier seines Tods
bevor; nach Rec. Uscr. S. 36 c. 14 ist sie schon geschehen, worauf
die phantastische Sagenwelt selbst deutet). Der Geier Peregrins ohnehin
erklärt sich aus den Adlern der Kaiservergötterungen viel besser als
aus der auch in ganz anderm Zusammenhang (und bei Eus. gar nicht)
genannten Taube Polykarp's. Mit den Ignatianischen Briefen aber,
welche Manche immer noch in die erste Hälfte des 2. Jahrh. setzen,
ist schlechthin nichts anzufangen. Die Episkopatsidee, die kathol.
Kirche (ad Smyrn. 8), die Glaubensbekenntnisse (Sm. 1. Eph. 7. 18)
weisen auf spätere Zeiten, der Frieden nach der Verfolgung aber
(Smyrn. 11. Trall. 8. Eph. 10) auf Kaiser Commodus (180 n. Chr.).
Irenäus aber, der zuerst „einen der Unsern" citirt (V, 28, 4 vgl.
III, 3, 4), schreibt zwischen 180—190 vgl. 4, 30.

wurf, welchem glücklicherweise das gelegentliche und unwillkürliche Zugeständniss, dass neben den Epikurnern allein die Christen am Schwindelpropheten Alexander von Abonoteichos scharfe Kritik geübt, unmittelbar widerstreitet¹). Ausführlicheres über Lucian und Peregrin bei Tzschirner, Fall d. Heid. 1829, 315 ff. G. Wetzlar d. aet. vit. script. Luc. 1834. Preller, A. Lucian in Pauly's R. W. IV, 1105 ff. A. Planck, Lucian u. d. Christ. Stud. u. Krit. 1851, 820 ff. Th. Keim, A. Lucian in Herzog's R. E. VIII, 407. W. Gass, Philopatris ib. XI, 603 ff. Neuestens (mit Literaturnachweis) Jul. Sommerbrodt, ausgewählte Schriften d. Luc. 1. Bändch. 2. A. 1872. Ich benützte die Textausgaben von C. Jacobitz (Lucianus III tom. 1836—39. M. Peregr. III, 420 ff.) und von Franc. Fritzsche (Luc. Samos. t. I. II. 1860—1869. M. Peregr. I, 2, 69 ff. 1862). In der Version sah ich mich genöthigt, gegenüber der Pauly'schen Uebersetzung (Lucian's Werke 13. B. 1831 S. 1018 ff.) durchweg wörtlicher zu sein

Lucian's Peregrinos. (c. 11—16.)

c. 11. Da geschah es denn (auf den Landstreichereien Peregrin's nach der Erdrosselung des leiblichen Vaters), dass er auch die wunderbare Weisheit der Christianer genau erlernte, indem er in Palästina umher mit ihren Priestern und Schriftgelehrten verkehrte; und was weiter? in Kurzem

---

¹) Früher hatte Kestner in seiner Agape 1819, 500 ff. gar die Vermuthung ausgesprochen, Lucian habe dem Christenthum in die Hände arbeiten wollen. Aber noch Preller a. a. O. 1173 findet das Bild der Christen „ganz ehrenwerth", und Jul. Sommerbrodt, ausgew. Schriften des Lucian I. B. 2. A. 1872 p. XXXIX findet (wie auch Kurz K. G. 3. A. 1, 1, 120) bei Lucian das allermildeste heidnische Urtheil, viel milder als bei Plinius (?) und Tacitus. Auch in der Schilderung des Unsterblichkeitsglaubens „ist von Hohn nicht der leiseste Hauch" XXXVII. Nur ein Mitleid wegen der Ausbeutung durch Betrüger könne konstatirt werden.

zeigte er sie als Knaben, indem er Prophet und Vorstand der Festgelage (Thiasarch) und Synagogenmeister und Alles in Allem er allein war[1]). Und von den Büchern erklärte er die einen und verdeutlichte sie, viele aber schrieb er auch selbst zusammen und wie einen Gott scheuten ihn jene und gebrauchten ihn als Gesetzgeber und wählten ihn zum Vorstand: in grossem Massstab ja freilich verehren sie noch den Menschen, der in Palästina an den Pfahl aufgehängt worden, weil er dieses neue Mysterium in die Welt eingeführt[2]).

---

[1]) Wenn alle diese Titel ächt und insbes. aus Palästina selbst geholt wären, so müsste man glauben, dass auch die seit der Katastrophe unter Hadrian aufblühende heidenchristl. Gemeinde Palästina's (Eus. 4, 6) so ziemlich judenchristliche Terminologien beibehalten hätte. Propheten allerdings existirten auch in jenen Gemeinden vgl. 1. Kor. 12, 28. 14, 1 ff. Eph. 2, 20, 3, 5. 4, 11. Just. Tryph. 39. Ir. 2, 32, 4; 3, 11, 9 und wohl auch Vorsteher (oder gar Priester nach 1. Clem. 40), welche z. B. die Eucharistie verwalteten (Just. ap. I, 67; Synagogenmeister aber waren doch gänzlich ein judenchristl. Begriff vgl. Jacob. 2, 2. Hebr. 10, 25 (2. Thess. 2, 1). Sichtlich weiss Lucian wenigstens im Einzelnen zwischen Christlichem und Jüdischem nicht sicher zu trennen vgl. c. 16. Er machte sie zu Knaben: ähnlich Plat. v. Philopoem. 13.

[2]) Hier ist der Text bedenklich unsicher. Die gew. Lesart (auch bei Jacobitz u. Sommerbrodt, der übrigens einen spätern Zusatz vermuthet) nach cod. F (Guelf. I. 4. sase) und a (Flor. ed. 1496) ist: προστάτην ἐπέγραφον · τὸν μέγαν γοῦν ἐκεῖνον ἔτι σέβουσι τὸν ἄνθρωπον κ. τ. λ.. Schon die Aelteren fanden hier eine Korruptel (Gessner) oder Lücke (Wieland). Gessner wollte statt μέγαν lesen: μάγον, was selbst Becker nicht missbilligte, was aber theils an der erst nachfolgenden Charakteristik: τὸν ἄνδρ. etc., theils an der späteren Bezeichnung Jesu als σοφιστής c. 13 scheitert. Neuerdings lesen nun vor Allem Becker, Cobet, Fritzsche mit Recht statt ἐπέγραφον τὸν vielmehr ἐπεγράφοντο (vgl. bis acc. 29; fugit. 4). Dann liest Cobet und Fritzsche statt des unbrauchbaren μέγαν vielmehr μετά; Cobet näher: μετὰ γοῦν ἐκεῖνον ἔτι σέβουσι τ. ἄνδρ.; Fritzsche, diesen unverständlichen Satz mit Recht verwerfend (soll denn etwa Christus erst nach Peregrin angebetet werden?) konjicirte den Einsatz: οἱ γὰρ Χριστ. τὰ πρὸς τὸ θεῖον τῶν δικαιδαιμόνων διάκεινται, τὸν διδόμενον ἐξ ἀρχῆς δαφιλέξ ἐχόμενοι · παρ' ὃ καὶ τότε τὸν πρῶτια διὰ

c. 12. Damals denn wurde wegen dieses Grundes Proteus auch ergriffen und gerieth in's Gefängniss, was selbst wieder kein kleines Ansehen ihm verschaffte für sein ferneres Leben, seine Windbeutelei und Ehrenjagd, welche er zufällig liebte¹). Da er nun aber gefesselt war, nahmen die Christianer die Sache als ein Unglück und setzten alle Segel bei, indem sie versuchten, ihn herauszurauben²). Dann, als dieses unmöglich war, geschah im Voraus die ganze Bedienung nicht nebensächlich, sondern mit Eifer und vom frühen Morgen an konnte man beim Gefängniss alte Weiblein, etliche Wittwen und Waisenkinder warten sehen; ihre Amtspersonen aber theilten auch die Nachtruhe mit ihm drinnen, nachdem sie die Gefängnisshüter bestochen; dann wurden mannigfaltige Mahlzeiten hineingetragen und heilige Reden derselben wurden geredet und der „gute" (beste) Peregrinos (denn auch noch dieses ward er genannt) wurde für einen neuen Sokrates von ihnen gehalten³).

τιμῆς ἦγον. Μετὰ γοῦν τοσοῦτον χρόνον ἐκεῖνον ἔτι σέβουσι τ. ἄνδρ. Aber zu so grossem Einschiebsel ist kein Grund (der Zusammenhang, welcher durchaus Peregrin als Hauptsubjekt zeigt, genehmigt sogar für Jesus höchstens eine Nebenbemerkung), und der erste Satz ist für Lucian zu abstrakt und durch die concreta nachher ganz überflüssig gemacht. Am allerwenigsten kann von μετὰ τοσοῦτον χρόνον die Rede sein, da das Christenthum dem Heidenthum durchaus als ganz jung, Christus χθὲς καὶ πρώην gekreuzigt galt (Cels. 2, 4. 6, 10). Ich glaube dem Text am nächsten zu bleiben und einen guten Sinn zu gewinnen (Peregrinus νομοθέτης und θεός δεύτερος und καινός Σωκράτης c. 12; Christus ὁ νομοθέτης ὁ πρῶτος c. 13 vgl. Jesus u. Polykarp Eus. 4, 15), wenn ich lese ΕΠΕΓΡΑΦΟΝΤΟ · ΜΕΓΑ ΓΟΥΝ κ. τ. λ. Sinn: konfirmirend oder limitirend.

Vorstand (προστάτης) wie Just. ap. I, 67. Monarchismus in der Kirche seit Mitte 2. Jahrhunderts vgl. P. H., Clement., Ignat. u. schon Hadr. ap. Fl. Vopisc. Saturn. 8 vgl. 1. Clem. 40. Schriften Einl. VI.

¹) In Syrien wurde er gefangen c. 14. Τὸν ἐν Συρίᾳ δεθέντα c. 4. Syrien begriff ja Palästina in sich. Gesch. J. II, 535, 4.

²) Statt πάντα ἐκείνου liest Fritzsche vortrefflich πάντα κάλων ἐκείνουν.

³) γράφει Jacob. Fritzsche. διαφθείραντες (vulg. ο) Lehmann. Fritzsche. Σωκράτ. ἐνομίζετο (vulg. ὀνομάζετο) Fr. Bestechungen

c. 13. Und fürwahr auch unter den Städten in Asien (Kleinasien) gab es welche, von wo Etliche kamen, indem die Christianer von der Gemeinschaft aus Abgeordnete schickten, um den Mann zu unterstützen, zu vertheidigen und zu trösten[1]). Eine Art unerreichbarer Schnelligkeit aber legen sie an den Tag, sobald etwas Derartiges geschieht; in Gemeindesachen schauen sie, um es kurz zu sagen, über all e Kosten hinweg[2]). Und denn auch dem Peregrinos kamen damals viele Gelder von ihnen unter dem Titel der Fesseln und er machte da keine kleine Einnahme. Denn die Unglückseligen haben sich selbst überredet, dass sie ganz und gar unsterblich seien und für alle Zeit leben werden; in Folge davon verachten sie auch den Tod und geben sich selbst freiwillig in Massen dem Tode hin[5]). Sodann aber hat der

---

der Wachen sind auch sonst bezeugt Eus. 5, 18. Ignat. ad Rom. 5. 8. Tert. jej. 12. Λιτίνα ποικίλα (doch ein Rest d. bekannten Vorwürfe) vgl. d. mero. cond. 15. Pflege der Gefangenen, Märtyrer vgl. Tert. jej. 12. Pass. Perpet. et Felicit. c. 3. Acta Fruct. Tarrac. 3 vgl. Oesch. J. 111, 418. Σωκράτης: mit ihm verglich ja auch Celsus die Christen 1, 3. 7, 58. Minuc. 13. Lucian deutet so S. Reden u. Gefängnisse.

[1]) καὶ μὴν ἔστιν τῶν ἐν 'Ασίᾳ Fr. In dieser Stelle haupts. liegt die Aehnlichkeit mit der Situation der Ignatius-Briefe S. 145 Anm.

[2]) Δημοσίᾳ γὰρ ἐμβραχύ ἀφειδοῦσι πάντων Fr. (vulg.: γένηται δημόσιον. 'Εν βραχεῖ γὰρ ἀπειδοῦσι π.). Vgl. über die christl. Wohlthätigkeit nur den Brief des Bischof Dionys v. Korinth an Rom Eus. 4, 23.

[3]) Zur Ergänzung dient hier der Bericht über die nachherige Selbstverbrennung des Peregrin in Olympia, wo Lucian jedenfalls das Nachwirken christlicher Ideen zeigen wollte. Καίτοι, φησίν, ὅτι ὑπὲρ τῶν ἀνθρώπων αὐτὸ δρᾷ, ὡς διδάξειεν αὐτοὺς θανάτου καταφρονεῖν κ. ἐγκαρτερεῖν τοῖς δεινοῖς c. 23 vgl. 33. Lucian's Urtheil ist: ἐχρῆν περιμένειν τὸν θάνατον κ. μὴ δραπετεύειν ἐκ τοῦ βίου... μηδὲ τοῖς ἀπὸ τ. τραγῳδίας τούτοις χρῆσθαι (21). Auch κακούργοι könnnen μαθηταὶ αὐτοῦ γενέσθαι τῆς μαρτερίας ταύτης; κ. καταφρονεῖν θανάτου κ. καύσεως κ. τ. τοιούτων δειμάτων. Πονηροὺς τολμηροτέρους ἀποφανεῖ (23). Ιερόσυλοι κ. ἀνδροφόνοι ἐκ καταδίκης τὸ αὐτὸ πάσχοντι; (24). Vgl. Cels. 8, 48. 54. Ich führe diese Stellen an, um die merkwürdige Aehnlichkeit mit Celsus zu konstatiren; insbes. die Todesverachtung wollte ja, wie Peregrin bei Lucian, Jesus nach Celsus pflanzen. Cels. 2, 38. 45. 73 u. s. In Massen S. 150, 4. 151, 1.

erste Gesetzgeber sie überredet, als ob sie Alle Brüder von einander wären, sobald sie einmal übergetreten seien und die hellenischen Götter verleugnet haben, statt derselben aber jenen aufgepfählten Sophisten anbeten und den Gesetzen von jenem leben¹). Also verachten sie Alles gleichmässig und halten es für gemeinsam, indem sie Solches ohne irgend eine sorgfältige Ueberzeugung angenommen haben²). Sofern also irgend ein Goet und kunstgewandter Mensch bei ihnen einkehrt und die Lage zu benutzen versteht, ist er sofort sehr reich mit kurzer Mühe geworden, ungebildete Menschen aus vollem Halse verlachend³).

c. 14. Jedoch wurde Peregrinos von dem damaligen Statthalter Syrien's entlassen, einem Manne, der ein Liebhaber der Philosophie war. Indem er seinen Wahnsinn erkannte und dass er das Sterben wohl auf sich nähme, um auf Grund davon Ruhm zu hinterlassen, so liess er ihn laufen, indem er ihn nicht einmal der Strafe werth achtete u. s. f. ⁴).

c. 16. Also zog er (nachdem er in seiner Heimat Parion gewesen und ihr zur Ermöglichung der Rückkehr

---

¹) σοφιστήν ἀπ' αυτῶν Fr. (vulg. σοφιστήν αυτών). Sophisten nennt Luc. Philops. 16 auch den palästinens. Teufelsaustreiber (τὸν ἐπὶ τοῦτον σοφιστήν), aber auch apol. 15 sich selbst (τοῖς μεγαλοπίνθοις τῶν σοφιστῶν ἐνηρθμημένος). Dagegen wehrt Justin apol. I, 14 den Sophistennamen von Jesus ab: οὐ γὰρ σοφιστής ὑπῆρχε.

²) Vgl. Colsus 1, 27 u. s. 3, 10. Förmlicher Kommunismus existirte nicht.

³) αὐτίκα μάλα πλούσιος ἐν βραχεῖ ἐγένετο vulg. Dagegen αὐτίκα μάλα... πλούσιο. ἐν βρ. ἐγ. Fr. Dieser findet hier eine Lücke (wegen αὐτίκα opp. ἐν βραχεῖ; παρίδη opp. ἐγένετο), welche er ergänzt: αὐτίκα μάλα πλουτίζεται ὁ τοιοῦτος, ὥσπερ καὶ οὕτως πλούσιος ἐν βραχεῖ ἐγένετο. Ich bleibe bei vulg., zumal ἐν βραχεῖ auch anders als temporell gefasst werden kann. Vgl. zur Stelle Cels. 7. 9.

⁴) καταλίπων Fr. (vulg. ἀπολίπων). Der Fall erinnert an Proconsul Arrius Antoninus in Kleinasien, der den freiwillig zum Tribunal sich drängenden Christen zurief: ὦ δειλοί, εἰ θέλετε ἀποθνήσκειν, κρημνοὺς ἢ βρόχους ἔχετε. Tert. ad Scap. 5 vgl. Just. ap. II, 4: πάντες οὖν ἑαυτοὺς φονεύσαντες πορεύεσθε ἤδη παρὰ τ. θεὸν κ. ἡμῖν πράγματα μὴ παρέχετε.

und zur Tilgung der Nachrede des Vatermordes den Rest des väterlichen Vermögens geschenkt) zum zweitenmal auf seine Irrfahrten aus, hinlängliche Reisegelder an den Christen besitzend, von welchen geleitet er in allem Ueberflusse war. Und eine Zeit lang zwar wurde er so gefüttert. Als er dann aber auch gegen jene sich in etwas gesetzwidrig vorfehlt hatte (man sah ihn nämlich, glaube ich, etwas essen von dem ihnen Verbotenen) und als sie ihn nicht mehr zuliessen, da gerieth er in Noth und meinte durch Widerruf von der Stadt (Parion) das Vermögen zurückfordern zu müssen u. s. f.[1])

II. Minucius Felix' Cæcilius.

Markus Minucius Felix, römischer Sachwalter (Lact. 5, 1), zugleich mit seinem Jugendfreund Octavius Januarius nach langem Widerstand zum Christenthum bekehrt (c. 1), dessen Anhänger er früher in seine Clientel nicht zugelassen (c. 28),

---

[1]) ἐσθίων τῶν ἀπορρήτων αὐτοῖς. Schon Gessner bezog dies auf Götzenopfer oder verbotene Speisen überhaupt. Mit der Thatsache der starken Verminderung der Opfer seit Trajan (Plin. ad Traj. X, 97) waren natürlich Opfer und Götzenopfermahle noch lange nicht zu Ende. Die Verbote Apostelgesch. 15, 20. 29 (vgl. 1. Kor. 10, 21) gehören mehr noch dem 2. Jahrh. an als dem ersten vgl. Clem. Hom. 7, 3. 4. 8. 9, 15, 23. 11, 15 f. u. s. Rec. 2, 71. 4, 36. Orig. c. Cels. 8, 24. 30. Minuc. F. 12. 38. Eus. 5, 1. Bei den Judenchristen war auch die Tischgemeinschaft mit den Heiden ein ἀπόρρητον Apost. 11, 3. Clem. Hom. 13, 4. Rec. 7, 29. Die Gnostiker galten als gottlose Uebertreter jener Gebote auch den Vertretern des Heidenchristenthums Just. Tryph. 35. Iren. 1, 6, 3. 24, 5. 1, 28, 2. Eus. 4, 7. Fritzsche's Bemerkung: hic quoque Cynicum Peregrinus egit, non Christianum ist nicht ganz richtig, da freieste Christen sich auch enthanden und selbst der Apostel Paulus angerufen werden konnte (1. Kor. 8, 4). Masse der Christen in Kleinasien u. Griechenland c. 13. Alex. 25. 38.

schildert in seiner Schrift Octavius zum Andenken an den vor Kurzem gestorbenen Freund und zur Vertheidigung des Christenthums in überaus lebensvoller, plastischer und rhetorischer Weise eine Disputation, welche in seiner Gegenwart am Meeresstrande von Ostia zwischen dem aus der Provinz nach Rom gekommenen Octavius und dem im Heidenthum zurückgebliebenen, selbst in egyptischen Aberglauben verfallenen gemeinsamen Freund, dem Rechtsanwalt Cäcilius Natalis gehalten und nach lebhafter Gegenwehr des Cäcilius mit dessen Niederlage und Bekehrung beschlossen worden. In dieser Disputation vertritt zum Eingang Cäcilius die im Folgenden auszugsweise wiedergegebene Rechtfertigung des alten Glaubens und die Widerlegung des Christenthums in so geschickter und vielseitiger Weise, dass man seinen Angriff auf die neue Religion, obwohl nur durch christliche Feder erhalten, als eine gute Zusammenfassung der heidnischen Einwendungen, wie sie in jener Zeit laut wurden und gewöhnlich waren, betrachten darf. Besonders frappant ist das überaus häufige, trotz der bisherigen gänzlichen Nichterkenntniss in einer Menge von Punkten noch viel deutlicher als bei Tertullian und Lactanz wahrnehmbare Zusammentreffen mit Celsus, welches um so eher als ein Zeichen erster Benützung des Celsusbuches angesehen werden darf, weil die Einwürfe, auch wo sie ferner liegen und sichtlich original celsisch sind, sich begegnen, weil ferner Minucius Felix auch sonst genugsam entlehnt, besonders von heidnischen Schriftstellern, von Cicero und Seneca, weil endlich ein Erborgen von Brocken heidnischer Apologie aus der Schrift eines Christen für Celsus geradezu als ein Ding der Unmöglichkeit erscheint[1]). Durch diese Thatsache ist ja nicht ausgeschlossen,

---

[1]) Natürlich sind nicht alle Aehnlichkeiten des Minucius mit Celsus Abhängigkeiten; Manches ist allg. Zeitvorwurf, Manches findet sich ähnlich auch bei Lucian. Aber Vieles bei Minucius ist original

dass Minucius vielfach selbständig verfährt, wie denn schon die Basis der Ueberzeugungen des Cäcilius wenigstens (im Unterschied von Octavius und Minucius) kein platonischer Dogmatismus ist, sondern akademischer, theilweis epikurscher Zweifel (c. 5. 13) auf Grund der ciceronischen Schriften von der Natur der Götter und von der Weissagung, dazu sein Standpunkt mehr der spezifisch römische als der griechische [1]).

Ueber die Zeit der Entstehung der Schrift des Minucius streitet man allerdings; die Einen setzen sie in die Zeit der Antonine, die Andern kurz nach Tertullian, in den Ausgang des zweiten oder Eingang des dritten Jahrhunderts. Doch ist die erstere Ansicht gegenüber der vorher fast ausnahmslos herrschenden zweiten seit 100 Jahren, seit Daniel van Hoven (1766) in einem steten Fortschritt begriffen; Rösler, Russwurm, Niebuhr, Meier, v. Muralt, Tzschirner, Gieseler, Hase, Rönsch, neuerdings besonders Ebert, Bernhardy, Teuffel, Ueberweg, auch C. Peter und E. Behr folgten jenem nach, während die alte Ansicht noch von Kurz, Mangold und Schaff, halbwegs auch von Hasse, der Tertullian und Minucius

---

celsisch, siehe die Schlussanm. S. 157. Tertullian betreffend vgl. nur d. testim. anim. 2 nicht nur mit Minucius 10, sondern auch Cels. 4, 3. 6. 71. 73. Auch d. spectac. 30: *fabri aut quaestuariae filius*. In Apolog. 37 die Supposition einer Feindseligkeit oder einer Auswanderung der Christen gegenüber Rom (mit Nennung der Marcomannen (vgl. Cels. 8, 68. 71. 75. Lactanz hat in s. instit. 4, 22 die Angriffe des Celsus gegen den leidenden Gott ganz sichtlich vor Augen. Diese Zusammenhänge sind bis jetzt nicht erhoben worden. Dagegen die Anschlüsse des Minuc. an Cicero, mitunter auch Seneca, hat neuerdings treffend gezeigt Ad. Ebert, Tert. Verh. zu Minuc. F. Aus dem 5. Band der Abhandl. der philolog. hist. Klasse der K. sächs. GeseIlsch. der Wiss. bes. abgedruckt. Leipz. 1868. S. 12 ff. 65. Noch weiter ist dies ausgeführt in der Dissert. von Ernst Behr: der Octavius des Minuc. F. in s. Verh. zu Cicero's Büchern d. nat. D. Gera 1870.

[1]) Ebert a. a. O. S. 12.

gleichzeitig setzte, vertreten wurde¹). Die neuere Ansicht nun ist ganz entschieden vorzuziehen. Denn im Voraus setzt Lactantius (inst. 5, 1), eine ältere und gewichtigere Autorität als Hieronymus (d. vir. ill. 58 vgl. 53 und ep. 70), den Minucius vor Tertullian und Cyprian und Letzterer, der treue Schüler Tertullians, hat seiner Schrift *de ranitate idolorum* wesentlich den Minucius zu Grunde gelegt²). Sodann hat neuestens A. Ebert die Abhängigkeit des Tertullian'schen Apologeticum von Minucius sorgfältig und deutlich erwiesen, während man früher bis auf Mangold ohne allen Grund den originellen Afrikaner vor dem Vorwurf der Benützung des Minucius zu retten suchte, obgleich Tertullian auch Andern, Justin dem Märtyrer, Tatian und Irenäus in die Schule zu gehen wusste³). Endlich zeigt, was bis jetzt selbst Ebert und Teuffel nicht zu erheben wussten, die ganze Situation bei Minucius die Spuren der M. Aurel'schen Zeit⁴). Die feindselige Rede des M. Cornelius Fronto, des Lehrers M. Aurel's (Consul 143, gestorben um 168) gegen die Christen ist noch zehn, ja zwanzig Jahre nach ihrem Auftreten die Autorität des Zeitalters (c. 9. 31), welches schon längst, von den Dämonen gereizt (c. 27), im grausamen und blutigen Kampf gegen das Christenthum steht und jetzt gerade, obgleich

---

[1] Vgl. Gieseler K. G. I, 1, 207 (4. A.). Ebert S. 5. Mangold in Herzog's R. E. IX, 539. Bernhardy, Grundr. d. röm. Lit. 5-Bearb. 1872, 971 f. W. Teuffel, Gesch. der röm. Lit. 1. A. 1870 S. 769 ff. C. Peter, röm. Gesch. III, 2, 247 (1869). Rönsch, das N. T. Tertullian's 1871, 25 ff. E. Behr, Octav. S. 35. Vgl. Hase K. G. 9. A. S. 55. Kurz, K. G. 3. A. I, 1, 311. Schaff, K. G. 1867, 436. Hasse K. G. 2. A. 1872, 36.

[2] Vgl. den Abdruck der Stellen bei Teuffel S. 769 f.

[3] Vgl. Ebert S. 57--63. Zustimmung Teuffels S. 770.

[4] Ebert S, 66 schwankt zwischen 160—200); für eine relative Lösung, sagt er, reiche der Raum nicht. Unbegreiflicherweise sagt Teuffel S. 770: nach der Offenheit der Darlegung und dem völligen Fehlen von Bitterkeit sollte man glauben, die Schrift wäre aus einer Zeit, wo das Christenthum keine äusseren Anfechtungen zu erfahren hatte.

die Welt durch Kriegs- und Pestnoth genugsam leidet (c. 5), den Ausrottungskampf gegen das Christenthum eröffnet hat[1]). „Das fluchwürdige Complot muss ausgerottet werden!" (c. 9). Die bekannten greulichen Vorwürfe gegen das „gottlose" Christenthum sind zwar unter Gebildeten ziemlich im Abblühen, im Volk aber in plastischen Bildern noch gänzlich aufrecht (c. 9. 28.) Die politischen Vorwürfe, welche nachher in der Zeit Tertullians, wo der religiöse Hass schon abbrannte und höchst materiellen, pekuniären Vereinbarungen der Verfolger und Verfolgten Platz machte, so vorwiegend in Sicht kommen, treten noch ziemlich zurück[2]). Die Christen dürfen das Kreuz nicht mehr anbeten, sie müssen es jetzt besteigen[3]). Gefängniss, Folter, Kreuz, Scheiterhaufen, Thiere sind vergebliche Bekehrer der Christen, auch der Frauen (c. 35. 37). Im Voraus meist nur Bettler entbehren und frieren die Christen, leiden an Vermögen, Besitz, Nahrung und ihr Gott sieht zu (c. 12)[4]). Die Christen ihrerseits sind ganz verbittert gegen Kaiser und Reich, ver-

---

[1]) Fronto s. Teuffel 730. Peter lässt ihn um 165 sterben III, 2, 243; aber er erlebte noch die Cäsarwürde des Commodus (Herbst 166). Von den Schriftstellern des 2. Jahrh. erwähnt Minucius den Thallus und Julianus (c. 21. 33) aus der Hadrian'schen Zeit vgl. Teuffel S. 725.

[2]) Dies betont Ebert S. 7. 66 ff. Von den Gräueln redet Caecilius allerdings ziemlich hypothetisch, wodurch man an das Abblühen dieser von der Zeit Trajans bis M. Aurel's grossgezogenen Vorstellungen (vgl. Plin. ad Traj. 10, 97. Tac. ann. 15, 44. 1. Petr. 2, 12. Just. ap. 1, 23 ff. 2, 12 [Zeit Hadrians nach Euc. 4, 8. Tryph. 10]. Athen. 3. 31 ff. Theoph. 3, 1 ff. Tert. apol. 2. 7. 8. 39. Eus. 5, 1. Lact. 7, 26) erinnert wird, wie man dasselbe bei Celsus, Just. Tr. 3, 10, Theoph. a. a. O., auch Tertull. apol. 7, am stärksten in den Mittheilungen des Origenes vor Augen hat (c. Cels. 6, 27. 40).

[3]) c. 12: *jam non adorandae, sed subeundae cruces*.

[4]) *cete pars nostrum et major et melior, ut dicitis, egetis, algetis, ope, re, fame laboratis et Deus patitur, dissimulat.* Statt *ope, re* liest zwar auch Halm *opere*, aber mit unglücklicher Erklärung aus c. 36, wo *laboris exercitatio* nicht leibliche Arbeit, sondern *alumnae, adversa* bedeutet. Dass haupts. Verfolgungsnoth gemeint ist, zeigt c. 36 f. deutlich.

greifen sich in excessiver Weise, welche nur die Noth erklärt, an allen patriotischen und religiösen Erinnerungen Roms (c. 24 f.), den Widerstand christlicher Freiheit unter dem Gehorsam des Einen Gottes gegen „die Könige und Fürsten" feiernd, und sie hoffen zu Gott, der ihre Kämpfe bewundert (c. 37), auf Wiederkunft und Weltgericht (c. 12. 37). Das sind die klaren Anzeichen des M. Aurel'schen Sturms 177 n. Chr., in welchem aus Noth und Blut die meisten Apologien erwachsen sind. Manche Stellen zeigen sogar das Doppelkaiserthum von M. Aurel und Commodus (c. 29. 33. 37) und drücken die Hoffnung ihres Falles aus (c. 37). Die grosse Aehnlichkeit der Lage mit der von Celsus und seinen christlichen Zeitgenossen beschriebenen ist unverkennbar, während im 3. Jahrhundert bis Kaiser Decius der Riesenkampf abwärts geht und geradezu erlischt. Die Schrift des Minucius ist am wahrscheinlichsten kurz vor dem Jahr 180 geschrieben und beabsichtigt unter Anderm auch eine Antwort an Celsus, dessen Angriff dem Cäcilius zugetheilt, dessen Name aber aus Schicklichkeit, da die Disputation in eine bedeutend frühere Zeit zurückverlegt wird, nicht genannt ist[1]).

---

[1]) Minucius *in praeterita redit* (c. 1); sein Freund Octavius ist gestorben (*decedens vir eximius* c. 1), welcher zur Zeit der Disputation noch im ersten kräftigsten Mannesalter stand und noch kleine Kinder hatte (c. 2). Die Aufzeichnung mag also 20 J. jünger sein als die Disputation, um so freier ist sie natürlich und trägt die Farben der spätern Zeit, obgleich Manches schon der Zeit der Disputation angehört haben muss, z. B. die leidenschaftlichen Christenuntersuchungen mit Bekehrungsstreben, wo persönliche Erinnerungen hereinkommen (c. 28), und Fronto's Rede gegen die Christen (c. 9. 31), welche aber auch ganz gut 150—160 n. Chr. entstanden sein kann, zumal die rednerische Thätigkeit Fronto's hauptsächlich unter Hadrian und Antoninus fiel. Vgl. Teuffel 730 f. Am nächsten kam der oben bezeichneten Zeit (vgl. noch Einl. IX) Russwurm in seiner Uebersetzung Einl. XVII, indem er den Octavius unter Commodus setzte. Aber unter Commodus war das Imperium schon wieder einhaltlich und die Verfolgung erlosch. Künstliche Zurückschraubung und Vertuschung der Situation ist nicht anzunehmen. Es ist ein Bild der Jahre 150—180.

Vgl. M. Minuc. Fel. Octavius ed. Franc. Oehler. Leipz. 1847. Die neueste kritische Ausgabe des Minucius Felix

Den Zusammenhang des Minucius mit Celsus mag man auf folgenden Punkten konstatiren: 1) das Recht der alten Religion und zwar gleich zum Eingang wie bei Celsus c. 5: *quanto melius, antistites veritatis* (vgl. Cels. 1, 9, 7, 41) *majorum excipere disciplinam, rei. traditas colere.* c. 6: *per universa imperia ritus gentiles habent, Deos municipes* (Aufzählung der Völker; die Einheit Aller Rom). c. 6: *tantum sanctitatis, quantum vetustatis.* c. 8: *firma consensio; religio tam vetusta, tam utilis* (vgl. 20: *quibus et rationis et vetustatis adsistit auctoritas*) u. Cels. 1, 14: ἀρχαῖος ἄνωθεν λόγος κ. τ. λ. c. 7: *pleni et mixti Deo vates* vgl. C. 8, 45. 2) Der Gegensatz des Christenthums c. 8: *homines deploratae, inlicitae ac desperatae factionis grassari in Deos non ingemiscendum est?... Plebem profanae conjurationis instituunt.* 9: *impia coitio,* 10: *pravae religionis obscuritas.* 9: *serpentibus in dies perditis moribus.* 9: *eruenda consensio* (C. 8, 55). *Occultis se notis et insignibus noscunt. Conscientia sceleris ad silentium mutuum pignerantur* (C. 1, 1. 8, 17). 3) Die Leichtgläubigkeit des Christenthums. 11. 20: *aniles fabulae.* 13: *anilis superstitio.* 9: *vana et demens superstitio.* 12: *somnia.* 11: *figmenta malesanae opinionis. Inepta solatia.* 5: *vanae et formidolosae opiniones.* 4) Die Leichtgläubigkeit. 5: *tuedio investigandae veritatis cuilibet opinioni temere succumbere.* 8: *mulieres credulae.* 11: *nescio qua fiducia mendaciis suis invicem credunt* (nimium creduli). 9: *inepta persuasio.* 5) der Pöbel und die Massen. 5: *studiorum rudes etc.* 8: *de ultima faece collectis imperitioribus et mulieribus credulis.* 12: *indocti, impoliti, rudes, agrestes.* 9, 33: *de frequentia sibi blandiri.* 6) Der philosophische Trieb und die verkehrten Annexionen aus griechischen Philosophen und Dichtern. 9: *simulata philosophia.* 34: *non quod nos simus eorum vestigia subsecuti.* 11: *in Deum verum turpiter reformata* (vgl. Celsus παραποιήματα). 13: *philosophandi libido* (vgl. Cels. 7, 53). 5: *de summa rerum ac majestate discernere, de qua — adhuc ipsa philosophia deliberat.* 12: *disserunt divina.* Dazu die wiederholte Verweisung auf bessere Führer, auf Sokrates (5. 13) und Platon (19) Bescheidenheit und andererseits die Vertheidigung des Octavius, dass die Christen allerdings mit den Philosophen (20. 34), ganz besonders mit dem *praecipuus Plato* (34), mit ihm in den verschiedensten Punkten, in der Lehre von Gott und der Erkenntniss Gottes (18. 19. 32; in c. 19 dieselbe Stelle wie Celsus), von den fleischlichen Dämonen (26. 27), von der Unzerstörlichkeit und Zerstörlichkeit der Welt (34), übereinstimmen, dass aber diese Uebereinstimmung nicht

ist von C. Halm, Wien 1867. Im Folgenden wird keine vollständige Uebersetzung gegeben, aber der Gang der Rede

auf Entlehnungen des Christenthums, sondern der Philosophie beruhe (34). 7) die Gotteslehre der Christen. 10: *Deus unicus, militaris, destitutus. Judaeorum sola et misera gentilitas unum et ipsi Deum, sed palam, sed templis etc.; cujus adeo nulla vis nec potestas est etc.* C. 8, 69. 12: *invalidus aut iniquus.* Dazu das Elend der Juden (ib.) und noch mehr der verfolgten Christen (12). Dagegen Rom durch Religion gross c. 6 (bestritten durch Octavius c. 24 ff. Zulassung des Christengotts c. 37). 10: *Deum illum suum, quem nec ostendere possunt nec videre* (vgl. 32. C. 7, 34. 36). *in omnium mores etc. diligenter inquirere, discurrentem scil. atque ubique praesentem molestum illum volunt, inquietum, impudenter etiam curiosum, siquidem adstat factis omnibus; locis omnibus intererrat, cum nec singulis inservire possit per universa districtus nec universis sufficere in singulis occupatus* (vgl. Cels. 4, 3. 6). 11: *quidquid agimus, ut illi scio, ita eos Deo addicitis. Igitur iniquum judicem* (C. 3, 71) *fingitis, qui sortem in hominibus punit, non voluntatem* (C. 2, 20). 8) Die ewige Naturordnung und die christliche Weltverbrennung und Frommen-Auferstehung. 11: *quid quod toto orbi et ipsi mundo etc. minantur incendium, ruinam moliuntur, quasi aut naturae divinis legibus constitutus aeternus ordo turbetur aut rupto elementorum omnium foedere et coelesti compage divina moles ista... subruatur. Regnum sibi ut bonis et perpetem vitam mortuis polliceantur, ceteris ut injustis poenam sempiternam.* 11: *ipsisne ab innoxiis corporibus resurgitur?* 12: *ignes, quos et praedicitis et timetis.* 5: *ranae et formidolosae opiniones. Unde haec religio, unde formido* (Celsus: δεισιδαιμονία)? 11: *inepta solatia.* 9) Der Kult Christi. 9: *qui hominem summo supplicio pro facinore punitum et crucis ligna feralia eorum caeremonias fabulatur.* 29: *homo noxius et crux.* 10) Die christlichen Sünden. 9: *Fecundius nequiora proveniunt, serpentibus in dies perditis moribus. Perditi sceleratique.* 11: *injusti.* 9: *libidinum religio, scelera.* 11) der christliche Rückzug vom Kult der Völker und vom öffentlichen Leben. 8: *latebrosa et lucifugax natio, in publicum muta, in angulis garrula; templa ut busta despiciunt, Deos despuunt, rident sacra etc.; honores et purpuras despiciunt.* Vgl. c. 10: *occultare et abscondere nituntur* (vgl. Cels. 3, 15), *quidquid illud colunt; cur nullas aras habent, templa nulla* (vgl. 32)? 12: *domestia voluptatibus abstinetis, non spectacula visitis, non pompis interestis, convivia publ. absque vobis, sacra certamina, praecerptos cibos et delibatos altaribus potus abhorretis! Sic reformidatis Deos, quos negatis* (cf. 37. 38) vgl. C. 8, 28.

im Ganzen und das Einzelne der Anklagen, dieses soviel möglich in wörtlicher Wiedergabe.

I. Skepsis und Tradition. c. 5—7.

1) **Der berechtigte Zweifel und der blinde Glaube** (c. 5). In den menschlichen Dingen ist Alles unsicher, zweifelhaft, Alles mehr wahrscheinlich als wahr und gewiss. Um so wunderlicher ist es, dass es Einzelne gibt, welche aus Widerwillen gegen gründliche Erforschung der Wahrheit lieber jeder Meinung sich blindlings unterwerfen, als unnachgiebigen Eifers im Suchen verharren. Darum ist es für Jedermann empörend und tief betrübend, wenn Etliche und zwar unstudirte Leute, Laien in der Wissenschaft, Barbaren selbst in den gemeinen Künsten über das höchste Sein und Walten etwas Sicheres beschliessen wollen, worüber doch die Philosophie in so vielen Schulen durch alle Jahrhunderte hindurch bis heute erst in Ueberlegung steht. Und das mit gutem Grund, da die menschliche Geringfügigkeit weit genug von der göttlichen Erkenntniss nach oben und unten entfernt steht und der Mensch glücklich und klug genug ist, wenn er nach jenem alten Spruch des Weisen nur einmal sich selbst genauer kennt[1]). Doch selbst zugegeben, dass wir, eine unvernünftige thörichte Arbeit unternehmend, die Grenzen unserer Niedrigkeit überspringen und als Staubwesen Himmel und Sterne mit kühner Lust überspringen, wenn wir nur wenigstens diesen Irrthum nicht mit leeren und schreckhaften Ein-

---

12) das christliche Märtyrerthum. 8: *pro mira stultitia et incredibili audacia, spernunt tormenta praesentia, dum incerta metuunt et futura etc.* (vgl. Celsus 8, 49). 12: *nec resurgitis miseri nec interim vivitis* (vgl. Cels. 7, 45).

[1]) Vgl. Celsus 6, 12; im Ganzen 6, 3—13. Spruch vgl. c. 13.

bildungen umwickeln¹). Nicht einmal eine Vorsehung, die Autorität eines göttlichen Wesens lässt sich ja erweisen; es ist möglich, dass das blosse Element des Feuers die Gestirne angezündet, dass blosse Materie den Himmel befestigt hat: und so Erde, Meer, Mensch, Natur bloss Bildung des Zufalls und der Materie. Und der Blitz, der ohne Auswahl heilige und profane Orte trifft, der Schiffbruch, der den Guten und den Bösen widerfährt, die Pest, die in allen Kreisen blindlings wüthet, selbst das gewöhnliche Leben, in welchem die Bosheit triumphirt — das Alles ist eine grosse Bestätigung dieser Lehre. Entweder wir wissen nichts von dieser ungewissen Natur, oder es regiert, an kein Gesetz gebunden, als oberste Macht das Schicksal. Was will also diese Religion, diese Angstreligion, die nur Aberglauben ist (c. 5)²)?

2) **Das Recht des alten Glaubens** (c. 5 fin. bis c. 7). Bei dieser Unsicherheit der Dinge ist es dem Meister der Wahrheit das Beste und Würdigste, die Lehre der Vorfahren aufzunehmen, die überlieferten religiösen Bräuche zu ehren, die Götter, die man von den Eltern her vor Allem fürchten und nicht zuerst erkennen gelernt hat, in Demuth anzubeten; nicht gleich über die Gottheiten seine Meinung sich zu machen, sondern Früheren zu glauben, die frisch im Geburtstag der Welt der Gnade oder gar des Scepters der Götter sich freuen durften (c. 5)³). So werden nun in der weiten Welt die einzelnen einheimischen Volksgötter verehrt und Rom hat dadurch die Welt gewonnen, die Bahnen der Sonne und die Grenzen des Oceans überschritten, indem es in den Waffen und im Frieden religiöse Tugend

---

¹) *Ultra humilitatis nostrae terminos evagamur et in terram projecti coelum ipsum etc. transcendimus.* Vgl. Celsus 4, 23; *formido* vgl. *deiunxra* 3, 18.

²) c. 5 (gleich nachher): *unde haec religio? unde formido? quae superstitio est?* Die Beweisführungen bei Minucius u. Celsus 4, 73 ff. gehen hier bei allen Berührungen auseinander. Zum Ausdruck *antistites veritatis* vgl. Cels. 1, 9. 7, 36. 41. — ³) Cels. 1, 14. 7, 41.

übte und von überall her Göttergäste, auch unbekannte Wesen suchte und zu seinen eigenen Göttern erhob (c. 6)[1]. Und Alles hat sich erprobt, die Einführung der fremden Götter, die Tempelweihen, Augurien, Eingeweideschau; geehrt, wenn gleich in prunklosem Dienst, aber auch verachtet, haben die Götter in der langen römischen Geschichte ihr Walten bewiesen, und sie beweisen es bis heute. Seher, des Gottes voll, brechen in der Gegenwart die Früchte der Zukunft, geben Vorsicht für Gefahren, Krankheiten Heilung, Hilfe, Hoffnung, Linderung, Trost den Mühen und dem Unglück: selbst in der Ruhe des Schlafs sehen wir Götter, wir hören sie, wir erkennen sie, die wir gottlos bei Tag leugnen und mit Widerspruch und falschen Eiden kränken (c. 7)[2].

2. Die gottlose Neuerung und der armselige Gott.
c. 8—12.

1) Die gottlose Verschwörung der lichtscheuen und lasterhaften Nation (c. 8—10). Bei solchem festen Weltkonsense über die Götter, der durch die Zweifel über Ursprung und Wesen nicht verkleinert wird, ist es eine unerträgliche Aufblähung von Waghalsigkeit und irreligiöser Aufgeklärtheit, eine so alte, nützliche, heilsame Religion stürzen zu wollen. Der Atheismus Theodor's von Cyrene, Diagoras von Melos, die Lehre der Impietät, der Afterphilosophie kann nie Geltung erhalten[3]. Haben einst die Athener den Abderiten Protagoras, obwol er überlegt, nicht eigentlich profan von der Gottheit redete, aus der Stadt vertrieben und seine Schriften öffentlich verbrannt: muss man es da nicht tief beseufzen, wenn Leute einer jammerwürdigen, verbotenen, verzweifelten Rotte gegen

---

[1] Vgl. Cels. 8, 69: es bedarf noch einer andern ἀλκή für die Römer als nur der des Höchsten. Auch Tertull. ap. 25 (nach Min.).
[2] Aehnliche Rhetorik Celsus 8, 45.
[3] c. 8: firma consensio vgl. Cels. 1, 14. Inreligiosa prudentia. Impietatis disciplina, simulatae philosophiae nomine.

die Götter wüthen? sie, die aus der untersten Hefe des Volkes unerfahrene Leute und leichtgläubige Weiber sammeln und so einen Pöbel gottloser Verschwörung organisiren, indem nächtliche Zusammenkünfte, regelmässige Fasten und unmenschliche Speisen die unheiligen verbrecherischen Bundesstifter werden müssen¹). Eine schlupfwinklige lichtscheue Nation, stumm im öffentlichen Leben, geschwätzig in den Winkeln: die Tempel verachten sie wie Leichenbrandstätten, sie speien aus gegen die Götter, sie belachen die Gottesdienste, sie bemitleiden, wenn es möglich ist, sie die selber Mitleidswerthen, die Priesterschaft; auf Ehren und Purpur sehen sie hoch herunter, indess sie selbst halbnakend laufen²). In ihrer wunderbaren Thorheit und unglaublichen Frechheit verachten sie die gegenwärtigen Qualen, während sie Ungewisses und Zukünftiges fürchten; und indess sie vor dem Sterben nach dem Sterben Angst haben, ängstigen sie sich einstweilen vor dem Tode nicht: so schmeichelt ihnen die trügerische Hoffnung der Aengste mit dem Trost des Wiederauflebens (c. 8)³).

Und wie das Schlechtere fruchtbarer ist, so schleichen nun schon von Tag zu Tag die verdorbenen Sitten weiter und über die ganze Welt schiessen jene hässlichsten Bethäuser der unfrommen Vereinigung auf⁴)! Ein ganz vertilgungswürdiges, ein fluchwürdiges Komplot. An geheimen Merkmalen und Zeichen kennen sie sich und lieben sich fast vorher, eh' sie sich kennen; auch wird gemeinhin unter ihnen eine Art Religion der Wollüste

---

¹) *plebem, quae — non sacro quodam, sed piaculo foederatur* vgl. Cels. 1, 1—3. 3, 14 f. Die drei Philosophen nach Cic. n. D. 1, 1.

²) Vgl. den Hohn des C. gegen die Winkelversammlungen 4, 23; Weiber 3, 44; Spott gegen Götter 7. 62. 8, 38; halbnackt 8, 41. 8. 69.

³) Ich lese: *ita illis pavorum* (statt *pavorem*) *fallax spes* (vgl. c. 5). *solacio rediviva blanditur.* Todesmuth C. 8. 54. Auferstehungshoffnung 5, 14.

⁴) C. 2, 38. 46. 3, 10. 12. 73. *Sacraria* (nicht *templa* c. 10) vgl. Tert. id. 7. Gieseler 231.

gepflogen und sie nennen sich ohne Unterschied Brüder
und Schwestern, damit durch Vermittlung des heiligen
Namens auch die ordinäre Unzucht zum Frevel werde.
So rühmt sich ihr eitler und thörichter Aberglaube der
Verbrechen. Ohne Grundlage der Wahrheit würde gewiss
auch die spürsame Sage nicht das Gottloseste, nur mit
Verschämtheit zu Meldende, von ihnen berichten [1]). Ich
höre, sie verehren aus irgend einer tollen Ueberzeugung
das geweihte Haupt des schmählichsten Viehes [des
Esels], eine Religion, würdig und geboren für solche
Bräuche[2]). Nach Andern sollen sie die Zeugungstheile ihres
Vorstehers und Priesters verehren und gleichsam die Natur
ihres Stammvaters anbeten[3]). Ich weiss nicht, ob es ein
falscher Verdacht ist, jedenfalls passt er zu den heimlichen
und nächtlichen Kulten; und wer einen Menschen, der für
seine Uebelthat die höchste Todesstrafe gelitten, und das
Todtenholz des Kreuzes als ihre Ceremonien schildert,
der schreibt den Verdorbenen und Verruchten nur entsprechende Altäre zu, dass sie verehren, was sie verdienen[4]).
Ferner über die Weihe der Neulinge ist die Erzählung so
verabscheuungswürdig wie bekannt. Ein Kind, mit Opfer-
korn zugedeckt, um Unvorsichtige zu täuschen, wird den
Neophyten vorgesetzt. Dieses Kind wird vom Neuling, der
durch die Oberfläche des Korns gleichsam zu unschuldigen
Stichen ermuntert wird, durch blinde und verborgene Wunden getödtet. Dessen Blut, o Sünde, schlecken sie gierig
auf, seine Glieder vertheilen sie wetteifernd, durch diese
Hostie werden sie verbündet, durch diese Mitwissenschaft

---

[1]) Cels. 1, 1—3. 3. 14 f. Die Sünden 5, 63. Vgl. B. 155, 2.
Brüder Luc. m. P. 13.
[2]) ὁ ὀνώδης 7. 40; vgl. Minuc. 28. Tert. ap. 16. ad nat 1, 11.
14 (Ὀνοκοίτης).
[3]) Aus den naturalistischen gnostischen Theorien u. Symbolen
(vgl. nur Ir. 1, 2, 1 ff.) und ihrer notorischen Sittenlosigkeit (1, 6, 3.
1, 28, 1 f.) wohl zu begreifen. Vgl. Just. ap. 1, 26. Tryph. 35. 80.
[4]) Vgl. das Holz des Lebens. C. 0, 33 f.

des Verbrechens zu gegenseitigem Stillschweigen gepfändet. Diese Heiligthümer sind scheusslicher als aller Heiligenraub. Und vom Gastmahl ist's bekannt, überall reden Alle davon. Das bezeugt auch die Rede unseres Cirtensers. Zur Mahlzeit kommen sie am festlichen Tag mit allen Kindern, Schwestern, Müttern zusammen, Menschen jedes Geschlechtes und jeden Alters. Da wird nach langer Mahlzeit, wenn das Gastmahl warm geworden und den Berauschten die Gluth unreiner Lust entbrannt ist, ein Hund, der an einen Kandelaber gebunden, durch den Wurf eines Bissens über den Raum seiner Schnurfessel hinaus zu Attake und Sprung provocirt. Indem so das mitwissende Licht umgeworfen und erloschen, so schlingen sie in unkeuscher Finsterniss Umarmungen unsagbarer Begierde in unsicherer Verloosung, Unreine, wenn auch nicht Alle in der That, so doch gleichmässig im Gewissen, weil mit dem Wunsch Aller erstrebt wird, was nur immer geschehen kann in der Handlung Einzelner (c. 9)[1]). Vieles übergehe ich absichtlich. Denn auch diesen ist schon zu viel, und die Heimlichkeit der schlechten Religion ist der beste Beweis der Wahrheit von Allem oder dem Meisten. Warum streben sie denn sosehr, ihren Kult zu verbergen, da nur das Verbrechen sich verkriecht, das Ehrbare sich der Oeffentlichkeit freut? Warum haben sie keine Tempel, keine Altäre, keine bekannten Götterbilder? warum reden sie nie öffentlich, warum wagen sie nie sich frei zu versammeln, wenn nicht ihr Kult ein strafwürdiger oder schämenswerther ist (c. 10)[2])?

2) Der vereinsamte lächerliche Gott und seine armen, verfolgten, von Auferstehung träumenden Anhänger (c. 10—12). Woher aber oder wer und wo ist der einzige vereinsamte verlassene Gott, den kein

---

[1]) Die bekannten scheusslichen Vorwürfe gegen die Christen Just. ap. 1, 26. 2, 12. Tryph. 10 (17. 108); Eus. 5, 1. Athenag. leg. 3; auch Cels. 5, 63. Nach Min. auch Tert. ap. 7 f.

[2]) Vgl. C. 1, 1—3. 3, 15. 7, 62 ff.

freies Volk, kein Königreich und nicht einmal wenigstens die römische Superstition kennt? Blos die Eine und elende Völkerschaft der Juden hat auch nur Einen Gott verehrt, aber doch offen, aber mit Tempeln, Altären, Opfern, Bräuchen; und doch hat er so wenig Kraft und Gewalt, dass er den römischen Gottwesen mit seiner ihm angehörigen Nation ein Gefangener ist[1]). Aber nun gar die Christen, welche monströse Abenteuerlichkeiten erdichten sie? Ihr Gott, den sie nicht zeigen können, nicht sehen können, erforsche genau Sitten und Handlungen Aller, Worte sogar und geheimste Gedanken. Sie wollen nämlich, dass er umherlaufe und allgegenwärtig sei, den Menschen beschwerlich fallend, unruhig, unverschämt neugierig, wenn er doch bei allen Thaten dabei ist, an allen Orten umherirrt, während er weder dem Einzelnen dienen kann, wenn er im Ganzen beschäftigt ist, noch dem Ganzen genügen, wenn er im Einzelnen in Arbeit ist (c. 10)[2]).

Vollends drohen sie der ganzen Erde und der Welt selbst mit ihren Gestirnen Brand und Ruin, als könnte die ewige Ordnung der auf göttliches Gesetz gegründeten Natur je in Verwirrung kommen, oder im Bruch des Bundes aller Elemente und in der Zertrennung der göttlichen Fügung jene Weltmasse, in der sie enthalten und eingeschlossen ist, im Fundamente zusammenstürzen[3]). Und mit dieser wüthenden Meinung sind sie nicht zufrieden, sie bauen und binden Weiberfabeln noch dazu. Sie stehen wieder auf, sagen sie, nach Tod und Staub und Asche und in unbegreiflicher Zuversicht glauben sie sich untereinander ihre Lügen[4]). Man sollte meinen, sie seien bereits wieder aufgelebt. Doppeltes Uebel, zweifacher Unsinn, Himmel und

---

[1]) Lies: *Romanis numinibus* (statt *nomin.* oder *hominibus*). Sehr ähnlich C. 5, 25. 41. 8, 69. 8. 161 Anm. 1.

[2]) Vgl. C. 4, 3: Gott muss die Welt kennen lernen; 4, 5: er muss den Stuhl verlassen. 4, 8: ostentirt sich. Die *provid. specialis* 4, 69. 70. 99.

[3]) Ganz ähnlich C. 4, 5. 11. 70. — [4]) C. 5, 14. 3, 44 ff.

Sternen, die wir so verlassen, wie wir sie angetreten, Untergang zu verkünden, sich aber, den Todten und Gestorbenen, die wir sterben, wie wir geboren werden, Ewigkeit zu versprechen. Daher offenbar verwünschen sie die Scheiterhaufen, sie verdammen das Begräbniss der Verbrennung. Als müsste nicht jeder Leib, auch wenn er den Flammen entzogen wird, doch durch Jahre und Alter sich wieder zur Erde auflösen, als wäre es nicht gleichgiltig, ob man von den Thieren zerrissen, von den Meeren verschlungen, vom Erdboden zugedeckt oder von der Flamme vernichtet wird; in allen Fällen den Leichnamen zur Pein, wenn sie Gefühl haben, eine gute Medizin aber durch die Schnelligkeit der Vernichtung, wenn sie kein Gefühl haben. In diesem Irrthum versprechen sie sich, als den Guten, ein seliges, ewiges Leben nach dem Tod, den Andern aber als den Gottlosen ewige Strafe [1].

Da ist nicht der Mühe werth zu zeigen und es ist schon gezeigt, dass sie selbst vielmehr die Gottlosen sind[2]). Und wären sie selbst gerecht, so ist Schuld und Unschuld selbst nach christlicher Ansicht Sache des Fatums. Denn wie Andere sagen, sie handeln nach dem Willen des Schicksals, so saget Ihr: nach dem Willen Gottes, und zu eurer Secte kommt man nicht freiwillig, sondern als Erwählter; somit wäre euer Gott ein ungerechter Richter, wenn er an den Menschen das Loos strafte, nicht den Willen[3]. Uebrigens möchte ich doch genauer fragen: steht man mit Körper auf oder ohne Körper? und mit welchem Körper? mit altem, mit neuem? Ohne Körper? Aber, soviel ich weiss, ist dies weder Verstand, noch Seele, noch Leben. Mit diesem Körper? Aber der ist schon vorher zergangen. Mit anderem Körper? Also wird ein neuer Mensch geboren, nicht jener alte wird reparirt. Und doch ist so eine lange Zeit hingegangen, zahllose Jahrhunderte sind verflossen, ohne dass auch nur Einer und irgend einer von der Unterwelt zurückkam, es sei

---

[1] C. 4, 11. 5, 14. — [2] C. 3, 59 ff. — [3] C. 3, 71. 2, 20.

mit dem Protesilausloose der Erlaubniss eines Verkehrs etlicher Stunden, es sei, damit wir dem Exempel glauben lernten [1]).

Alles das sind Fictionen kranker Meinung, einfältige Tröstungen, von trügerischen Dichtern in süssem Lied den Leuten vorgespielt und nun von Euch als den allzusehr Leichtgläubigen schmählich auf euren Gott reformirt (c. 11)[2]). Nicht einmal aus der Gegenwart nehmet ihr eine Probe an, wie sehr euch die leeren Wünsche ungiltiger Versprechung betrügen; was nach dem Tod bevorsteht, Elende, erwäget es, so lange ihr noch lebet. Siehe, der grösste Theil von euch und der beste, wie ihr saget, ist arm und friert, leidet an Gut, Gold, Hunger, und Gott leidet's, er thut, als wüsste er's nicht; er will nicht oder er kann nicht seinen eignen Leuten helfen, so unkräftig ist er oder so unbillig[3]). Du Mensch, der du von nachgeborner Unsterblichkeit träumst, wenn die Gefahr dich schüttelt oder Fieber dich brennen, wenn ein Schmerz dich zerreisst, fühlst du denn noch nicht deine Lage, erkennst noch nicht deine Gebrechlichkeit? Wider Willen wirst du Elender der Schwäche überführt und gestehst sie nicht. Aber ich schweige vom Gewöhnlichen: siehe, da sind für euch Drohungen, die Todesstrafen, die Foltern, und die Kreuze jetzt nicht mehr zum Anbeten, sondern zum Besteigen; auch Feuerbrände, welche ihr voraussaget und fürchtet: wo ist jener Gott, der den Wiederauflebenden beistehen kann, den Lebenden nicht[4]? Regieren die Römer nicht ohne euren Gott, geniessen den ganzen Erdkreis und sind Herren über euch[5]? Ihr aber seid einstweilen in ängstlicher Erwartung und Bekümmerniss und enthaltet euch ehrbarer Freuden, sehet keine Schauspiele, wohnet nicht Aufzügen bei, fehlet bei öffentlichen

---

[1]) Büchelens *ozeá, ázač napvŕŕjovtíç* 7, 35. Prot. e. Propert. 1, 19, 7.
[2]) *Κοῦραι Ἰλιάδες.* C. 9, 78. *Turpiter reformata* 8. 157.
[3]) Zum Text s. 8. 135, 4. Aus Celsus vgl. 8, 69.
[4]) C. 8, 39. 41. 69 u. s. f. — [5]) 8, 69.

Gastmahlen; gegen heilige Wettkämpfe, gegen Speisen und Getränke, deren Anbruch den Altären gespendet und gegossen, habet ihr Abscheu[1]). So fürchtet ihr die Götter, die ihr leugnet[2]). Nicht mit Blumen bekränzet ihr das Haupt, ihr ehret den Leib nicht mit Wohlgerüchen, Salben behaltet ihr den Leichen vor, die Kränze verweigert ihr auch den Gräbern, bleiche, zitternde Menschen, des Mitleids würdig, aber des Mitleids unserer Götter. So stehet ihr Elenden weder auf, noch lebet ihr einstweilen (c. 12)[3]).

3) Mahnung zur Nüchternheit (c. 12 fin. — 13). Darum wenn etwas Weisheit oder Schaam euch zur Verfügung steht, so höret auf, des Himmels Zonen und der Welt Schicksale und Geheimnisse zu ergründen; genug ist's, zu sehen, was vor den Füssen liegt, zumal den ungelehrten, ungebildeten, rohen, bäurischen Leuten; denen es nicht gegeben ist, das Bürgerliche zu verstehen, ist es noch viel mehr verweigert, Göttliches zu besprechen (c. 12)[4]). Uebrigens wenn ihr den Kitzel des Philosophirens habet, so möge, wer von euch immer das Zeug hat, es dem Sokrates, dem Fürsten der Weisheit nachthun, wenn er kann, der auf jede Frage über das Himmlische die bekannte Antwort gab: was über uns, gehört nicht vor uns; oder dem Simonides, der von Hiero Frist auf Frist erbat, weil er das Wesen der Götter nicht bestimmen konnte[5]). Der akademische Zweifel war die Konsequenz davon, die besonnene Mitte zwischen Glauben und Leugnen, das Eine Mittel gegen den doppelten Abweg altweibischen Aberglaubens und destructiver Irreligiosität (c. 13)[6]).

[1]) 7, 62. 8. 17. 21. — [2]) 8, 24. 28. — [3]) 8. 28. 55. Vgl. Min. 38. Tert. ap. 42. — [4]) Ungebildete 1, 27. 3. 44. 55. 6. 12 ff.

[5]) Sokr. c. 5 vgl. Xen. mem. 1, 1. 11. 4, 2, 24. Cic. ac. quaest. 1. 4. 15. Tusc. 1, 22. 5. 4, 10. Leg. 1, 22. Seneel. 21. Simon. s. Cic. n. D. 1, 22. Zum Ausdruck des Min. (8. 157, 6) Cels. 7. 53 ἐπειδὴ γε κατανοτοπήσαι τι ἐπιδεχήσαντι.

[6]) In den zwei letzten Sätzen ist der Schluss kurz zusammengefasst.

III.

Analyse des wahren Worts.

I. Das Verdienst des Origenes.

Von den ihrer Zahl nach schon bei Lactanz überschätzten, im Ganzen sehr dünn gesäten Gegenschriften des griechisch-römischen Heidenthums gegen die „neue Religion" des Christenthums ist im Grunde nur die lucian'sche (165 n. Chr.) als unbeschädigte Hinterlassenschaft der ersten Jahrhunderte auf uns vererbt worden[1]). Das Meiste davon und voran der greifsbare Anfang dieser Literatur, die gegen die Christen feindselige Rede von Marcus Cornelius Fronto aus Cirta, dem berühmten Orator der antoninschen Zeiten (150—160 n. Chr.) ist geradesogut untergegangen, wie der wohlfeilere Hohn und Witz der Philosophen auf den Märkten; ein Schicksal, welches nicht zum wenigsten durch die Vernachlässigung des Heidenthums selbst zu Stand kam, wie sie von Chrysostomos ausdrücklich bezeugt ist, allermeist aber doch durch den Hass des schliesslich siegreichen und gegen alles Denken und Erwarten des Celsus sogar auf dem Kaiserstuhl regierenden Christenthume, in dessen Namen „die fromme Barbarei" Kaisers Theodosius II. die 15 Streitbücher des Neuplatonikers Porphyrios dem Untergang

---

[1]) Lact. 5, 4 wollte nur allein auf die letzte Verfolgungszeit unter Diocletian etc. *plurimos et multis in locis et non modo graecis, sed etiam latinis litteris* zählen, *qui monumentum injustitiae suae straxerint*. Aber das ist Phantasie; gekannt hat er nur zwei Gegner, von denen der Name des Hierokles blieb, der des Andern, eines nikomed. Philosophen, gleich Anfangs (304) in Geringschätzung verloren ging. — Lucian. d. mort. Peregr. 11—16. Ueber den Ursprung dieser Schrift s. unter Lucian S. 143 ff.

weihte[1]). Während der doch schon ziemlich gewaltthätige Kaiser Constantin sich noch begnügt hatte, die Schriften des christlichen Ketzers Arius im Jahr 325 zu verbrennen; während noch unter seinen Söhnen Constantius und Constans der christliche Eiferer Firmicus Maternus im Jahr 347 vergeblich sich bemühte, zur radikalsten Vertilgung des Heidenthums das Losungswort zu geben, während noch am Ende des Jahrhunderts Chrysostomos die Existenz der alten Streitschriften, **mehr unter dem Schutze der Christen als der Heiden** bezeugen konnte, so erfolgte dagegen im 5. Jahrhundert bald nach dem Feuerprozess gegen die Schriften des Ketzers Nestorius (435 n. Chr.) und sogar Hand in Hand mit ihm im Jahr 448 durch die Kaiser Theodosius II. und Valentinian III. die gleiche Verurtheilung der heidnischen Gegenschriften, besonders der des Porphyrios, dessen Wiederaufleben in Arius man schon 325 verkündigt

---

[1]) Die mündlichen Gegner Cl. Hom. I, 10. Rec. 1, 8. Just. ap. 2, 3. 11. Tat. 19. 25. Ueber Fronto vgl. die Andeutungen bei Minuc. Fel. Oct. 9. 31, woraus klar hervorgeht, dass er wie der Cyniker Crescens Just. ap. 2, 3. Tat. 19 hauptsächlich die christl. Gräuel schilderte (o. 31: *roscicium ut orator adspersit*) u. dass Caecilius seine Schilderung in c. 9 wesentlich ihm entnahm. So auch B. G. Niebuhr, M. Corn. Frontonis reliquiae. 1816. S. XXX. S. 270. Jenes Lieblingsthema weist auf Zeitgenossenschaft Justin's (Gesch. J. I, 138), wozu auch alles Andre passt S. 156 Anm. Näheres über Fronto (90- 168) bei W. Teuffel, röm. Lit. Gesch. I. A. 1870, 730 ff. Peter, röm. Gesch. III, 2 (1869) S. 243. Ueber Theodosius II. (s. nächste Anm.) findet man nirgends Genaues und grosse Widersprüche vgl. Gieseler K. G. 4. A. 1, 1, 256. Steinhart, Art. Porphyr. Pauly V, 1918. Riffel, gesch. Darst. d. Verh. zw. Kirche u. Staat 1836, 69. Schaff K. G. 180 nennt das J. 435, Gieseler das J. 449; Riffel a. a. O. Theodosius I, Hagenbach 1, 272 (vgl. Fabric. bibl. gr. V, 747) Constantin's Zeit. Jachmann, Programm über Celsus, S. 3, will aus der Erhaltung der Reste von Celsus, Hierocles, Julian, Porphyrios bei den christl. Schriftstellern schliessen, dass die heidnische Literatur *magis tempore, quam odio untergegangen*; ein unzureichender Schluss, obgleich andererseits auch Hase nicht ganz Recht hat, wenn er K. G. 9. A. S. 54 den Untergang ganz auf die fromme Barbarei der Kaiser schiebt.

hatte. Am 16. Februar 448 erging das Gesetz der zwei
Kaiser, dass alle Exemplare des Porphyrios, des Wahnsinnigen, desgleichen der andern Gegner verbrannt werden
sollten, zur Abwendung des Zornes Gottes und des
Schadens der Seelen, bei wem immer sie angetroffen werden und am 23. Pharmuthi oder 18. April 448 war die Verlesung der statthalterlichen Ausschreiben selbst in den Kirchen
der egyptischen Wüsteneinsiedler zur vollendeten Thatsache
geworden [1]. Während Lucian die Erhaltung seines Spottes
wider die Christianer nur seiner grösseren Harmlosigkeit,
sowie der Verstecktheit seiner Bosheit in der Satire gegen
einen Cyniker, überhaupt in der Masse jener Aufsätze
dankte, durch welche er mit syrischem Witz und attischer Diction alle Zeitalter erheiterte und selbst den
ernsten Christen die wirksamsten neuen Waffen gegen
die Thorheiten des griechischen Götzendienstes schuf, so
ist dagegen alle übrige Streitliteratur gegen das Christenthum wirklich fast spurlos ausgerottet worden, auch wenn

---

[1] Constantin Socrat. h. e. 1, 9. Sozom. 1, 21. Firmicus Mat.
d. err. profan. relig. 16, 4. 29, 1. 6. 29, 1 u. s. Vgl. W. Teuffel, röm.
Lit. Gesch. S. 847. Chrysost. d. S. Babyla ed. Montfauc. ed. Par.
alt. II, 644 (1835): τοσοῦτός ἐστι τῶν ἐπ' αὐτοῖς (den Philos. und
gewaltigen Rhetoren) γεγραμμένων ὁ γέλως, ὥστε ἀφανισθῆναι καὶ
τὰ βιβλία πάλαι κ. ἅμα τῷ δειχθῆναι κ. ἀπολέσθαι τὰ πολλά. Εἰ δὲ
ποτέ τι καὶ ἐφευρεθῆ διασωθέν, παρὰ Χριστιανοῖς· τοῦτο σώζομενον εὕροι τις ἂν κ. τ. λ. Man sieht aus seinen Anspielungen z. B.
auf Zamolxis, dass er auch noch den Celsus besass. Vgl. auch s.
hom. VI in ep. ad Cor. ap. Lomm. 6. Dazu Hier. ep. ad Magn. ap.
Spenc. annot. 4. Zur Gesch. der Verbrennung des Porphyrios. 435 Verbrennung der Schriften des Nestorius vgl. Neander
2. A. IV, 941. Möller. Herzog X, 295. Das Gesetz der zwei Kaiser
dat. XIV. Cal. Mart. Zenone et Postumiano coss. (448) Cod. Just. I,
1, 3. Corp. jur. civ. ed. Kriegel-Herrmann II. A. II, 8. 6. Auch in
den act. conc. Ephes. ap. Mansi, collect. s. concil. V, 417. Bei Mansi
ist nur Theodosius und von den Gegnern nur Porphyrios genannt,
wogegen Cod. Just. beide Kaiser u. neben Porphyr. ἢ ἑτέρως τις hat
(auch lat. vers.: aut quivis alius). Das edictum praefect. adv. Porphyr. et Nestor. et Iren. (vgl. Neand. IV, 957 ff.) Mansi 419. Hier der
23. Pharmuthi und 164. Jahr (ρξδ') aerae Dioclet. (284) d. h. 448.

einzelne Exemplare selbst noch die Zeit des Photius (870) erlebten. Spärliche Reste der neuplatonischen Feinde des Christenthums im dritten und vierten Jahrhundert, Porphyrios (um 270 n. Chr.), Hierokles (um 305), Julian (363) sind lediglich durch Vermittlung ihrer christlichen Widerleger Eusebios, Kyrill von Alexandria und Augustin, welche das Gift durch Gegengifte unschädlich machten, erhalten worden; anderseits sind freilich selbst die berühmten christlichen Widerlegungen des Porphyrios von Methodios, Apollinarios und Philostorgios, noch dazu die Schriften gegen Julian von Philippus von Sida und Photius der Vergänglichkeit zum Opfer gefallen [1]).

Man muss desswegen dem grossen Alexandriner des dritten Jahrhunderts, Origenes, den lebhaftesten Dank widmen, dass er durch seine acht Bücher „gegen Celsus" ($\kappa\alpha\tau\grave{\alpha}$ $K\acute{\epsilon}\lambda\sigma o\nu$), durch die Umfänglichkeit und Treue seiner Berichterstattung, durch den Eifer und die Unverdrossenheit seiner Widerlegung, dazu durch die Berühmtheit seines Namens und die durch alle Jahrhunderte laufende Gepriesenheit gerade dieses Einzelwerkes den ältesten, einlässlichsten, vielseitigsten, scharfsinnigsten und tiefsinnigsten, ein Jahrhundert später von Porphyrios verdunkelten und doch selbst von diesem

---

[1]) Merkwürdiger Weise hat die Kirchengeschichte sich nie um die Auffindung der bestimmten Zeit der Gegenschriften des Celsus, Hierokles, Porphyrios bekümmert. Porphyrios setzt man ganz gewöhnlich unbestimmt in „die spätere Zeit des 3. Jahrhunderts" (Neander K. G. 2. A. I, 291. Nach Eus. G. 19 schrieb er aber bestimmt während seines sizilianischen Aufenthalts d. h. (s. Fabricius bibl. graec. B. A. V, 727 ff. 746) zwischen 268—272, also etwa im 37. Lebensjahr und unter Kaiser Claudius oder Aurelian, welche zu den Verfolgern zählten; vgl. über Claudius Büdinger, Untersuch über röm. Kaisergesch III, 369. Hierokles aber schrieb ebenso nach dem ärgsten Wüthen der Diocletian'schen Verfolgung (d. h. 305—310), wie der zeitgenössische anonyme philosophische Widerleger mitten drin (304) s. Lact. inst. 5, 2. Eus. mart. Pal. 3. — Philostorgios, Philipp. Sid., Photius s. Fabr. bibl. gr. V, 747. Herzog VII, 153.

gefürchteten „Todfeind" trotz aller Breite und alles Hasses nicht mehr erreichten wissenschaftlichen Gegner des Christenthums, dessen Kenntniss nach den Tagen des Chrysostomus und Hieronymus der Kirche untergegangen, nahezu vollständig der Nachwelt gesichert hat¹). Sein Verdienst theilt allerdings in ebenbürtiger Weise ein zweiter Mann, jener berühmte Maecenas der wissenschaftlichen Thätigkeit des grossen Kirchenvaters, der vornehme und feingebildete Alexandriner Ambrosios, zuerst Gnostiker, nach Eusebius Valentinianer, nach Hieronymus vielmehr Marcionit, dann durch Origenes der Kirche gewonnen (um 212 n. Chr.), welcher er als Diakon und Konfessor (unter Maximin), allermeist aber, ob er nun in Alexandria oder Athen, in Rom oder Nikomedien sich aufhalten mochte, als Ermunterer und Unterstützer der ausgebreiteten Studien seines Lehrers diente, neben ihm auch die edeln gläubigen Frauen, die Gattin und Schwester, Marcella und Tatiana. Seinen heiligen Eifer, seine ruhelosen Antriebe, seine Betheiligung an Abfassung und Korrektur von Schriften und Briefen hat Origenes selbst in seinen Schriften, von denen so manche Ambrosios sich widmeten, namentlich im Iohannes-Evangelium, im Buch vom Gebet, im Ermunterungswort zum Martyrium unter Maximin dem Thraker (236 ff. n. Chr.), in der Widerlegung des Celsus und ganz besonders in Briefen, im Schreiben an Julius Afri-

---

¹) Ueberschrift in Cod. Reg.: κατὰ Κέλσου (mitunter erhält er das Prädikat dazu: τοῦ ἀθεοτάτου). Nach Orig. selbst Vorrede 3 u. 4, 53 wäre der vollständ. Titel: ἀπολογία (λόγος 6, 38) κατὰ Κέλσου. Philoc. c. 15: τόμος α΄ β΄ γ΄ κατὰ Κ. oder τὰ κατὰ Κ. c. 23. Porphyrios: ὁ ἄσπονδος ἡμῶν πολέμιος, ὁ πάντων ἡμῖν ἔχθιστος; Theodoret. graec. affect. curat. disp. ed. Schulze IV, 954. 1040. Auch Baur 406 f. hebt die Enthaltung des Porphyr. vom Principiellen hervor; vor seinem Konkreten aber fürchtete sich das Christenthum. Als Vorgänger des Porph. wird Celsus von Chrysostomos (hom. VI in ep. ad Cor.) wie von Hieronymus ep. ad Magn. aufgezählt vgl. Spenc. annot. 4. Lomm. fl. Lob des Eus. für Orig. s. u. Die neueren Urtheile über Celsus in der Einleitung VI.

ranus und noch mehr im Brieffragment an einen Unbekannten reichlich gepriesen und verewigt. Und Eusebius mit Hieronymus führen uns noch genauer in die eigentliche Werkstatt dieser rührigen Unternehmungen ein, indem sie die sieben und mehr Stenographen, die ebenso zahlreichen Buchschreiber und Kalligraphinnen und den Ueberfluss materieller Mittel schildern, welche der Wissbegierige seinem zu einem zweiten Hippolyt designirten gelehrten Freunde zur Verfügung stellte; leider, dass Hieronymus gleichzeitig der in christlichen Kreisen verbreiteten Klage Ausdruck gibt, wie Ambrosius im Sterben (um 250 n. Chr.) der Bedürfnisse des armen und greisen Freundes nicht mehr gedacht habe[1]. Bei der Schrift gegen Celsus nun war das Verdienst des Geschäftskontroleurs (ἐργοδιώκτης), wie Origenes den Ambrosios scherzend nannte, um so grösser, weil er den Origenes ganz wider dessen eigenen Willen dazu zwang, auf der Neige seines Lebens, welche mit der des Ambrosios selbst zusammenfiel, als 69jähriger Greis der Anwalt der Kirche gegen den pochenden, seit etwa fünfzig Jahren vom Schauplatz abgetretenen, aber noch immer unter den Nichtchristen hochberühmten (5,3), unter den Christen freilich nach einem Halbjahrhundert der äusseren Ruhe ziemlich verschollenen Heiden zu werden[2]. Origenes macht in seinem Vorwort an Ambrosios diesem geradezu einen Vorwurf aus seinem Verlangen nach einer Apologie gegen Celsus[3]. Er beruft sich auf das königliche Stillschweigen Jesu vor seinen Richtern, auf die

---

[1] Eus. 6, 18. 23. Hieron. catal. 56. 61. Orig. c. Celsum praef. 1—6. Exhort. ad mart. 1. Comm. in ev. Joh. tom. I, 3. De orat. 2. 33. Ep. ad African. 16. Fragm. epist. ad Incert. bei Lommatzsch XVII, 5. Vgl. Huet. Origen. I, 2, 4. 3, 6. Spencer annot. ad Orig. (1677) 8. 1. Mosheim, Vorr. 9. Auf Marcion (so auch Mosh.) weist Orig. Joh. t. I, 8 ff. 14 ff.

[2] Nachweiss über die Zeit s. A. IX. Auch Eus. 6, 36 nennt ihn über 60jährig. Nach Mosh. Vorr. 57 hätte Orig. erst 80—90 J. nach Celsus geschrieben. Schlechte Sorgfalt für diese Streit-Literatur Lact. 5, 4. Chrys. in Babyl. s. a. O. — [3] praef. 3.

Stärke der Wahrheit gegen die Lästerung, auf die Unmöglichkeit, dass Gläubige durch solche und ähnliche Schriften irregeleitet werden können, auf welche auch die Warnung des Paulus vor Verführungen der Philosophie keine Anwendung finde, da sie weder philosophisch seien noch verführerisch[1]). Und so will er seine Arbeit nur aus Gehorsam gegen das Gebot des Freundes, der ihm die vielleicht auf einer Reise entdeckte Schrift des Feindes übersandte (Vorw. 4. 8, 76), übernommen haben, so zwar, dass er nicht leugnen mag, sie könne für manche schwache Christen und für Gegner des Christenthums (zumal beim Ansehen der Schrift des Celsus) gegenüber den von Celsus geschlagenen Wunden einigen Werth haben[2]). An einer einzelnen Stelle will er sie auch denkenderen Christen, welche sie lesen werden, bestimmt haben (5, 28).

Ohne Zweifel war in diesem Stück die Meinung des Ambrosios von der Bedeutung des gegnerischen Buches richtiger, als das so fast durchgängig abschätzige Urtheil des Origenes, welcher übrigens selbst noch mehr als durch manches gelegentliche Lob durch die wachsende Ausführlichkeit seiner Gegenschrift dem verachteten Feinde in aller Stille gerecht geworden ist[3]). Wir Heutigen können kaum darüber zweifeln, dass die Schrift des Celsus schon nach ihrem absoluten schriftstellerischen Werth bemessen, trotz mannigfacher formeller und materieller Mängel, durch Darstellungsgabe und philosophisch kritischen Scharfsinn den hervorragenderen Produkten der späteren griechischen Literatur angehört und in Anbetracht ihrer ernsten Beschäftigung mit den grössten religiösen Zeitfragen sogar vielleicht in die erste Linie zu stellen ist; wogegen gleichzeitig die Urtheile über die

---

[1]) praef. 1. 3. 5. „Aehnliche" praef. 3. 4, 1. Vgl. Paul. Col. 2, 8.
[2]) Gehorsam praef. 3. 4. 3, 1. 8, 76 (πρόσταγμα). Relativer Nutzen praef. 4. 6. 4, 1. 5, 1. 6, 23. Ansehen 5, 3.
[3]) Ueber Lob und Tadel s. Abschn. VIII. Wachsende Ausführl. vgl. praef. 6 u. den Anfang der meisten Bücher (3, 1—8, 1).

ihrerseits allerdings von Haus aus bescheidene Widerlegungsschrift des Origenes, bei aller Anerkennung ihrer Verdienstlichkeit und theilweisen Gelungenheit, ja Schönheit, seit den Lobpreisungen von Eusebius, Hieronymus, Basilius und Gregor von Nazianz vielfach rückwärts gegangen sind und nüchternen Ueberlegungen über ihre unzulänglichen, oft geradezu verkehrten und durch Celsus im Voraus gerichteten Beweismittel, sowie über die mit der markigen Sprache des Gegners stark kontrastirende greisenhaft matte Vielredenheit den Platz geräumt haben[1]). Der relative Werth der Celsusschrift aber inmitten des spärlichen Rests von Urkunden aus den Entstehungszeiten des Christenthums, ein Gesichtspunkt, der allerdings für Origenes noch nicht existirte, ist noch viel grösser zu nennen. Während wir die Kenntnisse, Stimmungen und Urtheile des Heidenthums über das Christenthum des zweiten Jahrhunderts aus Apologeten, Kirchenvätern und Märtyrerakten mühsam und vereinzelt reproduziren, während wir selbst die zusammenhängende Kritik des Christenthums durch Cäcilius im bekannten Gespräche des Minucius Felix nur durch die Wiedergabe und Erfindung einer christlichen Feder geniessen und zwar einer Feder, welche den Celsus selbst schon benützt zu haben scheint, während wir andererseits in der Zeichnung des Christen Peregrin durch die Hand des ächten Heiden Lucian die Karrikatur und die leichtfertige Oberflächlichkeit entdecken, welche wohl auch in der Rede des Schönredners und Volksschmeichlers Fronto zu konstatiren wäre, wenn über sie mehr als nur ein Anzeichen bei Minucius sich erhalten hätte: so thut sich dafür bei Celsus

---

[1]) Bescheidenheit des Orig. praef. 6. Mehr Anspruch u. Konkurrenz mit Celsus 8, 76. Lob des Orig. bei Eus. c. Hier. 1 vgl. K. G. 6, 36. Hieron. ep. 83. Die Philokalia von Basilius u. Gregor v. Nazianz. ein Auszug der Schriften des Origenes, behandelt die Schrift gegen C. reichlich c. 15—20. 22. 23. Sonst s. Gerh. Joh. Vossius, P. D. Huetius, Ludw. du Pin bei Mosh. Vorr. 13. Lommatzsch 8. Dagegen Mosh. 15. Neuerdings Jachmann 34. Redepenning Orig. II. 151. Zu den verkehrten Beweismitteln des Orig. gehört bes. s. allegor. Willkür.

ein ganzes und ein volles heidnisches Buch tieferer Ueberlegungen über das Christenthum auf und wirft, Dank der zähen und schneidigen Aufmerksamkeit seines Verfassers, die sonstige Kunde hier bestätigend, hier reichlich erweiternd, eine Fülle von Licht auf die alte und auf die neue Religion und auf den tragischen Kampf der Geister wie der physischen Gewalten, in welchem das Christenthum siegen sollte und jetzt schon siegte, während Mark Aurel es leiblich und Celsus geistig vernichtete[1]).

II. Die Herstellbarkeit der Schrift des Celsus.

Ueber diese Kardinalfrage ist die Literatur schon lange her in günstiger, ja in rosiger Stimmung. Mosheim tröstet ironisch die Gegner des Christenthums: euer vortrefflicher Celsus ist fast ganz gerettet worden[2]). Auch der besonnene fleissige Tzschirner rühmt die reichen authentischen Reste, welche Inhalt und Zweck, Ton und Farbe des Buches hinreichend erkennen lassen[3]). Neander, Bindemann und Engelhardt gewinnen den Eindruck, dass Origenes die Schrift des Celsus fast vollständig und die Gedanken derselben wesentlich in der ursprünglichen Reihenfolge mitgetheilt[4]). Behutsamer und ziemlich misstrauisch hat sich nur Baur ausgedrückt, wenn er viele Uebergehungen des Origenes notirt und einige Neigung verräth, die vielen Wiederholungen und

---

[1]) Ueber Minuc. Felix s. unter d. II. Theil (zwei Zeitgenossen) d. Einl. S. 151 ff.
[2]) Vorrede 20.
[3]) Fall des Heidenthums 324.
[4]) Neander K. G. 2. A. 1, 273. Bindemann 140. Engelhardt 288.

Abschweifungen des Celsus zum Theil wenigstens auf Rechnung der Ungenauigkeiten des Widerlegers zu schreiben[1]). Wenn er aber selbst von reichhaltigen Bruchstücken redet und eine sehr methodische, zum Theil künstlerische Anlage anzunehmen geneigt ist, so hat er den objektiven Werth unserer Reste und selbst die Erhaltung ihrer logischen und ästhetischen Vorzüge durch Origenes genugsam zugestanden, während die Zuschiebung der scheinbaren Störungen des Zusammenhangs auf Origenes zunächst nur eine unbewiesene und nicht ganz unparteiische Vermuthung ist.

Dieser Vorwurf des Unbewiesenen trifft übrigens gerade sosehr die günstigen Beurtheiler des origenistischen Referates. Oder vielleicht richtiger, sie haben ebenso wie der vorgenannte Kritiker zunächst nur einen Generaleindruck ausgesprochen, welcher ohne Zweifel werthvoll und für unsere eigenen Wünsche ganz willkommen, welcher aber doch erst genauer und im Einzelnen zu prüfen und zu begründen ist.

Vernimmt man in der Frage zuerst den Origenes, seine Selbstaussagen, Bekenntnisse oder Gelöbnisse, so ist sicher, dass er das Beste und die grösste Pünktlichkeit verspricht und derselben sich auch bis zu Ende rühmt. Er will auf Jegliches (3, 1), was von Celsus geschrieben und von Anderen ähnlich so gedacht worden ist (4, 1), antworten, er will nichts übergehen (1, 41) und selbst auf die Gefahr der Polylogie hin nichts ununtersucht lassen (5, 1), er will auch die Ordnung des Celsus, selbst wo sie Unordnung ist, festhalten (1, 41) und er rühmt sich auf der Neige der Schrift (7, 1), Solches bis jetzt gethan zu haben; und dass auch die Referate in den zwei letzten Büchern nicht etwa aus Ermattung dürftiger geworden sind, dafür zeugt neben dem

---

[1]) drei Jahrh. 1. A .371. Noch viel hoffnungsloser scheint Hagenbach, K. G. 1, 160 zu reden: wir haben diese Schrift nicht mehr und kennen sie nur aus der Widerlegung des Origenes. Offenbar ist dies nur ungenauer Ausdruck.

Umfang dieser Bücher der Eingang des siebenten und der Schluss des achten. Auch diese Pünktlichkeit des Referats wie die Entstehung der Widerlegungsschrift überhaupt, deren einzelne grosse Theile Origenes mit Seufzen und Beten eröffnet, schreibt er dem Verdienste des Ambrosios zu, der von ihm verlangt hat, auch das Geringe und Werthlose zu beantworten (2, 20); anderswo aber lässt er auch merken, dass er selbst auch durch diese Sorgfalt das Misstrauen gegen ein verlegenes Schweigen und Todtschweigen auf die verschiedenen Angriffe überwinden und alle verwundenden Pfeile aus den Herzen der Leser des Celsus ziehen möchte (4, 1. 5, 1). Nur in einer kurzen Partie seiner Schrift, nämlich im Anfang, gesteht er eine grössere Kürze der Berichterstattung wie des Urtheils zu. Er sagt nämlich am Schluss der Vorrede an Ambrosios (§ 6), die er nach Abfassung des ersten Drittels des ersten Buches geschrieben, es sei Eingangs seine Absicht gewesen, die Kapitel des Celsus und die Antworten vorerst leicht zu skizziren und schliesslich erst mit Fleisch und Blut zu bekleiden; um die Zeit zu schonen, habe er nachträglich beschlossen, den Anfang in der ersten Gestalt stehen zu lassen, das Folgende aber sofort vollständig und pünktlich auszuarbeiten. Die blosse Skizzirung, für welche er Verzeihung erbittet, erstreckt sich nach seinen Worten bis zur Anrede des fingirt eingeführten Juden an Jesus, wobei man sich fragen könnte, ob er diese einschliessen oder ausschliessen wolle, ob er bis zum Schluss des ersten Buches 1, 71 oder nur bis 1, 27 so kompendiarisch verfahren? Für Ersteres könnte sprechen der erst in 2, 1 sichtbare Ruhepunkt und die Kürze der mitgetheilten Anredeworte des Juden an Jesus gegenüber der Ausführlichkeit seiner nachfolgenden Anrede an die Judenchristen; doch zeigt die Sorgfalt und Weitläufigkeit der Widerlegung von 1, 26 an, dass in Wahrheit nur die Einleitung des Celsus (1, 1—27) in fragmentarischer Kürze, die eigentliche Streitschrift aber von der

Anrede des Juden an Jesus abwärts ausführlich behandelt worden ist. Wegen der Vollständigkeit der Mittheilungen von 1,28 bis 8,76 könnte man also vorläufig, nach den Aeusserungen des Origenes wenigstens, sich beruhigen. Doch ist selbst hier eine gelegentliche Limitation nicht zu übersehen, welche im Eingang des 5. Buches angebracht worden. Indem Origenes sagt, soweit er Kraft gehabt, habe er es versucht, nichts von den Worten des Celsus ungeprüft zu übergehen, besonders in den Stücken, wo es Manchen scheinen möchte, er habe gegen Christen und Juden verständige Anklagen erhoben, gesteht er immerhin in mehrerlei Weise nicht nur für seine Widerlegungen, sondern auch für seine Berichterstattungen eine gewisse Beschränkung und Auswahl zu, ein Vorbehalt, von welchem jedenfalls Notiz zu nehmen und dessen Realisirung in den thatsächlichen Anführungen des Celsustextes zu konstatiren ist.

Besieht man dann nach den Versprechungen des Origenes seine wirklichen Leistungen, so muss man wohl zugestehen, dass er sein Wort ehrlich gehalten hat. Er gibt mit oder ohne die Einleitung, dass er die „eigenen Worte" des Gegners gebrauchen wolle (1,12. 2,49), eine ganze Menge wörtlicher Anführungen aus Celsus. Er wiederholt diese Anführungen oft zwei drei Mal und öfter und noch viel weniger lässt er sich die Mühe verdriessen (1,41), den Wiederholungen, den Abschweifungen und rhetorischen Kunststücken des Celsus Raum zu geben, obgleich er sich dann etwa von neuen Widerlegungen dispensirt (6,12). Dabei geht er säuberlich in der Ordnung des Celsus vor, indem er fast in endloser Folge sein „hernach" oder „nächstdem sagt Celsus" als Garantie seiner treuen Begleitung vornehmen lässt[1]). Unterbricht er die Celsussätze durch seine Widerlegung, so fügt sich die Fortsetzung entweder schon dem

---

[1]) 3, 1. 4, 1. 4, 65. 73. 8, 1. Vgl. praef. 6 u. 1, 41.

Inhalte nach organisch an oder es heisst geradezu: „dann sagt er" oder: „nachdem er dieses gesagt, fügt er bei" (4, 61), „fügt er sogleich" bei (0, 81). Auch zeigt er manchmal zu allem Einzelnen hinzu die Längen (4, 74. 7, 27) oder Kürzen (4, 62) der celsischen Behandlung an. So ist es wirklich möglich, an der Hand des Origenes ein ziemlich stattliches „Büchlein" des Celsus herzustellen, dessen Authentie in Stoff und Aufeinanderfolge noch zudem durch die Einheitlichkeit und Naturwüchsigkeit der Sprache, des Ausdrucks, der Rhetorik, der philosophischen und heidnischen Begriffswelt und die leicht auffindbare, wenn schon nicht immer tadellose Logik des Zusammenhanges und der Bindung und Fügung in Theilen und Gliedern garantirt wird.

Aber neben den Versprechungen sind auch die Vorbehalte zum Recht gekommen. So ist vor Allem das Aphoristische im Beginn des ersten Buches, worüber sich die Vorrede näher erklärt (§ 6), wohl zu bemerken. Einzelne Ausführungen des Celsus sind hier geradezu mit einem „und sofort" abgekürzt (1, 12). Weiterhin hat Origenes Manches beseitigt, was ihm unbedeutend schien oder nur wiederholt oder abliegend von den Hauptfragen. So übergeht er 2, 5 die Tautologie über den Verbrechertod Jesu, 2, 32 über seine Prahlereien und Zaubereien, so schneidet er dem gegen das Christenthum aufgestellten Juden seine letzten der Erwähnung nicht werthen Reden ab (2, 79) und in 3, 64 mag er die Einwände gegen den christlichen Sünderadel, in 4, 7 die gegen eine Herabkunft Gottes, in 5, 65 die gegen die Uneinigkeit der Sekten nicht erschöpfen. Solchen Verkürzungen begegnet man namentlich auf der Neige des Buchs, wo Origenes, wie auch seine Vorreden zeigen, in steigender Weise ungeduldig wird. In 6, 7. 8. 17 und 18 verzichtet er auf die Einführung platonischer Stellen, besonders aus Phädros, welche Celsus der christlichen Lehre theils von der Erkenntniss Gottes, theils vom Reiche Gottes in den Weg gestellt hat, welche wir übrigens auf Grund der Andeutungen des Origenes theilweise herzustellen vermögen. In 6, 7 will er die bis zum Ekel wiederholten Angriffe auf die christliche Glaubensforderung ignoriren, in 6,22 verkürzt er die Ausführungen über die persische Mithraslehre, die Parallele der Ophiten, und entfernt die Erläuterungen ihrer Sätze durch allerlei musikalische Gesichtspunkte. In 6, 26 werden die Berichte und Kritiken über das Diagramm der Ophiten, in 6, 50 diejenigen über die Ansichten der Philosophen vom Ursprung der Welt und der Menschen, in 6, 74 diejenigen über den Gnostiker Marcion abgeschnitten. In 7,27 findet er nicht nöthig, alle Anklagen des Celsus gegen die Menschenähnlichkeit Gottes und in 7, 32 eine letzte Verspottung des Auferstehungsglaubens wiederzugeben. Auf andern Punkten sind die Weglassungen nur scheinbar[1]). Um so häufiger aber kommt statt des buchstäblichen Referates eine kurze Reproduktion des Sinnes herein, in elastischer Weise wird vom Sinn zum Buchstaben, vom Buchstaben zum Sinn übergesprungen, dann auch wieder die Genauigkeit des Buchstabens oder des Sinnes erst durch wiederholte Aufstellungen der Gedanken oder Worte des Celsus zum Zweck der Einzelwiderlegung zu Stand gebracht[2]). Auch wird etwa sprung- und stossweise zu einem folgenden Punkte übergegangen, ohne dass der Zusammenhang im Einzelnen ganz klar würde[3]). Der Beispiele sind hier so viele, dass sie mit leichter Mühe aus jedem Buche gewonnen werden können. Besondere Hervorhebung verdient aber noch die kurze flüchtige Reproduktion der Eintheilung des Celsusbuchs durch Origenes. Er sagt uns wohl, dass zuerst ein Jude das Wort führe gegenüber Jesus

---

[1]) z. B. 7, 11: ἀννείρει ἑαυτοῦ μυρία. Denn im Folg. kommt dgl. genug.

[2]) Vgl. die blosse Angabe des Sinns, Verweisung des Celsus auf Dichter, Weise, Philosophen 7, 41. Veränderte Citate 8, 2 vgl. 8, 9. 10.

[3]) Vgl. 7, 11. 12. 8,§72. 75.

und dann gegenüber den Landsleuten und dass hernach
Celsus selbst eintrete; es ist aber klar, dass der jüdische
Statist in seinen zwei Rollen nicht auftreten konnte, wenn
nicht Celsus selbst mit ausdrücklichen Worten seine Sce-
nerie erklärte und verdeutlichte.

Auch die Aufeinanderfolgen, welche soeben theilweise
berührt wurden, haben einige Schwierigkeiten. Vermöge der
Ideen-Association, auch der Bequemlichkeit und der Wucht der
Polemik wegen hat Origenes wenigstens hin und wieder
einzelne Stellen aus dem Zusammenhang gerissen und es
uns überlassen, den ursprünglichen Standort für sie herzustellen. Meistens ist dieses Geschäft ziemlich harmlos, obgleich nicht ganz mühelos, indem der Referent selbst bemerkt,
dass er vorgreife oder zurückgreife, indem er ferner an der
richtigen Stelle einer Ausführung die vollzogene Vorwegnahme
andeutet und kurz oder lang resumirt, indem er endlich durch
klare Bezeichnung des Sinns oder des Worts die Wiederein-
rückung in die natürliche Stellung begünstigt. Doch muss
man hier immer vorsichtig sein, zumal auch der Ausdruck
des Origenes „im Folgenden", bald ein Nahes, bald ein Fer-
nes bezeichnend, täuschen kann, und auf einzelnen Punkten
(8, 76) ist der Standort der Stelle nur vermuthungsweise
zu bestimmen. Viel häufiger sind übrigens die Prolepsen,
regressive Darstellung ist nur etwa in 4,79 vgl. mit 4,11
und in 6,60 vgl. mit 6,50 zu entdecken [1]).

Diese Wahrnehmungen zeigen immerhin, dass man, ganz
streng genommen, nur von erhaltenen Fragmenten des Celsus

---

[1]) 4, 79: ἀνωτέρω προεῖπε. 6, 60: ἀνωτέρω ἔλεγε. Gewöhnlich
proleptisch: ἐν τοῖς ἑξῆς λέγει 1, 50 (steht 2, 28); 3, 3 (steht 3, 24);
3, 18 (steht 3, 44); 4, 20 (steht 4, 22); 4, 38 (steht 4, 48); 4, 58
(steht 4, 88). Ebenso 3, 16 πρὸς τελευταίοις (steht 8, 49). Ohne
solchen Fingerzeig unbestimmt eingeführt 5, 33 (steht dann ausgeführt
5, 51).

reden kann und nicht von einem erhaltenen Buche[1]). Weil aber anderseits diese anerkanntermassen „reichhaltigen Bruchstücke" weit über das Mass dessen hinausgehen, was man sonst, oft in dürftigster Gestalt, als Fragmente untergegangener Schriftsteller zu verehren pflegt, weil sie alle Theile des Celsus in schöner Gleichmässigkeit vertreten und selbst hinsichtlich des Fehlenden durch die Regesten des Origenes supplirt werden, weil sie wesentlich ein Ganzes, einen Zusammenhang von Anfang bis zu Ende und ein geschlossenes schriftstellerisches Charakterbild repräsentiren, während alle Mängel, wie auch gegen Baur nochmals festzuhalten ist, in das Gebiet der kleinen Defecte sich verlegen, desswegen darf man ohne Missbrauch des Worts statt nur von Fragmenten vielmehr von einem herstellungsfähigen Buch des Celsus reden. Diejenige Herstellung aber wird die richtigste sein, welche sich auf die nothdürftigste Restauration beschränkt, fehlende Gedankenreihen nicht ersetzt, nur leichte Uebergänge im Kleinen vermittelt, beim Fehlen des Wortausdruckes an die kurze Inhaltsangabe des Origenes sich anklammert, worin zum Theil doch auch Celsus selber versteckt ist, und welche endlich durch Unterschiede des Druckes, durch Punktreihen, welche Verluste melden oder durch Andeutungen in den Noten, wie es hier in der Regel mit Hilfe von Klammern geschehen, die Kluft zwischen Celsus und Neu-Celsus bemerklich macht.

---

[1]) So könnte man auch in 1, 32 ein erschreckendes Anzeichen vieler Verluste sehen, wenn Orig. sagt: Celsus nenne oft Pythag., Platon, Empedokles, während dieser Letztere nur 8, 53 erscheint. Aber Platon und Pythagoras, wirklich oft citirt, sind hier haupts. gemeint.

III. Titel und Zweck der Schrift.

Das nach der Beschreibung des Origenes und selbst nach Andeutungen des Celsus (4, 2) ziemlich umfangreiche, der korpulenten Widerlegungsschrift des Origenes gegenüber freilich sehr schmächtige „Büchlein", richtiger „Buch" oder „Schriftwerk" des Celsus führte den später vom Neuplatoniker Hierokles dem Aeltern zur Zeit der diokletianischen Verfolgung in etwas bescheidenerer Weise (wie Eusebius sagt) nachgeahmten Titel ἀληθής λόγος oder wahres Wort[1]). Die Vermuthung Mosheim's und Rösslers ist völlig ungegründet, dass dies wohl nicht der ganze Titel gewesen[2]). Mag es auch sein, dass Origenes das Buch näher als eine Schrift gegen die Christen oder an die Christen beschreibt, ähnlich so wie später Porphyrios, Hierokles und Andere „gegen die Christen" oder „an die Christen" adressirten, so steht doch durch zahllose Stellen des Origenes fest, dass die Celsus-Ueberschrift sich auf jene zwei Worte beschränkte[3]).

---

[1]) βιβλίον praef. 1. 3, 1. 4, 67. 84. 6, 60. βιβλία praef. 4. βίβλος 1, 40. 41. σύγγραμμα praef. 4. 6. 3, 81. 4, 1. 6. 5, 1. 3. 6, 38. 8, 76; συγγράμματα praef. 1. Vgl. 1, 40: δι' ὅλης τῆς βίβλου. 5, 3: δι' ὅλου τ. συγγράμματος. 5, 59 und 6, 60: πολλοῖς λόγοις πληρῶσαι τὸ βιβλίον. Celsus selbst 4, 2: οὐ δεῖται μακροῦ λόγου ὁ ἔλεγχος. Der Titel: λόγος ἀληθής procem. 4; in der Regel ἀληθής λόγος 1, 17. 40. 2, 1. 47. 4, 47. 6, 50. 74. 8, 1. 76 u. s. Der Titel des Hierocles φιλαλήθης λόγος oder (da zwei Bücher) φιλαλήθεις λόγοι Eus. c. Hier. 1. Lact. Inst. 5, 3. Eus. c. Hier. 1: ἀλαζονικώτερον τοῦ φιλαλήθους ἐπιγεγραμμένον Κέλσου ἀληθῆ λόγον.

[2]) Mosh. Vorr. 7. Rössler, Bibl. der Kirchenväter 2, 197.

[3]) praef. 1: κατὰ Χριστιανῶν ψευδομαρτυρίαν vgl. 6, 1. 41. 42. 8, 51. κατὰ Χ. Philos. c. 15; καθ' ἡμῶν 3, 1; ἐν τῷ καθ' ἡμῶν λόγῳ 3, 22; περὶ Χρ. 6, 22; λόγος πρὸς Χρ. 1, 71. Die Beschränkung des Titels auf die zwei Worte geht aus den Stellen Anm. 1 klar hervor. Porphyrios und der ungenannte Philosoph zur Zeit Dioklet. (nach Fabr. Maximus) schrieben κατὰ Χ., Hierokles non contra Christianos, sed ad Christianos Lact. inst. 5, 2.

Ueber die Deutung dieses Titels aber kann kein Zweifel sein. Schon Origenes hat den Ausdruck Logos wesentlich im Sinn von Worten, Reden, Anklagen, den Ausdruck „wahr" aber im Sinn der Vertretung der Wahrheit und der „Alles prüfenden" Wahrheitsliebe (2,3) gefasst und auf die Aehnlichkeit des Titels mit einer Schrift des Rhetors Antiphon, des Zeitgenossen des Sokrates „über die Wahrheit" (4, 25) hingewiesen[1]). Obiger Sinn ist auch von Mosheim, Tzschirner und den Folgenden anerkannt, während die Deutung Caperonnier's: wahrhaftige Geschichte schon von Mosheim zurückgewiesen und dessen eigene Unterstellung, es könnte auch „wahrer Beweis" oder „wahre Vorstellung" heissen, dazu noch die Uebersetzung Neanders „wahre Lehre" mit aller Ruhe abzulehnen ist[2]). Diese wahrheitsgemässe Rede nun war ihrer Absicht nach den Christen bestimmt, indem sie theils über sie und ihre Vorgänger, die Juden, handelte, theils auch an vielen Stellen die Christen direkt anredete, allermeist gleich zum Eingang, wo ein fingirter Jude nacheinander in zwei Absätzen zuerst Jesus, dann die abgefallenen christlich gewordenen Landsleute ansprach, desgleichen aber auch in der Mitte und am Schlusse, wo Celsus selbst nicht müde wird, den Christen ihre Thorheit, aber auch die Nothwendigkeit einer Umkehr zu predigen. Sogar hat er an manchen Stellen bald ein Verstehen seiner Sätze, bald ein Antwortgeben von ihnen verlangt und dabei wiederholt betont, dass er nicht für Philosophen und Weise, sondern für den grossen Haufen, allermeist doch für die Christen in nothwendiger Kürze geschrieben. Somit hat auch Origenes Recht,

---

[1]) Sophist Antiphon Xen. mem. 1, 6, 1 vgl. Herbst a. d. St. Auch Lomm. II, 33. Vgl. δεύτερος λόγος 8, 76; οἱ λόγοι αὐτοῦ 6, 6. In anderm Sinn steht λόγος 1, 14. 21. 8, 55. Ἐγκλήματα prooem. 6. κατηγορία 6, 22. 12. 75 f. 7, 2; ἐν συγγράμμασι ψευδομαρτυρίας κατὰ Χ. κ. ἐν βιβλίῳ κατηγορίαι prooem. 1.

[2]) Vgl. ῥήματα praef. 3 u. die Stellen der vor. Anmerkung. Mosh. S. 7. Neand. I, 273. Ebenso Volkmar, Ursprung 80. Tischendorf gar, Evangelien 26: Buch gegen die christl. Wahrheit.

wenn er das Buch bald als Anklage und Widerlegung der Juden und Christen, bald als Allokution der Christen charakterisirt ¹).

Was war aber der Sinn dieses nach Origenes so übermüthigen wie unwahren Titelwortes der wahrheitsgemässen Rede?²) Ist es freundlich gemeint oder feindlich, ist es das Anzeichen einer zum Gefallen der Massen oder zum Nutzen des Staates unternommenen Streitschrift, ja Vernichtungsschrift, wie dies zum Hassen und Spotten, Anklagen und Verwerfen der Weisen und Redner des zweiten Jahrhunderts vorzüglich zu passen scheint, oder aber ist es das Symptom einer Verständigung, einer Befreundung oder gar eines Beschwichtigungsversuches für die aufgeregten heidnischen Massen im Sinne jenes Worts des Prokonsuls zu Polykarp: überzeuge das Volk³)! Man hat von Origenes und Eusebius her bis heute gewöhnlich das Erstere gefunden und man kann sich für diese Ansicht berufen auf den von Anfang bis zu Ende hervortretenden giftigen höhnischen Widerwillen gegen die Christen, auf die vielartige „Anklage" (6, 22), „Widerlegung" (4, 2) und Verurtheilung „der aufrührerischen und thörichten Religion"; und wie schon Origenes in den theilweise vielleicht absichtlichen Uebertragungen gnostischer Verkehrtheiten auf die christliche Grosskirche den Zweck fand, das Volk und wohl auch den Staat zum Zorn und zum Angriff gegen das Christenthum zu reizen (6, 27 f.), so mag man bis heute in dem gleich anfänglichen polizeidienerlichen Hinweis auf die staatliche Unerlaubtheit des Christenthums, in dem

---

¹) Begehren an die Christen s. B. 1, 12. 7, 45. Für die Menge 4, 65. 7, 42. Kürze vgl. 4, 61. 7, 58. Orig. 8. 187 Anm. 3.

²) ἡ διαζῶν ἐπιγραφή 3, 1; οἱ φιλαλήθεις 2, 3 vgl. 8, 60; φιλέχθρως 3, 36.

³) Eus. 4, 15. Das Benehmen der Philosophen Just. ap. 2, 11 (ἀφαιροῦντες). Tat. 25 (ἐγκαλοῦντες, καταλέγοντες). Just. ap. 2, 3 (πρὸς χάριν κ. ἡδονὴν τῶν πολλῶν). Vgl. auch Clem. hom. 1, 10. Rec. 1, 8. Minuc. 8. 31.

beständigen Vorwurf revolutionärer geheimer Verbindungen, des Widerspruchs gegen alle Völkerordnungen, der egoistischen Lostrennung von bürgerlicher Gesellschaft und Kaiserthum, in der häufigen lieblosen, mitunter fast befriedigten Erwähnung der gerechten Strafen und Todesleiden der Christen und in der leidenschaftlichen Drohung mit Ausrottung den klaren Beweis einer Brandschrift gegen das Christenthum entdecken, deren Motiv nach Mosheim die Gnosis, richtiger der ganze Charakter der neuen Religion und deren Ziel entweder die Provokation einer radikalen Christenverfolgung oder noch besser die Rechtfertigung einer schon begonnenen und vollzogenen wäre[1]). So würde die Schrift ein ähnlicher „Wolf im Schafskleid sein", wie nach Laktantius die zwei Bücher des Hierokles oder die drei seines Nebengängers in der diokletianischen Zeit, deren liebreiches Bekehrungsstreben die gleichzeitige Wuth der Verfolgung widerlegte (Lact. inst. 5, 2 f.)[2]).

Aber die Dinge liegen doch ein wenig anders. Zuvörderst gibt schon der Titel dem Zweck der Schrift eine andere Richtung. Indem Celsus seine „wahre Rede" über die Christen schreibt, bekennt er als seine Absicht in erster Linie nicht irgend welche feindselige Schürung gegen das Christenthum, sondern Objektivität, unparteiische Untersuchung, Herstellung des richtigen Thatbestandes, wie er denn auch gelegentlich gegen den Verdacht der Ausspionirung protestirt (1, 12) oder auch betont, er wolle nicht unbillig sein, er gebe nur die Wahrheit (3, 59). Und mehr als das, er will nicht allein billig sein, er betheuert auch seine gleichmässige Sorge für

---

[1]) Eus. 6, 36. 41: καθ' ἡμῶν, κατὰ Χριστιανῶν. Orig. 8. 187, 3. Ἐχθρός 2, 3; φιλέχθρως 3, 26; θυμὸς κ. ἔχθρα 1, 40; πολλὴ πρὸς Χ. ἀπέχθεια 6, 40. Mosheim 93 f.: die Veranlassung die Gnosis; ohne diese wäre die Arbeit vielleicht unterblieben oder doch ganz anders geworden.

[2]) Lact. 5, 3: *homo subdolus voluit lupum sub ovis pelle celare etc.* 5, 2: *mordacius scripsit.*

alle Menschen (1,12) und seinen Wunsch, durch seine Auseinandersetzungen auch den Christen nützlich zu werden, dem Streit seine Schärfe zu nehmen (8,12) und mittelst seiner Belehrungen die Verfolgungen, deren Sturm ohne sein Zuthun über sie geht, ihnen zu ersparen (2,45. 8,58), wobei er selbst mit einer scheinbaren Verleugnung des Christenthums zufrieden sein würde (1, 8)¹). Einen Mitleidston hat er nicht unfein insbesondere auch über die Ansprache des Juden an seine durch Jesus verführten Landsleute ausgegossen; und im Ganzen muss man gestehen, dass diese Lamentationen mehr Naturwirklichkeit zeigen, als die späteren des nikodemischen Philosophen, welcher gleichzeitig den Christen Elegieen und den verfolgenden Kaisern Dithyramben widmete. Zu diesem irenischen Zweck leitet er ja auch die geschichtlichen und begrifflichen Erörterungen ein, auf welche er von den Christen Antwort erhalten möchte (1, 12), und die Ausführlichkeit und der theilweise hohe Ernst dieser Erörterungen, die Enthaltung von den groben Anschuldigungen des Atheismus und der Sittenlosigkeiten, durch welche man das Volk eben damals zur Verfolgung zu reizen pflegte (vgl. 4, 45. 5, 63. 6, 40) und mit denen selbst Fronto und selbst noch Autolykos gegen Theophilos perorirte, auch manches sympathische Anerkennungswort, welches er Juden und Christen nicht ganz versagte, spricht hinlänglich gegen die Auffassung, dass die Schrift des Celsus blosse Schmähschrift und tendenziöse Verfolgungsschrift gewesen ²).

---

¹) Vgl. 7, 25: ὡς ἥξει. Lact. Inst. 5, 2: *erroribus hominum subvenire aliquo illos ad veram viam revocare; i. e. ad cultus Deorum, ut corporis cruciamenta declinent.*

²) Man denke nur an das Donnern des Alexander von Abonoteichos gegen Atheisten und Christianer (Luc. Alex. 25. 38), an den Ruf von Smyrna: αἶρε τοὺς ἀθέους Eus. 4, 13 u. an Athenagoras (selbst noch Tert) reichlichen Bericht leg. pro Christ. 3: τρία ἐπιφημίζουσιν ἡμῖν ἐγκλήματα, ἀθεότητα, Θυέστεια δεῖπνα, Οἰδιποδείους μίξεις. Theoph. ad Autol. 3, 4. Tert. ap. 2. 8. 39. *Asinarii cultores*

Dazu mag Niemand die edle Freimüthigkeit verkennen, welche Celsus nach der andern Seite den Thorheiten der religiösen Gaukler (1, 9. 3, 50) und selbst der heidnischen Mythologie (2, 55. 3, 26 ff.), den Antinoosverirrungen eines Kaisers Hadrian (3, 36) und dem leeren Uebermuth des Reichthums bei den Zeitgenossen (4, 6) gewidmet hat. Schliesslich hat selbst Origenes diesen Verständigungs- und Bekehrungstrieb des Celsus an einigen Stellen zugestanden, nur mit dem Zusatz, dass der eines Komödienschreibers oder Satirikers würdige Hohn die innere Unwahrheit dieser Tendenz beweise (6, 37. 74).

Mag es dann sein, dass seine Kritik gegen das Christenthum überwiegend eine negative, eine verwerfende und selbst seine gutgemeinte Belehrung eine vielfach übermüthige, verächtliche und höhnische war, so ging die letzte Absicht der Verwerfungen und Höhnungen doch nicht auf die Vernichtung der Christen, sondern auf ihre Bekehrung im Weg der Selbstbesinnung über die Verirrung, in welche sie, wie er sie belehrt, hineingerathen sind, indem sie verkehrten Führern folgten, verkehrte Prinzipien adoptirten und von der Solidarität der Religion aller Völker und der Lehren ihrer Weisen sich abtrennten[1]). Diesen Bekehrungszweck spricht er sehr deutlich gleich im Anfang aus, indem er gegen die Unterstellung protestirt, als ob er rathen würde, von einer guten Lehre wegen der damit verbundenen Gefahren abzufallen (1, 8). Ja, was er Bekehrung nennt, ist nicht einmal totale Umkehr, sondern es ist, wie dies besonders im denkwürdigen Schluss erscheint, nur ein billiger Ausgleich. Er will den Christen nicht das ganze Heidenthum zumuthen, sie sollen insbesondere am Dienst des höchsten Gottes fest-

---

Tert. ad nat. 1, 11. 14. Minuc. F. 9. Atheismus noch bei Lact. 5, 2. Sympathisches 1, 8. 2, 31. 3, 10. 8, 48 f. 63. 66. Ueber die Juden 5, 25. 41.

[1]) Oft braucht Celsus die Wendung: wenn ihr das verstehen könnet! 7, 36. 45 vgl. 8, 72. Sie verstehen ja langsam 8, 28; sie sind in's Fleisch eingebunden 7, 36. 42.

halten, der über Alles geehrt und bei Tag und Nacht nicht
vergessen werden müsse (8, 63), nur sollen sie die untergeordneten göttlichen Wesen auch ehren oder doch auf den
Dienst ihres Gottessohnes neben dem höchsten Gott verzichten,
nur sollen sie die Feste des Heidenthums nicht spröde von
sich stossen, am allerwenigsten das Reich und den Kaiser im
Stich lassen. Und da beschwört er sie, zum Schluss recht
weichmüthig, zum Nachgeben, zum Konzessionenmachen,
zur Vertheidigung der gemeinsamen Kultur, ihrer Frömmigkeit und der Güter des römischen Staats, wider das sonst
unfehlbar hereinbrechende Barbarenthum, droht ihnen im
andern Fall allerdings auch mit Vernichtung oder räth ihnen
selbst, sich auf's Aussterben einzurichten[1]. So ist diese
Schrift in Wahrheit eine Friedensverhandlung inmitten des
Krieges, diktirt von dem Wunsch, nicht bloss „allen Menschen
zu helfen" (1,12) und in den drei Welttheilen nach Kräften
das ersehnte Ideal „Einer Religion" herzustellen (8, 72), sondern insbesondere auch einer nicht mehr todtzuschweigenden
und nicht mehr abzutödtenden grossen und täglich mächtigeren
und bei allen Verkehrtheiten doch vielfach theils interessanten, theils sogar ansprechenden Religionspartei auf dem
Weg der Ermässigung ihrer Grundsätze die
Duldung im römischen Pantheon anzubieten;
im andern Fall freilich ihren völligen Untergang zu billigen,
ja zu fordern[2]? Insofern berührt sich diese Schrift mehr mit
den spätern Neuplatonikern und ihren auch im Toleranzedikt
des Galerius (311 n. Chr.) so deutlich angezeigten Ausgleichsversuchen, als mit den polemischen Reden Fronto's und
den spöttischen Ausführungen Lucian's, und Hierokles z. B.
ist unter ähnlichen Verfolgungsverhältnissen wie in Titel

---

[1] 7, 62—8, 76. 8, 73 ff. zeigt, dass C. die Christen vielleicht
noch express anredete (προσφώνησις etc.).
[2] Das Konziliatorische hob noch am meisten Baur 387 f. hervor.
Aber auch er lässt den Celsus, wie die meisten Erklärer, in der
Negation stecken bleiben. Vgl. Anm. 2 S. 198.

und Adresse, so in Abzweckung in der Spur des Celsus gegangen. Sogar darf gesagt werden, dass Celsus bei aller Feindseligkeit gegen Jesus, welche Mosheim bewog, die milderen Neuplatoniker ihm weit vorzuziehen, der versöhnlichste unter den Gegnern des Christenthums und der ahnungsvollste Werthschätzer der Bedeutung des neuen Glaubens gewesen[1]). So ist seine Schrift eine ganz originelle That, welche auch ohne den Geistreichthum und die Sorgfalt der Ausführung dem Verfasser eine bleibende Stellung als Vermittler und Friedensstifter zweier sich ablösender Welten sichert und mehr als jede andere Erscheinung die geistige Berührung dieser Welten, insbesondere das schwere Bangen und den tiefen Respekt zeigt, mit welchem die „jung" gescholtene Religion von den Vertretern des Alterthums jetzt schon betrachtet wurde.

Neben und nach dieser Schrift und zur Ergänzung derselben beabsichtigte Celsus noch ein „zweites Wort", welches er in unserer Schrift ankündigte, in die Oeffentlichkeit zu geben, eine Schrift selbst wieder versöhnlicher Art, indem er zu lehren versprach, wie Diejenigen leben sollten, welche ihm folgen wollten und könnten (8,76)[2]. Es ist nicht ganz sicher zu stellen, ob er damit eine Art philosophische Religion und Moral für die Massen überhaupt beabsichtigte oder einen speziellen Katechismus für die übertretenden Christen. Höchst wahrscheinlich aber war dieses Letztere vorzugsweise gemeint, da unsere Schrift ja wesentlich den Christen und ihrer Ueberredung und Ueberzeugung galt, während Celsus die Abziehung der Heiden von den hergebrachten Kulten durchaus nicht beabsichtigte.

---

[1]) Mosh. Vorr. 52. Porph. war sogar geradezu „unversöhnlich" S. 175.
[2]) „Folgen könnten", so sagt Celsus im Blick auf die Langsamkeit und Fleischlichkeit des christlichen Denkens 7, 36. 42. 45. 8, 28. Auf diese Schrift kann sich auch die Bemerkung 4, 61 beziehen: wer darüber (Gott und Materie) ein Mehreres hören und suchen kann, wird's erfahren. Dagegen weniger 7, 58, wo er es dem Leser überlässt, noch mehr Missverständnisse der Christen zu entdecken.

So sollte denn unsere Schrift mehr negative Wirkung haben, den Glauben der Christen an ihre Religion zu erschüttern und sie zur Umkehr geneigt zu machen; die zweite Schrift sollte das Glauben und Handeln der Konvertirten wie ein treuer Rathgeber Hilfesuchender positiv befruchten und gestalten. Das war ja ein grosser und rührend schöner Gedanke, den Celsus beinahe wohl den jüdischen Proselytenmachern und Lehrmeistern abgelernt haben musste. Ob er aber ausgeführt worden ist, das ist eine andere, auch dem Origenes, der nur hypothetischer Weise den Ambrosios um Uebersendung zum Zweck der Widerlegung bittet, vollkommen zweifelhafte Frage. Celsus mag in erster Linie durch die unerwartete und verdriessliche Thatsache, dass das Christenthum trotz aller geistigen und physischen Impulse nicht übertrat und kurz nach der Verfolgung unter dem Kaiser Commodus sogar äussere Ruhe erlangte, in zweiter Linie durch die Schwierigkeit oder Unmöglichkeit, den Christen eine Art Vermittlungsreligion zu konstruiren, verhindert worden sein. Wenn Origenes irgendwo (4,36) von zwei weiteren Schriften des Celsus gegen die Christen zu reden, also die wirkliche Herausgabe des zweiten oder gar noch eines dritten Werkes zu begünstigen scheint, so ist gegen falsche Auslegungen, besonders Neander's und Bindemann's festzustellen, dass Origenes unter diesen zwei andern Schriften neben derjenigen über Magie eben das erste und zweite Wort versteht und die Herausgabe auch des letztern konjekturirend voraussetzt[1]).

[1]) Vgl. Baur 369 f. Unrichtig (wie es scheint, nach Spenc. annot. p. 3) Neander 1, 273, indem er unter den zwei andern Büchern zwar unser Wort versteht, aber dieses (das erste Wort) als ein Werk in zwei Büchern betrachtet. Bind. 109 vermuthet fälschlich, Orig. werde von seiner anfänglichen Meinung, Celsus habe zwei weitere Schriften gegen die Christen geschrieben, zurückgekommen sein; diese zwei Schriften seien vielleicht anonym geschrieben gewesen und irrthümlich dem bekannten Christengegner zugeschrieben worden. Vgl. A. IV u. X.

IV. Eintheilung und Gliederung.

Wenigstens die Haupteintheilung des Celsusbuches liegt in einer Deutlichkeit vor, dass man sich wundern muss, wenn sie bisher in genügender Weise nicht rekonstruirt worden ist. Zwei Eintheilungsweisen lagen bei diesen Rekonstruktionsversuchen besonders nahe, die eine ganz irriger, die andere halbrichtiger Natur, die Eintheilung in acht Bücher und die in zwei. Auf acht Bücher des Celsus konnte man rathen, weil Origenes acht Bücher der Widerlegung schrieb; und so hat wirklich sowohl der christliche Scholiast zu Lucians Pseudomantis, als auch in seinem Gefolge noch Jachmann, der Verfasser des Königsberger Programms, von acht Büchern des Celsus geredet, deren inhaltliche Absonderung Jachmann versuchte, aber keineswegs vollbrachte[1]). Das Verkehrte dieser Eintheilung war nur, dass man völlig übersah, wie Origenes dem Celsus immer nur „Ein Buch", acht Bücher aber nur sich selbst zuschrieb, worüber Eingang und Schluss beinahe jedes einzelnen Buches keinen

---

[1]) Schol.: Κέλσος, ὁ τὴν καθ᾽ ἡμῶν μακρὰν φλυαρίαν ἐν ὀκτὼ γράψας βιβλίοις, ᾧ πρὸς ἰσάριθμον... ἀντεῖπεν Ὠριγένης. Jachmann p. 8: *e fragmentis librorum octo, quos teste scholiasta ad Luciani Pseydomant. c. 1 contra Christianos edidit*. Sein Dispositionsversuch S. 9: 1) der Jude gegen Christus; 2) der Jude gegen die Judenchristen; 3) Celsus Vergleichung des Christenthums mit andern Religionen; 4) Beweise der Juden gegen Christus u. christliche Vertheidigungen; 5) Verspottung der christlichen Lehre von Christus u. der göttlichen Offenbarung; 6) Widerlegung durch die Sätze der Philosophen; 7) der Weissagungsbeweis des Christenthums; 8) Bekämpfung einzelner Dogmen. Es erscheint überflüssig, diese Eintheilung im Einzelnen zu widerlegen. Ebenso unrichtig ist die Eintheilung der persönlich geführten Polemik des Celsus (Buch 3—8) in die zwei Haupttheile *pars historica* (Buch 3—5) und *pars dogmatica* (6—8) *refutationis Celsi* (S. 15 ff.). Auch Redepenning in s. Orig. hat diese Eintheilung unglücklich gefunden.

Zweifel lässt. Nur in wenigen Büchern, namentlich im ersten und zweiten, berührt sich der Absatz des Origenes mit den Absätzen des Celsus; weitaus in den meisten Bucheintheilungen sagt Origenes deutlich, dass er nur desswegen das Buch beschliesse, weil es schon sehr lang geworden, und so motivirt er seinen Abschluss sogar 2,1 und 5,65, wo er sich eigentlich auch auf den Absatz bei Celsus berufen konnte, ebenso in 6,81, wo er im Gegentheil den Zusammenhang des Celsus mitten unterbricht[1]). Daher erscheinen denn auch die versuchten Abgrenzungen der acht Bücher ganz unlogisch und willkürlich[2]).

Aber auch die ganz gewöhnliche und von Spencer bis auf Neander, Bindemann, Redepenning und Baur fortgesetzte Eintheilung in zwei Theile oder gar nach Spencer und Neander Bücher, nämlich zuerst die Polemik des Juden (Buch 1—2), dann die Polemik des Celsus (Buch 3—8) und an der Spitze des Ganzen das Vorwort, genügt keineswegs, obwohl sie einen festen Haltpunkt hat[3]). Celsus trennt allerdings so und schon Origenes betont diese Zweiheit; auch kann man eine gewisse begriffliche Absonderung unter dem doppelten Gesichtspunkt nachweisen, dass einmal das Judenthum, dann die heidnische Weltanschauung, also alle Welt das Christenthum verwerfen müsse; wiederum, was Baur besonders hervorhob, dass der erstere Theil hauptsächlich historischer, der zweite hauptsächlich philosophischer Natur sei. Aber diese zwei Theile wären doch schon in der Grösse höchst ungleich; noch dazu enthalten weder sie selbst so prinzipiell wichtige Scheidepunkte, noch auch entbehrt der zweite weit grös-

---

[1]) Vgl. 1, 71. 2, 79. — 2, 1. 3, 81. 4, 99. 5, 65. 6, 81. 7, 70 (Schluss eines langgewordenen Buchs). — [2]) S. Anm. 8. 196.

[3]) Spencer annot. p. 3 (II toml); auch bei Lommatzsch 3 (vielleicht lediglich nach 4, 36 vgl. praef. 4). Aehnlich Neander 1, 273. Bindemann 109. Redepenning II, 13d ff. Baur 371. Die drei letztern gehen von der in procem. 6 u. 3, 1 erwähnten factischen Eintheilung aus.

sern Theil sosehr der ebenbürtig bedeutungsvollen Absätze, dass es erlaubt sein könnte, bei dieser doch sehr oberflächlichen, äusserlichen und gewissermassen rohen Eintheilungsweise stehen zu bleiben. Am meisten ist Bindemann, welchem Redepenning folgte, in die wirkliche Eintheilung des Celsus eingedrungen, indem er in der unter eigener Person geführten Polemik des Celsus einen allgemeinen und einen speziellen Theil unterschied (3,1—5,64 und 5,65—8,76); aber nicht nur seine Rekonstruktion im Einzelnen ist minder glücklich gewesen, indem er vom Faden der Hauptpolemik eine Reihe mehr oder weniger störender Exkurse abtrennen wollte; er hat auch im Grossen ebenso wie nachher Redepenning und Baur den eigentlichen Höhepunkt des Buches, den Schlussübergang zur Verständigung mit den Christen völlig übersehen[1]). Wenn Baur diesen einigermassen wahrgenommen hat, so ist er doch, nur mit der Herstellung der Dialektik des Buches beschäftigt, keineswegs dazu gekommen, die formellen Abgrenzungen des Celsus selbst zu erkennen und den Eintheilungsplan im Ganzen und Einzelnen herzustellen[2]).

---

[1]) S. 126 f. Die Exkurse 115 ff. Nichterkenntniss des letzten Theils 127 (die Kultusdifferenz unrichtig unter den Einzellehren). Ebendas. 127: entschieden apologetische Richtung für die Volksreligion bis zu Ende. 138: hier konnte er keine Vermittlung suchen. 142: eine Herausforderung der Staatsgewalt gegen die (kultlose) geheimnissvolle, von der Staatsgemeinschaft sich sondernde Verbindung. 146: mit dem gefährlichen Vorwurf hochmüthiger aufrührerischer Gesinnung und Widersetzlichkeit, sowie mit der Ermahnung zum Gehorsam gegen die Gesetze wird die Schrift beschlossen.

[2]) S. 387: Berührungspunkt v. Christen u. Heiden in d. Dämonenlehre. 388: wo es sich zeigen muss, ob sich die Christen und die Heiden in Betreff der Dämonen mit einander verständigen können oder nicht. 390: Beseitigung eines sehr grossen Anstosses. 391: eine Concession. Aber Baur weiss dieser Behandlung des Celsus doch lediglich keine grössere Bedeutung abzugewinnen, sein Gesichtspunkt ist und bleibt Bestreitung des Christenthums (388) oder doch Apologie des Heidenthums (391) und die Konstatirung der offenen Kriegserklärung des Christenthums gegen das ganze Heidenthum (391).

Untersucht man genauer, so hat Origenes in zweifacher Weise dazu geholfen, dass man der Eintheilung des Celsus habhaft werden kann. Einmal hat er doch auf einzelnen Punkten den methodischen Gang und die „Kapitel" des Celsus bestimmt und formell hervorgehoben, ganz besonders die Aufeinanderfolgen der Vorrede, der Anrede des Juden an Jesus und dann an die Christen, hernach die Polemik des Celsus in eigener Person, endlich innerhalb dieses letztern Theils den Angriff auf die Einzellehre der Christen im Vergleich mit den Sätzen der Philosophen[1]). Dass Origenes demgemäss auch sein erstes und zweites Buch abgrenzte und einigermassen auch das fünfte und sechste, wo die Einzellehre beginnt, obwohl auch hier sein Gesichtspunkt des „umfänglich gewordenen Buches" vorherrscht, das ist schon erwähnt worden[2]). Die sonstigen Eintheilungen hat er durchaus nicht hervorgehoben und ganz besonders im Einzelnen sich endlos, keineswegs immer mit Recht, über die Unordnungen und Wiederholungen des Celsus beschwert[3]). Um so mehr aber muss man ihm für eine zweite Leistung dankbar sein, nämlich dafür, dass er die Schrift des Celsus besonders auf den Punkten ganz wörtlich erhalten hat, wo Celsus selbst seinen Plan und seine Gliederung verräth.

Den Eingang bildet demgemäss das celsische Vorwort (1,1—27)[4]). Den Ausdruck „Vorwort" hat zunächst nur Origenes gebraucht; in der That aber auch sondert sich diese Partie, welche er zuerst und ausschliesslich in Skizzenform gab, als Vorbereitung und Orientirung von allem Folgenden ab und berührt sich zugleich mit diesem, indem sie die

---

[1]) Vgl. Orig. prooem. 6. 3, 1. 5, 65. Der Ausdruck Kapitel im Sinn einer für sich abgeschlossenen Gedankenreihe in Vorwort 6. 1, 1. 41. 49 u. sonst oft.
[2]) S. 197 A. 1.
[3]) 1, 40. 60 ($\tau\epsilon\rho\omega\nu$ $\tau\omega\nu$ $\lambda\acute{o}\gamma\omega\nu$ der ganz gewöhnl. Ausdruck). 2, 32. 6, 39 u. s. ($\tau\alpha\upsilon\tau o\lambda o\gamma\acute{\iota}\alpha\iota$ $\tau o\tilde{\upsilon}$ $K\acute{\epsilon}\lambda\sigma o\upsilon$).
[4]) Orig. proocm. 6. 3, 1.

Schlüssel zu den näheren Ausführungen bietet und mehrfach nicht nur in Grundgedanken, sondern selbst in Einzelpunkten bis auf's Wort hinaus mit diesen zusammenstimmt[1]). Dieses Vorwort selbst hat zwei Abtheilungen; in der ersteren wird der allgemeine Charakter des Christenthums (1, 1—12), in der zweiten sein Mission gegenüber der Religionseinheit der Weltvölker (1, 14—27) gezeigt.

Der erste Theil gibt die überwiegend geschichtliche Widerlegung des Christenthums vom Standpunkt des Judenthums und erstreckt sich bis zum Schluss des zweiten Buches des Origenes (1, 28—2, 79). Celsus stellt, wie schon erwähnt, einen Juden auf, um zuerst Jesus anzureden und zu überführen, dann dessen Anhänger, die traurig verführten jüdischen Landsleute. Dieses sind zugleich die natürlich gegebenen zwei Kapitel des vorliegenden Theils (1, 28—71 und 2, 1—70), deren Unterabschnitte ebenso wie die der folgenden Theile aus der Uebersetzung leicht zu erheben sind.

Der zweite Theil, mit welchem die eigene Rede des Celsus beginnt, widmet sich der prinzipiellen Widerlegung des Christenthums vom Standpunkt der Philosophie und umfasst nicht weniger als drei Bücher des Origenes (3, 1—5, 65). Der Eingang ist durch das Zurücktreten des Juden und durch die höhnische Eröffnungs-Charakteristik des Celsus über Juden und Christen (3, 1) hinlänglich bezeichnet, der Schluss durch den Uebergang von den allgemeinen Reflexionen über die Nichtigkeit der christlichen Lehre zur Prüfung des Details der christlichen Lehre (5, 65. 6, 1). Man unterscheidet hier wieder leicht zwei Hauptkapitel, das Eine die allgemeine Widerlegung des revolutionären und thorheitsvollen christlichen Prinzips (3, 1—81), ein Kapitel, welches vielfach nur eine Erweite-

---

[1]) bes. mit Buch 3, 1—81.

rung des Vorworts ist, das andere die interessante und neue,
daher auch wichtige und ausführlich behandelte Abweisung
der christlichen Teleologie oder des jüdisch-christlichen
Glaubens, dass alle Dinge, die Welt und Gott selber den
Juden und den Christen dienen (4, 1—5, 65).
Der dritte Theil also wendet sich zur Widerlegung
der christlichen Einzellehre und zwar vom
Standpunkt der Geschichte der Philosophie.
Er füllt nahezu zwei Bücher des Origenes aus (5, 65. 6, 1
7, 61). Die Grenzen rückwärts sind genannt, die Grenzen
vorwärts, nicht ganz leicht zu ordnen, werden beim vierten
Theil erscheinen. Dass es sich hier um die christlichen Spezial-
dogmen handelt, zeigt der formelle Ausdruck des Celsus im
Eingang ebenso, wie nachher die grosse Rubrik der Einzelfragen, welche er durchläuft; und dass hier weniger eine Widerlegung vom Standpunkt der Philosophie, als der Geschichte
der Philosophie sich einführt, geht aus der hier vorherr-
schenden, auch von Origenes erkannten Verfahrungsweise
des Schriftstellers hervor, die christlichen Lehrsätze als miss-
verstandsvollen Abklatsch gewisser historischer Sätze der
griechischen Philosophen, Platon voran, nachzuweisen[1]). Der
Theil hat zwei Kapitel, ein längeres und ein kürzeres.
Jenes enthält die eigentliche Widerlegung in nicht weniger
als sieben dogmatischen Stücken, nämlich in der Frage der
Erkenntniss Gottes, des Reiches Gottes, des Teufels und
Antichrists, der Weltschöpfung, der Offenbarung Gottes im
Geiste Christi, der prophetischen Weissagung und des ewigen
Lebens (5, 65—7, 35)[2]). Dieses, das zweite Kapitel (7, 36—
58) wendet sich zu praktischen Schlussfolgerungen, dass die
Christen statt des Verführers bessere Führer, die alten
Dichter und Weisen ergreifen und ihre Neuerungslust, wenn

---

[1]) 5, 65: αὐτὸν ἐξετάζωμεν τὸν λόγον. Dabei vor Allem (πρότερον
δὲ) der Nachweis aller παρακινήματα (vgl. 7, 61).

[2]) Nicht ganz richtig aufgezählt von Bindemann 127.

sie durchaus ausbrechen müsse, durch die Verehrung edlerer Todten befriedigen sollen.

Der vierte Theil, bis jetzt niemals in seiner Besonderheit erkannt und abgegrenzt, widmet sich vom Schluss des siebenten Buches des Origenes bis zum Ende des achten dem Bekehrungsversuch (7,62—8,76)[1]). Streng genommen allerdings reicht der dritte Theil, die Kritik der Einzellehre, von 6,1—8,76 d. h. bis zum Schluss des ganzen Werkes, begreift aber die zwei grossen Kapitel, zuerst die Einzellehre, verglichen mit den Sätzen der Philosophen, dann die Einzellehre in ihrer praktischen Verwirklichung zum Kultus. Klarer Weise nämlich gibt Celsus in zwei Stellen diese Disposition an die Hand. In 5,65 sagt er: wohlan, auch wenn sie keine Grundlage der Lehre haben, so wollen wir ihre Rede (im Einzelnen) selbst prüfen, zuvor aber Alles das sagen, was sie von Andern schief gehört haben und unter Unwissenheit verfälschen. In 7,58 (61) aber schliesst er deutlich diesen ersten Theil mit den Worten: aber über diese und die andern Dinge alle, welche sie verfälschen, mag das Gesagte genügen, und wem immer es lieb ist, noch ein Mehreres davon zu erforschen, der wird es wissen können[2])! Nach dieser Ausführung über die Lehrmissverständnisse gegenüber den Philosophen setzt er dann in 7,62 das zweite Kapitel ein mit den Worten: stellen wir uns aber auf eine andere Seite! und geht über zu den Fragen des christlichen Kultus, zum Gegensatze der Christen gegen Tempel, Altäre, Bildsäulen, heidnische Festfeiern, heidnisches Leben überhaupt: ein Gebiet, in welchem der Natur der Sache nach die Vergleichung mit philosophischen Regeln fast gänzlich zurücktritt. Wenn wir dennoch,

---

[1]) Vgl. über Bindemann u. Baur s. 198 Anm. 1 u. 2.

[2]) Bindemann fehlt also jedenfalls, wenn er S. 127 die Verhandlungen über den Kult ohne alle Absonderung in die Einzellehre einrechnet.

statt den dritten Theil von der Einzellehre bis zum Schluss
des Ganzen gehen und lediglich in zwei grosse Kapitel sich
gliedern zu lassen, vom dritten noch einen vierten Theil
unterscheiden, so geschieht diess schon mit Rücksicht auf
die unverhältnissmässige Grösse der zwei Kapitel, noch vielmehr aber wegen des im zweiten Kapitel (7,62—8,76) völlig
neu auftretenden und wahrhaftig epochemachenden Gesichtspunktes der Verständigung mit
dem Christenthum. Lässt man diesen Gesichtspunkt
zu, so könnte man allerdings auch noch mit einigem Schein
die Frage erheben, ob dieser Verständigungsversuch
dann nicht vielmehr schon von den Schlussfolgerungen des
dritten Theiles abwärts (7,36 — 56) zu datiren sei? Aber
dieser Eintheilung stünde ja nicht bloss der entschieden
noch feindselige und überaus spöttische Ton der Schlussfolgerungen in 7,36 ff. entgegen, sondern noch vielmehr der
klar bezeichnete Abschluss in 7,58 und 7,62. So vervollständigt man allerdings mit Fug und Recht diese Bekeh-
rungsversuche (7,62—8,76) als vierten Theil. Die Unter-
abtheilungen dieser in ein Entweder Oder mündenden Con-
ciliationsarbeit sind aus der Uebersetzung zu erheben.

V. Der philosophische und religiöse Standpunkt.

Der Ausgangspunkt des Schriftstellers ist wesentlich
der platonische. Diese Bezeichnung ist insofern nicht ganz
genau, weil die platonische Richtung hier weder ganz rein,
noch auch in strenger Ausschliesslichkeit vertreten ist. Nicht
nur wird unter dem Namen Platon's auch unächte platonische Literatur, besonders briefliche verwendet und eine dem
Meister nicht mehr ganz entsprechende Lehre von der Ewigkeit

der Welt, von der Beschränkung der Vorsehung, von der Weltregierung der Dämonen und vom unaufgeweichten ewigen Gegensatz der lichten und dunkeln Elemente, der Geister- und Körperwelt, von der Ebenbürtigkeit der Thiere und Menschen und von der Endlichkeit auch des unsterblichen Menschengeistes eingeführt; nein, ihm zur Seite treten als ebenbürtige alte göttliche Männer auch Pythagoras, Pherokydes, Heraklit, Empedokles, Anaxarch und von Jüngeren Epiktet und Stoa überhaupt, deren Zeugniss, namentlich das Heraklit's, bekanntlich auch von den philosophischen Christen, Justin dem Märtyrer und Athenagoras verehrt, oft eingeholt und in werthvollen Fragmenten wiedergegeben wird. Und je höher in Zeiten, welche gegen Philosophie und Religion so misstrauisch und glaubenslos geworden, das Urtheil des Alterthums, die Instanz der Verzweiflung, geschätzt ist, schweift hier die Sorge und Unruhe des Haltsuchens selbst über die Vertreter grauer griechischer Zeiten, über Linos und Musaeos, Orpheus, Homer und Hesiod auf „alte Reden" und auf die ältesten und weisesten Völker des Erdenrunds, in deren Kreis nur die Juden nicht zählen, auf Egypter, Assyrer, Inder, Perser, Samothraker und Hyperboreer, Druiden und Geten, Zoroaster den Perser und Zamolxis den Scythen zurück[1]). In dieser Weitherzigkeit des Suchens und Glaubens ist Celsus wesentlich ein Repräsentant jenes Synkretismus, wie er seit dem letzten vorchristlichen Jahrhundert unter dem Einfluss philosophischer Erschöpftheit und griechisch-römischer Weltbürgerlichkeit entstanden, im zweiten nachchristlichen Jahrhundert, in der

---

[1]) Unächte platon. Briefe 6, 3 ff. 6, 18 ff. Die göttl. Männ. 1, 14 ff. 4, 36–7, 31. 41 f. 58. Pythag. insbes. 1, 14. 2, 55. 5, 41. 8, 28. Pherekydes 6, 42. Heraklit 1, 5. 5, 14. 6, 12–42. 7, 62. Empedokles 8, 53. Platon 6, 3—21 u. a. Anaxarch, Epiktet 7, 53. Stoiker 6, 71. 76. Gottvolle Völker 1, 14 f. 6, 80 u. a. Ἀρχαῖος ἄνωθεν λόγος; 1, 14. Παλαιὸς λόγος 3, 16. Πάλαι διδαγμένα 4, 14. Vgl. über s. Citate aus Griechen Abschnitt VI.

Periode Kaiser Hadrian's und seiner Nachfolger von den
Zeitgenossen des Celsus, Plutarch, Apulejus, Maximus von
Tyrus mustergiltig ausgebildet und im dritten und vierten
Jahrhundert in den verschwommenen Regierungsprinzipien
des Kaisers Alexander Severus und in der neuen, etwas
schneidigeren Philosophie des sogenannten Neuplatonismus
vollendet worden ist[1]).

Bei all' dieser Weite der Sympathieen und bei allen
Fortbildungen, welche die Jahrhunderte selbst ihm auf-
drängten, ist Celsus dennoch wie die genannten Zeitgenossen
und wie die epochemachenden Denker der folgenden Jahrhunderte in seinen Grundüberzeugungen ein Platoniker,
ein Anhänger der Schule gewesen, welche dem ewigen Welt-
problem die grösste Begeisterung, Tiefsinnigkeit, Religiosi-
tät und Pietät auch für die historisch gewordenen Frömmig-
keitsweisen gewidmet hat und eben dadurch auch in diesen so
zerfahrenen Zeiten ein Hauptanziehungspunkt der ernsteren,
positiven Boden und Ausgleichung von Alterthum und Neuzeit, Versöhnung von Glauben und Wissen suchenden Geister geworden ist. Ueber den Platonismus des Celsus ist
heutzutage, besonders seit den Untersuchungen Mosheims,
welche zuletzt von Baur und Zeller bestätigt wurden, ein
Zweifel kaum mehr übrig, nachdem man lange genug im
Glauben an die von Origenes ausgegebene Parole vom Epikurismus des Celsus irre gelaufen war[2]). Dieser ganz äus-
serlich aufgehefteten Etikette widersprach ja von Anfang
an alles Inwendige, indem man überall auch ohne Citate
platonischen Sätzen und Worten aus Timaeus, Theaetet, Phae-
don, Phaedrus, Politikus und Republik begegnete, indem man

---

[1]) Volkmar Urspr. der Ev. S. 80 macht den Celsus gradaus zum
Neuplatoniker. Hängt mit dem weitern Irrthum zusammen, dass C.
Zeitgenosse des Orig. gewesen.

[2]) Mosheim Vorr. 22 ff. Besonders 41. 49. 58. Baur, drei Jahrh.
369. Zeller III, 543 ff. Hase K. G. 51. Orig. 1, 8 u. s. vgl. den
Abschnitt X vom Verfasser.

noch dazu keinen Philosophen fleissiger angerufen und satzweise ausgeschrieben fand als eben Platon, indem man seine gottvollen Worte gerühmt (6,17), indem man ihn unter den gottvollen Dichtern und Weisen und Philosophen als den energischesten Lehrer der Gotteswissenschaft, als den Zugführer und Zugschliesser der ganzen Philosophie gepriesen las (7, 41. 42. 58)[1]).

Wesentlich platonisch und geradezu auf ächte und unächte Worte Platons gebaut ist die Lehre des Celsus von der Erkennbarkeit und vom Wesen Gottes. Er selbst will ja keine neue Lehre darüber geben, sondern alte (4,14). Den Bildner nun zwar, sagt er mit dem Timaeus, und den Vater dieses Alls zu finden, ist Arbeit und wenn man ihn gefunden, ihn auszusprechen für Alle, ist Unmöglichkeit (7, 42)[2]). Während Andere mit ihrem Wissen oder mit ihrem Glauben prahlen, hat Platon über die Unaussagbarkeit des ersten Guten, über die Unmöglichkeit, von Namen und Bildern und Meinungen zum Wissen zu kommen, keine Illusionen übrig gelassen (6, 9. 7, 45). Er hat sich nur bemüht, vom Unbenennbaren und Ersten einige Vorstellung zu geben, ihn verdeutlichend entweder auf dem Weg der Synthese mit dem Uebrigen oder der Trennung oder der Analogie (7, 42)[3]). Was in sichtbaren Dingen, welche in das Gebiet der Wahrnehmung, aber auch der Meinung und des Irrthums fallen, die Sonne ist, welche weder Auge ist noch Schauen, sondern

---

[1]) Die platon. Stellen (vollständig) unter A. VI. Welche Fundgrube für die celsische Schilderung der Vollkommenheit Gottes im Sein und Wirken ist nur Tim. p. 30 ff. Phaedr. c. 26 ff.; Leg. 10, 903; für den Begriff der Materie (4, 65. 6, 42) Tim. p. 50; des Bösen (4, 65) Theaetet c. 25; für den Begriff der Dämonen (5, 25) Polit. c. 15; die christl. hochmüthigen Frösche an der Pfütze (4, 23) Phaedr. c. 58.

[2]) Die platon. Citate s. zu den einzelnen Stellen der Uebersetzung.

[3]) Zur platon. Erkenntnisstheorie vgl. Zeller II, 172 ff. Ueberweg I, 121 ff. Daran schliessen sich die christl. Terminologien vgl. Basil. adv. Eunom. 1, 10. Dionys. Ar. d. divin. nom. 7, 3 etc. an. Strauss, Dogm. 1, 533 ff.

nur Ursacherin des Schauens und Geschautwerdens, das ist in den begrifflichen Dingen der gegen Alles, auch gegen Verstand, Denken und Wissenschaft, Wahrheit und Wesen jenseitige, lediglich die Erkenntnissakte nährende und durch eine gewisse unsagbare Kraft in der Form eines plötzlich angezündeten Seelenlichts erkennbare Gott (6, 3. 7, 45). Er hat keinen Mund und keine Stimme, keine Gestalt und Farbe und Bewegung, nicht einmal am Wesen hat er Theil, denn aus ihm ist Alles und er aus Nichts. Selbst dem Worte unerreichbar, weil die Begreifbarkeit mit einem Namen ein Leiden wäre (0, 62—65), mag er nur als gut und schön und glücklich (4, 14), unzugänglich dem Schaden, der Betrübniss (8, 2), dem Bösen und Ungerechten (3, 70. 4, 65. 7, 11—14), als neidlos und affektlos (4, 6. 99. 8, 2. 21), als in schönster und bester Lage befindlich und frei von Veränderung, welche nur Sterblichem zukommt, bezeichnet werden (4, 14).

Mit diesem abstrakten Gottesbegriff, bei welchem jede Bestimmtheit des Wesens Gottes, am Ende selbst das Prädikat der Güte und Schönheit, vollends jede Thätigkeit nur als Veredlichung, als Leiden und Veränderlichkeit erscheinen konnte, mit dieser Flüchtung Gottes aus der Welt wurde natürlich schliesslich weder die Existenz Gottes selbst bewiesen noch auch die der Welt erklärt. Allerdings stellt Celsus so gut wie der jüdische Platoniker Philon und wie der christliche, Paulus, das Postulat auf: aus ihm ist Alles (0, 65) und zwar von Anfang an, unter Begünstigung der Annahme einer Weltewigkeit (1, 19. 4, 79 vgl. 6, 52), und am liebsten bezeichnet er ihn mit Heraklit, Platon und Stoa als das Weltwort und die Weltvernunft (5, 14) oder ganz stoisch als den Weltgeist, der durch Alles hindurchgeht (6, 71)[1]. Aber wie die anfängliche Gottesidee, so deutet auch

---

[1] 5, 14: αὐτὸς γάρ ἐστιν ὁ πάντων τῶν ὄντων ὁ λόγος vgl. 2, 31 · ὁ λόγος υἱὸς θεοῦ. Unter λόγος versteht C. in der Regel die

dieser Ausdruck im Voraus auf eine abstrakte, logische, spiritualistische Fassung des Weltproblems. In der That wird nach Platon selbst (wie auch Origenes sieht 4, 54) sofort ausgesprochen, dass Gott nichts Sterbliches gemacht, sondern Gottes Werke nur die unsterblichen Wesen, neben den Göttern die Geister sind (4, 52. 4, 61)[1]). Diese sind von Natur darauf angelegt, nach dem Verwandten, nach Gott zu streben und sehnsüchtig zu begehren, ihn zu hören und in Erinnerung zu bringen (1, 8. 8, 63). In den schmutzigen Leib, in's Fleisch eingeschlossen, vielleicht um Strafen der Sünden zu zahlen oder in geordneten Perioden von einigen Leidenschaften ausgereinigt zu werden (8, 53), haben die Seelen Aussicht, aus diesem Gefängniss zuletzt befreit (8, 53. 55) und ewigen Lebens theilhaftig zu werden (5, 14), soweit irdische Natur dessen fähig ist (6, 72), indess den Bösen ewige Uebel drohen (3, 16. 8, 49)[2]).

Aber nun beherbergt die Welt neben dem Geistigen und Unsterblichen auch Körperliches, Sterbliches und zahlreiche Uebel im Sterblichen. Diese Mächte weiss Celsus nicht aus Gott, dem Guten und Schönen und Glücklichen zu erklären; so schiebt er nach dem Vorgang Platon's schöpferische Mittelursachen ein, um ihre Existenz begreiflich zu finden. Sein erstes Erklärungsmittel ist, wie bei

---

Vernunft, das Vernunftgesetz 1, 9. 2, 79. In 2, 31 aber liegt die Bedeutung Wort zu Grund. Beides ist ächt heraklitisch s. Ferd. Lassalle, Herakleitos 1858. 1, 323 ff. Vgl. Zeller, theol. Jahrbb. 1852. 207. Phil. der Griechen II, 259. III, 64. Die platonische Frage von der Ewigkeit der Welt (Tim. S. 28 ff.) ebend. II, 254 ff.

[1]) Vgl. Timäus S. 27 ff. 41 ff. Zeller II, 254. 260.

[2]) Der Leib im Voraus verglichen 1, 39. 3, 42. 4, 52. 60. Aber auch unrein, schmutzig 3, 42. 5, 14. 6, 72. 7, 13; ein μίασμα 6, 73. Statt Leib σῶμα 3, 42. 5, 14. 6, 34. 7, 36. 42; also wie bei Epikur u. Stoa u. im N. T. vgl. Zeller, theolog. Jahrb. 1852, 293 ff. Ewiges Leben 5, 14. 8, 49. Endlichkeit nach stolschem Materialismus. Rückkehr zu Gott 6, 72. Vgl. Zeller II, 261. III, 105. Die Negativität gegen das Leibliche über das Mass Platon's ib. II, 278.

Platon, insbesondere im Timaeus, die ewige Materie (4, 52. 54. 61 ¹). Sie, welche Gott von Anfang an in fehlerhaftem Zustand antrat, hat er sofort in gewissen richtigen Verhältnissen zusammengebunden und geschmückt und die in sie befindlichen Dämonen, alle, welche übermüthig waren, strafend hinweggeworfen auf den Weg zur Erde (6, 42)²). Aber neben der Materie mit ihren bösen Dämonen, gewissermassen dem ewigen dunkeln Grunde, der Gottes lichtes Wollen und Wirken begrenzt, sind es untergeordnete Organe, unsterbliche Werke Gottes (4, 52), Engel, Dämonen, Heroen, an ihrer Spitze die ehrwürdigsten und machtvollsten Theile des Himmels, Sonne, Mond und Sterne, von ihm selbst als Statthalter eingesetzt, welche zur Hervorbringung und Erhaltung des Sterblichen, des sinnlichen Kosmos mitgeholfen haben und stetig mit der Vorsehung in den einzelnen Gebieten beschäftigt sind (4, 61. 5, 6. 7, 68)³). Von ihnen rühren Blitze, Donner und Regen (4, 75), von ihnen die Luft, Getreide, Baumfrüchte und Wein und Wasser und Zeugungen und alle Einzeloffenbarungen Gottes her (5, 6. 8, 28). Gott aber ist der oberste Führer der geordneten und gerechten Natur (5, 14), welche in gewissem Betracht er selber ist (1, 24. 4, 61. 5, 6) und welche er mit seiner in's Ganze gehenden Vorsehung nie verlässt (4, 99)⁴). Er sorgt dafür, dass sie als sein Werk vollständig und vollkommen in allen Stücken sei (4, 99), dass Jegliches entstehe und vergehe des Heils

---

¹) Zeller II, 218 ff. 254.

²) Der Ausdruck 6. 42: *ἐξ ἀρχῆς αὐτὴν πλημμελῶς ἔχουσαν διαλαβὼν* etc. *συνέδησε* etc. ist fast wörtlich nach Tim. p. 30: *παραλαβὼν οὐχ ἡσυχίαν ἄγον, ἀλλὰ κινούμενον πλημμελῶς κ. ἀτάκτως* etc. Hiernach ist (s. z. St.) *διαλαβὼν* mit „bekommen" oder „antreten", nicht mit „anfassen" zu übersetzen.

³) Platon. Analogien bes. im Politikos c. 15. Tim. p. 40 ff. vgl. Zeller II, 254. 260.

⁴) *At isti uno naturae nomine duas res diversissimas comprehendunt, Deum et mundum, artificem et opus dicuntque, alterum sine altero nihil posse* etc. Lact. 7, 3. Ib.: *Dei membra.* Vgl. Cic. nat. D. 3, 16.

des Ganzen wegen (4, 69. 70 ff. 99. 8, 53. 57) in regelmässigem Kreislauf grosser und kleiner Perioden (4, 11. 60. 65. 69. 8, 53), ohne dass es dabei jemals einer Nachbesserung oder gar eines Verlassens des Herrschaftsstuhles, einer revolutionären Durchlöcherung des Naturzusammenhanges bedürfte (4, 3. 5. 29. 69) und ohne dass durch die grossen Weltkrisen, die Wasserfluthen und Weltbrände, welch' letztere nach der jüngsten Thatsache der deukalion'schen Sintfluth allerdings zunächst zu erwarten sind (4, 11), der Fortbestand des Ganzen in Frage käme (4, 79)[1]. Das Böse oder das Uebel (denn beide Begriffe vermischen sich stets, wie auch Origenes sieht 0, 53. 56) hängt allerdings wie eine Nothwendigkeit (8, 55) an der Welt. Es ist nicht aus Gott, von welchem nichts Schlechtes, Unwürdiges, Besudeltes kommt (7, 11 ff.), haftet der Materie an und wohnt dem Sterblichen ein (4, 65), wird aber niemals im Ganzen wie im einzelnen Menschen, dessen grober Sündenhang schwer zu korrigiren ist (3, 65), so wenig grösser als kleiner (4, 62. 69. 99) und dient vielfach der Oekonomie des Ganzen, während es dem Menschen in seiner Kurzsichtigkeit als schlimm erscheint (4, 70. 8, 53)[2].

Von allen Unhaltbarkeiten dieser Theorie, welche Gott einen wenn auch noch so subtilen Pakt mit der unreinen und verunreinigenden Materie aufnöthigen will, fällt keine so grell und widrig auf, als der plötzliche wahrhaft charakterlose und dennoch aus dem todten Einheitsprinzip so wohl erklär-

---

[1] Die Vollkommenheit der Welt Plat. Timäus p. 92. Just. ap. I, 20. Die Weltperioden u. Weltkrisen bes. nach Heraklit s. Ferd. Lassalle, Herakleitos II, 184 ff., aber auch Platon (an welchen Orig. 4, 62 denkt) s. Timäus p. 38 ff. u. Politikos c. 12 ff. Zeller II, 270, sowie Stoa Zeller III, 81 vgl. Just. I, 20. II, 7. Deukal. gleich Noah 1b.

[2] Die Nothwendigkeit des Bösen (trotz aller oft verkündigten, aber auch wieder 2, 20 geleugneten Willensfreiheit) vermöge der ψυχῆς φύσις auch bei Platon (Theätet c. 25 p. 176. A.) Zeller II, 275. 279. Schon Orig. 4, 62. Parall. griech. Philos. s. 4, 70. Aber selbst der Christ Laktanz 7, 4.

bare Umsatz der zuerst entschieden idealistischen Weltanschauung in eine realistische, ja naturalistische, welche der synkretistische Platoniker vorzüglich spätern, auch sonst in der Geschichte des Platonismus sichtbaren Einflüssen, hauptsächlich auch der stoischen Lehre vom Naturprozess und vom Uebel dankte [1]. Die Idee Gottes als der geistigen Vernunft, die Betonung der Geisterwelt als des wahren Werkes Gottes, dem sogar eine Menge göttlicher Gesandter oder Engel dienen sollte (5,52 u. a.), die Einführung eines Entwicklungs- und Vollendungsprozesses dieser Geisterwelt als des Grundthema's der Weltgeschichte (8, 53) hinderte diesen Schriftsteller nicht, in aller Nacktheit es auszusprechen und mit rohem Behagen, wahrhaftig Sokrates und Platon zum Trutz, es auszuführen, dass Gott die Welt nicht für die Menschen gemacht, so wenig als für den Löwen, Adler oder Delphin (4,99), dass der Mensch, wenigstens dem Leib nach, warum aber auch nicht im Ganzen nicht besser sei als die Fledermäuse, Maden und Frösche (4,52), dass Gott dem Menschen so wenig zürne als den Affen oder Fliegen (4,99), dass er in vieler Hinsicht zwar nicht die Dornen und Disteln, welche allein die Pflicht haben, den Menschen und Thieren

---

[1] Zeller III, 544 denkt beim Naturalismus besonders an aristotelische u. epikureische Einflüsse. Aber die Stoiker lagen C. sichtlich näher, indem er sie auch sonst (6, 71. 72. 78) benützt, was von Aristot. u. Epikur nicht nachzuweisen ist. Vgl. über die Stoiker Cic. n. D. 2, 1 ff. Laet. 7, 4. Zeller III, 69 ff. 90 ff. Der Zweifel gegen die spezielle Vorsehung aber lief durch alle Schulen. Er ist schon beim Akademiker Karneades (150 v. Chr.), welcher als mustergiltiger Widerleger der Stoiker, bes. Chrysipp's galt (Cic. n. D. 1, 2), selbst beim Platoniker Plutarch (90 n. Chr.), den Neuplatonikern Plotin (250) und Proklus (450). Ohnehin neben den Epikureern bei dem Aristoteliker Alexander v. Aphrodisias (200 n. Chr.) und dem Skeptiker Sextus Empirikus (220). Vgl. Zeller, Vorsehung III, 981. In seinen zoologischen Theorien berührt sich C. mit den Epigonen verschiedener Schulen (selbst Plutarch), am wenigsten doch mit Aristoteles s. zu 4, 85.

dienstbar zu sein, aber um so mehr die Thiere, die Ameisen und die Bienen, die Elephanten, die Störche und die Vögel in Einsicht und selbst in religiösem Instinkt über die Menschen gesetzt (4,74—99), dass er endlich die Welt im Grossen und Ganzen, worauf allein seine Vorsehung gerichtet, ohne Verminderung und Vermehrung des Guten und des Bösen von Anfang bis zu Ende denselben Kreislauf des Sterblichen in monotoner, eherner Nothwendigkeit führe (4, 65)[1]).

Auf die Dämonen führt uns schliesslich Celsus noch einmal zurück. Denn sie haben bei ihm die Bestimmung, die Mittelmänner nicht nur zwischen Gott und der Welt, sondern auch zwischen alter und neuer religiöser Weltansicht zu sein. Wenn es doch möglich wäre, seufzt Celsus um Schluss seines Buches, dass zu Einem Gesetz zusammenstimmten die Bewohner Asiens und Europa's und Libyens, Hellenen sowohl als Barbaren, welche bis zu den Enden vertheilt sind. Freilich, fügt er resignirend hinzu, wer dieses meint, weiss nichts (8,72)! Er überschaut auf der Höhe des römischen Weltreichs die Massen verschiedenartiger Religionsweisen von den rohen Scythen, libyschen Nomaden, götterlosen Serern, den gottlosesten und gesetzlosesten Völkern (7,62) bis zu den Persern, welche an keine Götterbilder, Altäre und Tempel glauben (1,5. 7,62), bis zu den Juden, welche nur den Höchsten, Zebaot oder Adonai und einige Engel anbeten (1,23 26), dann wieder bis zu den Hellenen, welche menschenähnliche Götter (7,62), und bis zu den Egyptern, welche Katzen und Affen, Krokodile, Böcke und Hunde verehren (3,17). Wie viele Marktschreier ziehen täglich herum, Bettler der Cybele, Priester des Mithras, egyptische Künstler, welche um wenige Obolen ihre

---

[1]) Man traut seinen Augen kaum, wenn man bei Neand. I., 288 liest: als consequenter Platoniker verwarf Celsus alles Teleologische.

ehrwürdige Wissenschaft verkaufen, Dämonen austreiben, Krankheiten wegblasen, abgeschiedene Seelen von Horven zum Erscheinen nöthigen, Bilder von Thieren in Bewegung bringen, Wundertische decken, in der Meinung der Menschen Gesandte und Söhne Gottes, in Wahrheit elende Betrüger (1,9. 68. 3,50). Und so hoch das Hellenenthum sich über die Barbaren erhebe (1,2), so wenig fehlt auch hier dem unmündigen Pöbel der Aberglaube, welchen schon Heraklit vergebens zu entwurzeln suchte, dass nämlich die obernen und goldenen Bilder die Götter selbst seien (1, 5. 7, 62) und des täuschenden Goetenthums hat sich da und dort selbst Pythagoras schuldig gemacht (2, 55)[1]). Die wahrste Religion ist schliesslich im Sinne Platons die Erinnerung und der Anschluss an den grossen Gott, den Wesensverwandten (1,8), der keine Gestalt und Farbe hat (6, 09. 04), der nichts bedarf, zu dem kein Schaden und keine Trauer dringt (8,2), von dem man nie ablassen soll bei Tag und bei Nacht in Wort und Werk und lobender Verherrlichung (1, 8. 8, 66). Aber stehen die gegebenen Religionen diesem höchsten Gott wirklich so fern? Doch nicht so ganz, antwortet mit den Gesinnungsgenossen der Platoniker, welcher das verhängnissvoll erschütterte Erbe des Alterthums nicht einreissen möchte, sondern erhalten. Wie Numenius, halb Pythagoräer, halb Platoniker, die berühmten Völker herbeirief, soweit Brahmanen und Juden und Magier und Egypter Uebereinstimmendes mit Platon festgesetzt (Eus. praep. ev. 9,7) und wie Plutarch und Maximus von Tyrus bei aller Verschiedenheit der Völker in Brauch und Namen „Ein Gesetz und Eine Rede" rühmten (Max. Tyr. diss. 17. Plut. d. Isid. 67), so weiss auch Celsus von einer alten übereinstimmenden Rede der weisesten und gottvollsten Völker, Egypter, Assyrer, Inder, Chaldäer, Magier, Perser und wie sie alle

[1]) Ueber Pythag. s. neben Diog. L. N. 1, 21. Jamblich. d. vit. pythag. 2 ff. Baur 110 f.

heissen (1, 14. 6, 80), dass Götter seien, vor Allem ein oberster
Gott, ob man diesen nun Zeus nenne oder Zen oder Adonaios oder Sabaot oder Ammon, wie die Egypter oder Papaeos, wie die Scythen sagen (5,11), weshalb er denn selbst
den in der Völkerliste verächtlich übergangenen Juden die
Freude lassen will, bei ihrem Adonai oder Zebaot, bei ihrem
Höchsten oder Himmlischen zu bleiben, weil es gleichgiltig,
den Höchsten mit hellenischen oder indischen oder egyptischen Namen zu nennen (1, 24. 5, 41. 2, 74).

Aber nicht nur auf den Einen höchsten Gott beschränkt
sich die scheinbar widerspruchsvolle Uebereinstimmung der
Völker, auch bei den andern Göttern sind mehr die Namen
verschieden als die Sache. Was liegt daran, dass die Hellenen von Apollon reden, die Scythen von Gongosyros und
dass ebenso die Namen von Poseidon, Aphrodite, Hestia,
ebenso die der Dämonen verschieden sind (6,39. 8,37)? Was
liegt daran, dass bei den Hellenen die tiefen Wahrheiten
über das Verhältniss Gottes zur Materie allegorisch in homerische Zankworte zwischen Zeus und Hera eingeschlossen
sind (0,42) und bei den Egyptern, dem weisesten Volke
(1, 20) in scheinbar unsinnige Thiersymbole (3,17. 18)?
Das Wichtigste ist, dass in allen diesen Darstellungsweisen
die wahren wesentlichen und bleibenden Grundverhältnisse
des irdischen Seins zum Ausdruck gebracht sind, nämlich,
wie Plutarch es ganz ähnlich mit Celsus ausdrückt, einmal
die Eine regierende Vorsehung und dann die untergeordneten Kräfte (δυνάμεις ἐπουργοί), welche in Sonne, Mond
und Sternen, Himmel und Erde und Meer über die einzelnen
Dinge gesetzt sind und bei verschiedenen Völkern hergebrachter Weise verschiedene Verehrung und Benennung

---

[1]) Die Allegorie gebrauchten Stoiker und Platoniker, bes. Neuplatoniker vgl. Arnob. 5, 31 (allegoricis sensibus). Allegorische Deutung scheint Celsus auch beim Grab des Zeus auf Kreta 3, 43 im Auge
zu haben vgl. die ähnlichen Versuche des Platon, Plut. d. Isid. 76,
des Stoikers Balbus bei Cic. nat. D. 2, 21.

haben (Plut. d. Isid. 67). Mit dem Höchsten allein, sagt
Celsus, wie ihn die armseligsten aller Menschen und Völker,
Juden und Christen verehren, ist es nicht gethan im Frieden
und im Krieg (8, 69). Als ob es anginge, dass zwar das
Ganze Gott sei, die Theile desselben aber, zumal die ehrwürdigsten und machtvollsten, Sonne, Mond und Sterne und
die übrigen Verwalter des Irdischen nicht göttlich (5, 6).
Die Wahrheit ist, dass die Theile der Erde von Anfang an
die einen diesen, die andern andern Aufsehern zugeschieden
und in gewisse Herrschaften vertheilt worden sind und in
solcher Weise verwaltet werden. Bei den Einzelnen also
möchten die Dinge richtig gethan werden, indem sie so
ausgeführt werden, wie es jenen lieb ist; aufzulösen aber
das von Anfang an in den einzelnen Orten üblich Gewordene ist nicht heilig (6, 25)[1]). Wer an den Früchten und
Gütern der Erde, welche sie verwalten und spenden, sich
betheiligen will, der muss den Verwaltern des irdischen Gefängnisses auch die Gegenleistung der Verehrung
in Danksagung, Gebet und Erstlingen bringen (5, 6. 8,28.
33. 54), um nicht undankbar zu sein (8, 55) und noch
ganz andere gestraft zu werden, als der Unterthan,
der den Prätor des römischen Kaisers, den Satrapen des
persischen Königs entehrt (8, 35. 58). Dieser Dienst ist ja
auch keine Entziehung der Ehre für den obersten Gott,
weil nur in menschlichen Verhältnissen und etwa noch im
Kreis rivalisirender Dämonen der Dienst eines zweiten
Herrn ein Abbruch des ersten ist (8, 2). Die Ehre der
Statthalter aber hat Gesetz aus dem höchsten Gott, es
sind seine geordneten Stellvertreter (7, 68), er wird darin
selbst bedient, indem er selber nichts bedarf, indem Alle

---

1) 5, 25 (vgl. Plat. Politic. c. 15): Τὰ μέρη τῆς γῆς ἐξαρχῆς ἄλλα
ἄλλοις ἐπόπταις νενεμημένα καὶ κατά τινας ἐπικρατείας διειλημμένα.
καὶ δὴ τὰ παρ᾽ ἑκάστοις ὀρθῶς ἂν πράττοιτο ταύτῃ δρώμενα, ὅπῃ
ἐκείνοις φίλον. Παραλύειν δὲ οὐχ ὅσιον εἶναι τὰ ἐξ ἀρχῆς κατὰ τόπους
νενομισμένα.

ihm gehören, indem ein Stück seiner eigenen Thätigkeit geehrt wird (8,2), indem die Gottesverehrung, durch alle hindurchlaufend, vollkommener erscheint (8, 66). Es hat für uns keinen Werth, der Klassifikation dieser ächt platonischen Untergötter bei Celsus (5, 6. 7, 68) oder Plutarch, Maximus von Tyrus, Apulejus weiter nachzugehen[1]). Wichtiger ist, dass man sie im Allgemeinen nach ihren untersten, zahlreichsten und wirksamsten Repräsentanten, dem „wahren Bande zwischen Göttern und Menschen", die Dämonen (die zutheilenden Götter) nannte und neben Orpheus und Musäus, Homer und Hesiod, Heraklit, Empedokles, Pythagoras, Platon und Xenokrates, dazu Chrysipp dem Stoiker, bei welchen man ihre Spuren finden konnte, den Persern, Zoroaster und den Magiern und den Orientalen überhaupt auf's höchste dankbar war, dass sie dem wankenden Polytheismus so gute und solide Stützbalken geliehen haben[2]).

Diese so glücklich gefundenen Dämonen aber garantirten schliesslich nicht nur die Existenz der vielen Gottheiten, von welchen der alte Glaube erzählte, und das Dasein einer Spezialvorsehung, auf welche man doch nicht ganz verzichten mochte, sondern insbesondere auch die von der Aufklärung so stark bezweifelten Vorstellungsweisen vom Wesen und Wirken und von den Opferdiensten dieser Götter[3]). Die grössten Schwierigkeiten, sagt Plutarch, welche aus der Gewohnheit der Menschen, Alles oder Nichts von der Gottheit herzuleiten, entstehen, haben Diejenigen gehoben, die das Geschlecht der Dämonen entdeckt haben, das zwischen Göttern und Menschen in der Mitte steht, um beide miteinander zu verknüpfen und zu verbinden. Wer kein Ge-

---

[1]) Plut. d. fat. 9. def. orac. 10. 29. Isid. 67. Max. Tyr. diss. 10, 8. 17, 12. 32, 8. Apul. d. Deo Socr. 2 ff. Vgl. S. 120, 2.
[2]) Plut. d. def. orac. 10 ff. d. Isid. 25. Vgl. m. Art. Busseneus im Bib. Lex. I, 411. Plato bes. im Politikos c. 15. Phaedr. c. 20. Tim. p. 40. — [3]) Vgl. Zeller III, 531 ff.

schlecht der Dämonen annimmt, hebt alle Gemeinschaft
zwischen Göttern und Menschen auf oder nöthigt uns, Alles
zu verwirren und die Gottheit in menschliche Zustände ein-
zuzwängen und zu unsern Bedürfnissen herabzuziehen. Die
Dämonen aber, auf der Grenze der Götter und Menschen
stehend, sterblichen Zuständen und Affekten unterworfen,
für Lust und für Schmerz empfänglich, sind die eigentlichen
Dolmetscher der Götter, die Träger der Weissagungen,
Weihen, Orgien, der Opfer und Sühnen, der Gaben und
Gottesstrafen[1]). Genau diese Vorstellungen hat auch Celsus.
Die Diakonen in den Lüften und auf der Erde (8,35), die
Dämonen, welche die Dinge der Erde durch's Loos bekom-
men haben (8,33), sind die Segenspender der Menschen,
die Verwalter der Zeugungen, die Propheten der Orakel
(3,24. 5,6), aber auch die Rächer des Bösen wie der Gering-
schätzung ihrer eigenen Person (8,35) und wer kann Alles
aufzählen, was aus Orakelstätten und Tempeln, Bildern und
Opfern Wunderbares in Segen und Fluch den Menschen zu
Theil geworden (8,45)? Selbst die Magie weiss er desswegen nicht ganz zu verwerfen, weil sie mit dämonischen
Kräften in Verbindung steht und er hat Angst vor ihr[2]). So
konnte nun Celsus halb mit Wärme, halb mit gezwungener
Rhetorik (6,45) sich an der Arbeit betheiligen, die thatsächliche Auflösung aller alten Religionen kühn abzuleugnen
und in Gemeinschaft mit den Zeitgenossen und als ein Vorläufer der Neuplatoniker der neue Bahnen suchenden Menschheit das Verharren bei der vaterländischen Religion
von Neuem zu empfehlen (5,25)[3]). Und doch war er zum

---

[1]) Plut. d. def. orac. 10 ff. d. Isid. 25. Der Ausdruck ἐν μιθυ-
ρίῳ def. 12 (8.120,1) nach Plat. Sympos. p. 202. Minuc. c. 26. Lact. 2, 14.

[2]) Vgl. 6, 41 u. Bindemann 93 f., der ohne Grund im Allgemeinen Philippi gegen Jachmann bestimmt, Celsus habe nichts auf
sie gehalten.

[3]) S. 67,1. Vgl Plut. d. superstit. 3: τὸ θεῖον καὶ πάτριον ἀξίωμα
τῆς εὐσεβείας. c. 4: θεοὶ πάτριοι καὶ γενέθλιοι. Pyth. orac. 18: δεῖ τὴν
εὐσεβῆ κ. πάτριον μὴ προΐεσθαι πίστιν. Epict. enchirid. 31: κατά

Schluss ehrlich genug zuzugestehen, im Voraus, dass die
Einhelligkeit aller heidnischen Kulte, die er im Anfang so
laut ausgerufen, im Grunde doch nur eine Idee von Utopien sei (8,72), nein, er bekennt sogar von seinen gepriesenen Dämonen, dass sie unter einander selbst in eifersüchtigem Streite liegen (8,2), dass sie zum Theil von Gott zur
Erde verstossene Frevler seien (8, 42), dass man die Warnung weiser Männer nicht überhören dürfe, wonach die
erdumgebenden Dämonen nur im Sinnlichen zu helfen und
nur am Sinnlichen, an Blut, Opferdampf und Gesängen sich
zu erfreuen wissen (8, 60), wogegen es sich zieme, den
höchsten Gott in Gedanken und Werken, vor Allem in
der Gesinnung der Seele niemals zu verlassen (8, 63).
Und es ist schliesslich der Standpunkt der Verzweiflung,
wenn er in der Erkenntniss, dass mit dem Einen Zugeständniss die ganze mühsame und doch in allen Theilen
so haltlose Restauration des alten Glaubens aufgehoben
werde, zu der so armseligen wie verschämten Beschwichtigung greift: so schlimm werde es mit den Dämonen
doch nicht stehen, es werde anzunehmen sein, dass sie
in Wahrheit nichts bedürfen und begehren, sondern lediglich ihre Seelenfreude haben an denen, welche Frömmigkeit gegen sie üben (8,69), weshalb er dann weiterhin auch
nicht mehr von Erstlingsgaben redet, welche er früher empfohlen (8, 33), sondern nur noch von Lobgesängen, zunächst
allerdings klüglich für die oberen lichten Gottheiten, für
Helios oder für Athene (8, 66) [1]. So hatte der anspruchsvolle
und widerspruchsvolle Apologet des Heidenthums in Wahrheit zugegeben, dass neben den alten Gottheiten, deren
groben Geschmack für die Fettdämpfe Freund Lucian so

τὰ τείχεα. Minuc. F. 5: *majorum excipere disciplinam; religiones
traditas colere.* Edict. Galer. ap. Lact. mort. persec. 34: *Christiani
parentum suorum reliquerant sectam.* Die gezwungene Rhetorik des
Celsus sieht auch Bindemann 143.

[1] Athene vgl. 6, 42. 8. auch die Stoiker Zeller III, 116.

tödtlich verhöhnt, auch die neuen Götter, die degradirten,
depotenzirten Ersatzgötter, hier die personifizirten und rationalisirten, dem Allgott Zeus unterstellten Theilkräfte,
hier vollends diese geradezu unheimlichen widrigen Dämonen
und der rohe und blutige Gottesdienst, den kein menschliches Gewissen (8, 62), aber ihre Natur noch am ehesten
rechtfertigte, das Licht eines neuen Zeitalters nicht mehr
ertragen [1]).

VI. Die Kenntniss des Christenthums.

Den „Ausdüftler aller Kuriositäten" (curiositatum omnium
explorator) hat Tertullian in vortrefflicher Weise den Kaiser
Hadrian genannt (apol. 5). Dieser Hadrianstypus ist einer
Menge von Schriftstellern des zweiten Jahrhunderts aufgeprägt, welche die Tiefe des Wissens durch die Breite, das
Erkennen durch Vielkenntniss und Vergleichung des Gegebenen, Geist und Witz durch den Kram der Merkwürdigkeiten ersetzten; und in ihren Reihen steht, obwol nicht
verlassen vom Genius des Gedankens und Humors, der in
schalkhaftem Spiel mit den menschlichen Thorheiten sein
Fest feiert, selbst jener Lucian von Samosata, der grösste
Satiriker des zweiten Jahrhunderts, und dicht neben ihm
unser Celsus, dessen Buch wir mustern. Origenes nennt ihn
wiederholt (4,30. 6,32) einen Vielwisser und Vielerzähler
(Polyhistor) und man bekomnt davon eine genügende Vorstellung, wenn man ihn in der ganzen griechischen Literatur,
in den Dichtern, Tragikern und Komikern, bei den Geschichtsschreibern und bei den Philosophen, allermeist in
Heraklit und Platon, Homer, Herodot und Euripides, aber
auch in den Meinungen und Bräuchen der verschiedensten
Völker Europa's, Asien's und Lybiens (8, 72 vgl. 1,14.

---

[1]) Lucian. Tim. 0 u. s.

6, 80. 7, 62), selbst bei Scythen und Serern (7, 62), also bis China und Japan zu Hause findet, wenn man ihn über Studien der Naturgeschichte (4, 83 ff.), der Musik (6, 22. 41), der Magie (6, 40) und Prophetie (7, 9), ja der ganzen Religionsgeschichte mit ihren buntesten Namen überrascht [1]. Indem insbesondere das religiöse Problem durch die Katastrophen der alten Autoritäten, den grossen Weltmarkt der Religionen und den ruhelosen Trieb aller guten und bösen Geister nach festen Haltpunkten des Sandkornes menschlicher Existenz im wirren Strudel des Daseins zur eigentlichen grossen Frage der Zeit geworden, tastet auch Celsus halb fieberhaft, halb philosophisch besonnen und umsichtig nach dem Nächsten und Fernsten, nach dem Aeltesten und Jüngsten in der langen Kette der Glaubensweisen, beschaut sich die orientalischen Gaukler und die egyptischen (3, 17 ff. 8, 58) und persischen (6, 22) Mysterien, nennt die egyptischen Untergötter von Chnumen bis Reianoor (8, 58) und selbst die scythischen von Gongosyros bis Tlabiti (6, 39). Er sucht die verborgenen Urkunden der Religionsweisheit und der Zauberei (6, 22. 25. 40), durchliest sie, auch wenn das Durchlesen zur Geduldsprobe ohne Gleichen wird (4, 52), fragt bei egyptischen Weisen (6, 41) wie bei christlichen Presbytern (6, 40) an und belauscht, enthüllt und überführt die wilden Begeisterungen der Propheten Palästina's (7, 9). Das Interessanteste und mitunter Geistvollste ist seine komparative Zusammenstellung der verschiedenen Glaubensweisen, in welche er schliesslich auch das Christenthum im Grossen und Kleinen hereingezogen.

---

[1] Benützung der griech. Literatur: Linos, Musaeos, Orpheus 1, 16. Homer 1, 66. 2, 36. 6, 42. 7, 28. 31. 8, 68. Hesiod 4, 38. Euripides 2, 34. 4, 77. Der Komiker 6, 78. Herodot 1, 5. 5, 34. 41. 7, 62. Pythagoras 1, 16. 2, 55. 5, 41. 8, 28. Pherekydes 1, 16. 6, 42. Heraklit 1, 5. 5, 14. 6, 12. 42. 7, 62. Empedokles 8, 53. Platon 4, 54. 6, 3. 6. 7 – 12. 15. 21. 7, 31. 32. 42. 58. Anaxarch, Epiktet 7, 53.

Diese Beobachtungen also hat Celsus auch dem energischen Träger neuester Frömmigkeit, dem nach seinem offenen Geständnisse in erschreckender Weise schon in die Massen der Bevölkerung des römischen Reiches eingedrungenen (2, 46. 3, 10. 12. 73) und sogar schon auf den römischen Kaiserthron mehr mit böser als guter Absicht hoffenden (8, 71) Christenthum, „dem Reiche Gottes" (1, 39. 3, 50. 6, 16. 8, 11) und in Verbindung damit seiner geschichtlichen Wurzel, dem Judenthum gewidmet. Seiner gründlichen Kenntniss ist er sich so sehr bewusst, dass er sich schämen würde, einer Unwissenheit auch nur über Einzelnes z. B. über die Stellung der Christen zum A. T. überführt zu werden (5, 61 vgl. 6, 34), dass er mit Selbstgefühl von Enthüllungen über Judenthum und Christenthum redet, welche diese Afterreligionen niemals erwartet hätten (4, 42), dass er geradezu das schon von Origenes sattsam gerügte übermüthige, wahrhaft gnostische Wort sprechen konnte: ich weiss Alles (πάντα γὰρ οἶδα 1, 12). Und in der That muss man gestehen, dass er bei allen Flüchtigkeiten, Missverständnissen und Verwechselungen, welche ihm aufzuweisen sind und welche schon Origenes reichlich genug gezüchtigt hat, in der Weite und in der Verständigkeit seines Wissens, welches ihn sogar zur glücklichen Nachahmung der eigenthümlichen christlichen Terminologien befähigte, die jüdische und heidnische Literatur der Zeit mit ihrem ungemein dürftigen Wissen vom Christenthum, allermeist von seinen schriftlichen Urkunden weit hinter sich gelassen hat und selbst dem hundert Jahre später (um 270) schreibenden grossen Neuplatoniker Porphyrios, dem geborenen Palästinenser, desgleichen dem noch jüngeren, seiner Kenntnisse wegen von Lactanz bewunderten Hierokles gänzlich ebenbürtig oder gar, soweit man dies gegenüber den dürftigen Fragmenten jener Beiden muthmassen kann, überlegen ist[1]).

---

[1]) Vergl. über die Kenntnisse der Juden u. Griechen-Römer vom Christenthum Gesch. Jesu I. 8. 17 ff. Die Kenntnisse des Cynikers

Die Kenntniss des Celsus vom Judenthum und Christenthum ruht theilweis, wie bei Lucian wohl ganz, auf der Beobachtung des Lebens und auf mündlichem Bericht und Mosheim geht so weit, ihn als schlauen Fuchs mit dem Scheine, „ein Bruder zu werden," die vertraulichen Gespräche der Gnostiker suchen zu lassen¹). Er redet ja selbst von seinen Beziehungen zu den Propheten Palästina's (7,9) und zu den Presbytern der Christen (6, 40), er kennt die grosse Kirche der Christen (5, 59) mit ihrem gesetzfreien heidenchristlichen Charakter (2, 1 ff. 6, 29) und in Vielem wesentlich unterschieden von der Gnosis (2, 10. 5, 54 ff.), daneben zahllose Sekten, am genauesten die alte egyptische Partei der Ophiten, sowie den jungen besonders im Abendland grossgewachsenen Marcionitismus, aber dazu noch eine Menge anderer Namen, welche nicht

---

Crescens Just. ap. II, 3. J. traut ihm sogar das Lesen der christl. Schriften zu: Von Hierokles (unter Diokletian) sagt Lact. inst. 5, 2 allerdings auch: *adeo multa, adeo intima enumerans* (Widersprüche der Schrift), *ut aliquando ex eadem disciplina (proditor) fuisse videatur*. Mit noch mehr Recht konnte man das von Porphyrios sagen. Aber C. ist über 100 Jahre älter! Wie gewandt er in christl. Terminologie ist (ähnlich so wie auch Porphyr. Eus. praep. 4, 7 von σωτηρία ψυχῆς zu reden weiss), mag man an den Ausdrücken Reich Gottes, Schauen Gottes, Vater, Sohn, Menschensohn, Engel, Kräfte (gleich Wunder 2, 49), Rettung, Versuchung (1, 12), Fleisch, Geist, Auferstehung sehen. Orig. wirft ihm freilich viel Unwissenheit 7. 18. 6, 17, Scheinwissen und Erfindung vor 6. 34 f. Zum Satz: ich weiss Alles vgl. die Gnostiker Ir. 1, 24, 6: *ipsi sciunt omnia*. Ganz ähnlich freilich auch der Feind der Gnosis 1. Joh. 2, 20. 27 vgl. 4.

¹) Baur 395 f. (nach A. Planck a. a. O. 886 f.), auch Hagenbach's K. G. 1, 162 lässt diese Frage bei Lucian offen, aber vgl. m. Art. Lucian in Herzog's R. E. VIII, 501. So Richtiges Lucian über die Thatsache christlicher Literatur (alter d. h. wohl jüdischer u. altchristlicher, dazu neuer in Kommentaren, Lehrschriften u. Briefen) gibt, so wenig ist ihm Lektüre derselben zu beweisen. Neuestens Jul. Sommerbrodt, ausgew. Schriften Lucian's (1872) I, XXXVIII f. F. Fritzsche, Lun opp. vol. I p. II pag. IX. 116. 117. Mosheim 33. Mosheim's Meinung erinnert an die Berichte Justin's über Crescens (ap. II, 3: Furcht, als Christ zu erscheinen) und Lactanz' über Hierokles (5, 2: *proditor*).

einmal dem geradezu staunenden Origenes geläufig waren
(5, 62), ihre Lehre und ihren giftigen Hass untereinander
(5, 61 ff.)¹). Er führt häufig gewisse Schlagworte der Christen
und das Gebahren der christlichen Lehrer ein: prüfe nicht,
glaube nur! dein Glaube wird dich retten! ein Schlimmes
ist die Weisheit dieser Welt, ein Gutes aber die Thorheit
(1, 9. 3, 44 ff. 72 ff.)! die Welt ist mir gekreuzigt und ich
der Welt (5, 64)! welche Sätze er wenigstens nicht noth-
wendigerweise dem Apostel Paulus, sondern dem lebendigen, durch Paulus gespeisten Christenthum entnommen
hat. Auch wenn er öfters den Ausdruck gebraucht hat:
„wie ihr saget" (2, 67. 2, 55), wenn er die Lehre von der Gottheit Christi (2, 07), von der Wahrheit seiner menschlichen
Natur (2, 10), von der Hässlichkeit seiner Person (6, 75), von
seiner Höllenfahrt (2, 43) erwähnt, so hat er hier schwerlich
aus christlichen Büchern, er hat vom mündlichen Berichte
gezehrt. Ebenso zeichnet er aus der Anschauung die Vor-
herrschaft der Weiber und Unmündigen in der christlichen
Kirche und das christliche Proselytenwesen (9, 55)²).

Dennoch dankt er sichtlich, obgleich selbst Origenes
wenigstens hinsichtlich mancher Thatsachen der Geschichte
Jesu im Zweifel über jüdische oder christliche Quellen oder
Missverständnisse von mündlichen oder auch schriftlichen
Quellen bleibt (2, 10), den grössten und wichtigsten Theil
seiner Nachrichten schriftlichen Quellen und verwundert,
ja staunend gewinnt man hier aus dem Zeugnisse des Heiden
einen der ältesten Beiträge besonders zur Geschichte der Evangelien, zur Geschichte des christlichen Kanon. Vom alten Testa-
ment kennt er hauptsächlich das erste und zweite Buch Mose
mit seinen für ihn lustigen Geschichten (4, 21. 33 ff. 6, 50 ff.)
von dem göttlichen Lichtruf, von der Rippe und Schlange,
von Sintfluth und Thurmbau, von Abraham und den Vätern

---

¹) Ophiten u. Marcion 5, 54. 6, 24 ff. 52 ff. 74. 8, 15.
²) Vgl. 6, 40: ὅτι ἄρα τῇ πέτρᾳ κατεδήσατε.

— 224 —

abwärts bis zu Joseph, auch den Fisch Jonas und die Löwengrube Daniels (7,53), während er von den Propheten, so oft er auch von Weissagungen redet (2, 29. 4, 20. 71. 7, 2 ff.), nur sehr Allgemeines und Trübes weiss. Von spätern jüdischen Schriften hat er Henoch flüchtig angesehen (5, 52), mit grossem Fleiss und Behagen aber die jüdischen albernen Lügen über Jesus, gewissermaassen sein bevorzugtes Evangelium, zusammengelesen, wie sie in seiner Zeit wahrscheinlich nicht mehr nur mündlich erzählt, sondern schriftlich verbreitet wurden, die Grundlage der tollen Erzählungen des Talmud (1, 28 ff. 2, 13)[1]. Daneben aber hat er bei allem Vornehmthun mit seinen selbständigen Quellen (2, 13) überwiegend doch die Schriftwerke der Christen benutzt. „Das haben wir für euch aus euren Schriften (ταῦτα μὲν οὖν ὑμῖν ἐκ τῶν ὑμετέρων συγγραμμάτων) und auf Grund davon bedürfen wir keines andern Zeugen, denn ihr stürzet euch in's eigene Schwert" (2, 74 vgl. 49)[2]. Die wichtigsten dieser Schriftwerke aber

---

[1] Allerdings weiss noch Justin (dial. c. Tryph. 10. 17. 108) nur von mündlichen Verlästerungen des Judenthums gegen das Christenthum durch ausgesandte Agenten vgl. Orig. C. 27; dazu Gesch. J. I, 16. Aber dieser Bericht ist selbst mythisch, und die Einzelheiten, welche Celsus gibt, und die allgemeine Aeusserung 2, 13 deutet eher auf schriftl. Quellen, die Basis der Talmudberichte. Diese kennt vielleicht auch Tert. d. spect. 30 (unter quaestuaria). Ob die Notiz 1, 41, dass der Täufer ein Mitgestrafter Jesu gewesen, nur auf Unkenntniss und Verwechslung beruhe (wie z. B. das Wort von Herodes dem Tetrarchen 1, 58) oder aber auf jüdischen Quellen (vgl. die Toledot Jeschu), ist nicht mehr auszumachen. Dass die Antiherassage in der Zeit des Kriegs Barkochba unter Hadrian aufgekommen, ist die Vermuthung von H. Grätz 3, 243 (so auch Rösch Stud. u. Krit. 1873, 86 ff.) Aber Grätz setzt den Celsus irrig in jene Zeit; auch das Gespräch Justin's gegen Tryphon, wo die jüdischen Vorwürfe vorausgesetzt werden, entstand erst nach 161 (vgl. Gesch. J. I, 139), und es ist wahrscheinlich, dass die Juden nach dem Barkochbakrieg in Wuth und Misgunst so zu lästern begannen vgl. zu 1, 28.

[2] Nach Tischendorf: wann wurden uns. Evang. verfasst? S. 29 hätte er nur wegen der Absicht der Widerlegung die fremden Quellen weggelegt oder „aufgegeben". Ohne Zweifel aber that er dies auch, weil er Zuverlässigeres und Konkreteres in den er. Quellen fand.

sind, wie gerade auch an dieser Stelle, die Evangelien. Denn eine unmittelbare Benützung des Apostels Paulus ist trotz der Annahme des Origenes selbst und mancher sehr scheinbarer Anspielungen nicht zu beweisen, noch viel weniger die einer andern neutestamentlichen Schrift, etwa der Apostelgeschichte oder Apokalypse. Nur mittelbar, wie schon oben angedeutet wurde, zeigt Celsus in interessanter Weise das starke Wiederaufleben der paulinischen Lehre in der Mitte des zweiten Jahrhunderts unter Gnostikern und Kirchenmännern, nachdem Paulus vorher längere Zeit unter den Scheffel gestellt worden war[1]). Von Evangelien aber hat er schon im Allgemeinen so deutlich als möglich geredet. Sagt er doch, dass die Christen „das Evangelium" dreifach und vierfach umgebildet, um die Widerlegungen abzuschneiden, ein Ausdruck, der sich aus den Thatsachen des zweiten Jahrhunderts, besonders der Fabrikarbeit vieler Gnostiker genugsam erklärt (2, 27)[2]). Redet er doch sogar von Schriften, Erzählungen, Erdichtungen der Schüler Jesu (2, 13. 50. 1, 68), welche sich allerdings mehrfach widersprechen (5, 52), setzt also bestimmt voraus, dass es Lebensbeschreibungen Jesu von der Hand seiner Apostel oder angeblicher Apostel gegeben und dass er sie gekannt hat. Und was er dann im Einzelnen gibt von Geschichten und Sagen und Widersprüchen, das trifft auf den ersten Blick, wie doch auch Origenes sieht und annimmt (1, 40. 70), auf unsere Evangelien, auch wenn er sie nicht im Einzelnen bei Namen nennt, so

---

[1]) Wegen der Parallelen mit Paulus (Orig. 5, 64. 65) s. neben den oben im Text S. 223 genannten Stellen (vgl. mit 1. Kor. 1, 17 ff. 2. 1 ff. 3, 18 ff. Gal. 6, 14) noch 1, 66 (Röm. 8, 32). 8, 24 (1. Kor. 10, 19). 8, 28 (1. Kor. 10, 20 ff.); etwa auch 6, 34 (1. Kor. 15, 26); 7, 32 (1. Kor. 15, 37. 2. Kor. 5, 1 ff.); 8, 49 (1. Kor. 15, 44); 5, 64 (1. Tim. 4, 2). Die meisten dieser Stellen deuten auf gnostischen Gebrauch des Paulus. Zur Apostelgeschichte: 3, 10 vgl. Apost. 1, 14—2, 43 ff. Zur Apokalypse: 6, 34 vgl. Off. 20, 14.

[2]) Vgl. dazu nur Orig. a. a. O. und Tertull. c. Marc. 4, 5: nam et quotidie reformant, prout a nobis quotidie reincusantur.

merkwürdig zu, dass man sogar in manchen Stellen eine Kombination von Matthäus und Lukas (1, 66), von Matthäus und Johannes (1, 41), in anderen, z. B. in der Frage der Engelzahl bei der Auferstehung Jesu, eine Gegenüberstellung von Matthäus, Markus einerseits, Lukas und Johannes anderseits (5, 52) entdecken kann. Weil aber in diesen Fragen des ältesten christlichen Kanons nicht pünktlich genug verfahren werden kann, weil das Wissen des Celsus vom N. T. bald nur ganz im Allgemeinen, wie von Neander, Jachmann und selbst noch von Baur behauptet, bald wieder von Andern bestritten worden ist, namentlich die Kenntniss der Evangelien, wo Meyer und Zeller beim 4. Evangelium, Mosheim und Redepenning gar bei den drei ältern im Zweifel blieben, so ist es angezeigt, die Thatsachen genauer zu erheben[1]).

Im Allgemeinen wird schwer zu leugnen sein, dass die Nachrichten des Celsus aus dem evangelischen Gebiet ganz überwiegend den sogen. synoptischen Typus d. h. die Aehnlichkeit mit der in unsern drei ersten Evangelien ziemlich analog vertretenen Evangeliengestalt an der Stirn tragen. Da begegnen uns ja alle die guten Bekannten: die Jungfraugeburt (1, 28 ff. 6, 73) und die Taufe nebst dem „Vogel" (1, 41. 2, 72), die Berufung der Zöllner und Schiffer (1, 62. 2, 46), die Wunder an Lahmen und Blinden und Todten (1, 68. 2, 48) und die grossen Speisungen (1, 68). Auch eine Menge Sprüche von den zwei Herren (6, 24. 7, 68. 8, 15), von den Lilien und Raben, vom Darstrecken der rechten Wange (7, 18. 58), vom Kameel und Nadelöhr (6, 16), vom Reich und von der doppelten Sohnschaft Gottes (1, 39 f. 57), die Droh- und

---

[1]) Neander 1, 282. Jachmann 8. Baur 370. Am unbedenklichsten nahm Tischendorf a. a. O. 26 ff. Volkmar Urspr. d. Ev. 80 Kenntniss der apokryph. wie der kanon. Evangelien, bes. auch des 4. Evangeliums an. Mosheim Vorr. 32. Redepenning Origenes II, 150, welcher haupts. an jüdische Nachrichten oder Apokryphen denkt (sonderbarerweise hauptsächlich wegen 2, 27). Zeller, theol. Jahrbb. 1845, 626 ff. Meyer, Comm. zu Joh. s. 210, 1. Richtiger Lücke, Joh. 1, 69 ff.

Wehepredigten (2,76) und die Weissagungen eines Antichristen (1,6.2,49.6,42). Ganz besonders die Leidensgeschichte wird reichlich eingeführt, die Voraussagung des Leidens und Auferstehens (2,55), das Essen des Lammfleisches (7,19), das Winseln in Gethsemane (2,23), Verrath und Verleugnung (2,19), Flucht und Gefangennahme, Purpurkleid, Durst und Schrei am Kreuz, Erdbeben, Finsterniss und Auferstehen (2,55)[1]. Von den sog. apokryphischen Evangelien, welche zum Theil bis in's zweite Jahrhundert zurückreichen, ist keine sichere Spur und auch die paar auffallenden Notizen über die 10—11 Apostel (1,62. 2,46) und über die Hässlichkeit Jesu (6,75) sind wohl keineswegs aus solchen entlehnt, da sich in sämmtlichen erhaltenen Schriften dieser Art keine Andeutung davon findet[2]. Nur die Vermuthung könnte offen bleiben, Celsus habe vielleicht nicht unsere Evangelien, sondern nur ihre Quellen und Seitengänger benützt, wie insbesondere jenes Hebräerevangelium, auf welches man bei den Evangeliencitaten des 2. Jahrhunderts so oft mit Recht und Unrecht gerathen hat.

Aber ähnlich so, wie man bei den christlichen Schriftstellern seit der Mitte des zweiten Jahrhunderts, besonders bei Justin dem Märtyrer, nach langer misstrauischer Kritik zur Anerkennung ihrer Kenntniss unserer Evangelien sich hat entschliessen müssen, ebenso wird, wie auch Volkmar gethan, beim heidnischen Schriftsteller geurtheilt werden müssen, bei ihm nur noch zuversichtlicher, weil er schon auf der Neige des zweiten Jahrhunderts und in der Zeit jener christlichen „Grosskirche" geschrieben hat, deren Aera

---

[1] Ueber διατομπ.ταρίξω (wohl nicht Geisselung) 2, 31 vgl. die Stelle.
[2] Dies gegen Volkmar a. a. O. 80. Richtiger Tisch. 27 f. Nur der Zimmermannsberuf 6, 34 ist ausser bei Markus 6, 3 auch in den Apokryphen Gesch. J. 1, 464. Am allerwenigsten kennt er eine mors Pilati, welche schon in Euseb's Zeit erzählt wurde und später zu einer eigenen Schrift führte vgl. 2, 35. 63 ff. 4, 73.

„des Katholizismus" recht eigentlich mit der Anerkennung unserer Evangelien sich eröffnet hat (170—180 n. Chr.). Für den Gebrauch unserer Evangelien lassen sich geradezu Beweise führen. Celsus gibt Nachrichten, welche ganz und gar einzelnen unserer Evangelien eigenthümlich sind. So hat er die Kunde von der auf die Könige der Juden zurückgehenden Genealogie Jesu (2, 32), von der Engelbotschaft für Joseph (5, 52), von der Ankunft der Chaldäer zur Huldigung (1, 58) und vom Mord der Kinder durch Herodes den Tetrarchen, richtiger König (1, 58), von der Flucht nach Egypten auf Grund des Engelgebots (1, 66 vgl. 5,52), vom Nazoräer (7, 18), von den Rückzügen (1, 62), vom Kelch in Gethsemane (2, 24), vom Essig- und Gallotrank (2, 37. 4, 22. 5, 13), vom Erdbeben beim Tod (2, 55) und von der Steinabwälzung durch den Engel (5, 52), vielleicht auch von der Erscheinung für Magdalena (2, 65), welche sich bekanntlich auch in Johannes findet, aus unserem Matthäus [1]). Hat die Ansicht eine Berechtigung, dass die Hand eines oder mehrerer Ueberarbeiter über Matthäus gegangen, so wird auf Grund der gegebenen Stellen geradezu die Benützung des überarbeiteten Matthäus ausgesprochen werden müssen und lediglich die Kenntniss von der Militärwache am Grab Jesu (2, 03), vielleicht dem am spätesten eingesetzten Stück unseres Matthäus, im Anstand bleiben[2]). Die Einfügung des Gallotrankes aber kann zeigen, wie frühzeitig die ächtere Lesart bei Matthäus von einer tendentiös nach den Psalmen formirten verdrängt worden ist[3]). Lukas und Markus sind im Einzelnen schwerer nachzuweisen; nur der Eine Engel

---

[1]) Bei Magdalena kann man zweifeln, weil sie bei Celsus die einzige weibliche Zeugin ist, was zwar beim J. Evangelium zutrifft 20, 1 ff., aber nicht bei Matthäus 28. 1. 9.
[2]) Gegen eine Kenntniss der Militärwache 2, 33. 63 ff. Vgl. aber Just. Tryph. 69. 108.
[3]) Wie Celsus schon Haer. 7. Tert. spect. 30. Itala (theilweise). Alex. Bl. Gall. Act. Pil. 10. Dagegen haben Wein statt Galle Sinait, Vat., Reg. etc. Gesch. J. III, 418.

bei der Geburt (1, 66) und die Anschuldigung Maria's als einer Halbwahnsinnigen (2, 55) hat ihren Haltpunkt lediglich bei Lukas (8, 1 ff.), der Zimmermannsberuf (6, 34) ausser bei Justin und in den apokryphischen Evangelien nur bei Markus; und dann weisen auf Lukas vielleicht die Empfängniss Maria's (8, 73) und die Nägelmale (2, 55), auf Markus die Taufzeichen (1, 41) und die Todesstimme (1, 70. 2, 55) [1]. Mit der Annahme einer Kenntniss des 4. Evangeliums muss man vorsichtig sein, zumal Celsus im Grossen und Ganzen der ältern Evangelienformation gefolgt ist. Auch sind manche Beweismittel Lücke's, Tischendorf's, auch Volkmar's unzureichend [2]). Doch darf man nicht übersehen, dass in der Zeit des Celsus Johannes längst existirte; und eine bescheidene Anwendung des Buchs würde mit der Gebrauchsweise der damaligen christlichen Kirche selbst zusammenstimmen [3]). Merkwürdigerweise findet man aber sogar bei Celsus wie bei seinem Zeitgenossen Tatian mehr Anzeichen des Johannes als seiner zwei nächsten Vorgänger, auch wenn sie bis jetzt nicht erhoben worden sind: in der Erwähnung des vom Täufer geschauten Zeichens (1, 41), in der Tempelaufforderung an Jesus um ein Zeichen (1, 67), in der doppelseitigen Bestimmung Jesu für Gute und Böse (4, 7), in seiner Flucht nach geschehener Verurtheilung (2, 9. 1, 62), in der

---

[1]) Die σημεῖα τῆς κολάσεως (χεῖρας) bei Luk. 24, 30, aber auch Joh. 20, 25 ff. (so Orig. 2, 61). Die Taufzeichen nach Mark. 1, 10, aber auch Matth. 3, 16. Joh. 1, 32. Die Todesstimme hat auch Matth. u. Luk., am betontesten aber Mark. 15, 37. 39.

[2]) So 2, 31 (λόγος αὐτολόγος vgl. Tim.: αὐτοξένον) vgl. Joh. 1, 1; 1, 60. 2, 36 (Blut) vgl. Joh. 19, 34; 7, 34 (sinnl. Belasten Gottes) vgl. 1. Joh. 1, 1 ff. 3, 2; 2, 55. 5, 52 (Magdalena) vgl. Joh. 20, 1. 20 ff. 8. Lücke Joh. I. 69 ff. vgl. Zeller, theol. Jahrbb. 1845, 626 ff. Tischendorf s. s. O. p. 27 u. nach ihm Volkmar Urspr. d. Ev. 80 nennt 1, 66 f. 2, 31. 2, 36. Ich füge zu ob. Stellen 1, 57 vgl. Joh. 10. 34, aber auch die Kindschaftsreden Matth. 5, 45 u. s.; 2, 70 vgl. Joh. 20, 19, aber auch Matth. 28, 7. 10. Luk. 24, 15. 36.

[3]) Vgl. Gesch. J. I, 137 f.

Fassung nach der Versuchung 2,9., sodann im Kampf und Sieg des Sterkeren über Satan (?. 42. 2. 47 f.. Von diesen Thatsachen sowie von der allgemeinen Wahrnehmung aus, dass der ganze christologische Standpunkt der Kirche, wie ihn Celsus beschreibt, der johanneische ist, kann man nachträglich auch Zweifelhafteres z. B. den Logosnamen, die Engel des Grabs, Magdalena und Nägelmale mit Johannes in Verbindung bringen³). Man hätte demnach die doppelte merkwürdige Thatsache anzuerkennen, dass Celsus den ganzen Umkreis unserer heutigen Evangelienliteratur gekannt und dass er dennoch vorzugsweise den auch in der Kirche damals noch als erste Säule geltenden Matthäus verwendet hätte.

Von späterer christlicher Literatur, welche Celsus gebrauchte, sind hauptsächlich noch die christlich „gefälschten" Sibyllinen (5, 61. 7, 53., die von ihm so übel charakterisirte Streitrede des Papiscus und Jason (4. 52) und dann das Diagramm der Ophiten (6, 25 ff.), sowie das gnostische sogenannte himmlische Gespräch (8, 15) zu erwähnen: Benützungen, welche man, auch wenn die Wichtigkeit dieser Aktenstücke den vorigen keineswegs gleichkommt, um so dankbarer registriren kann, weil sie an und für sich und noch dazu in der Begleitung origenistischer Zusätze zur Beleuchtung dunkler Partieen christlicher Literaturgeschichte Einiges

---

¹) 1, 67 ist auch von Lücke, Meyer, Tischendorf u. Volkmar genannt. Matth. 21, 23 genügt ja nicht, und Zeller's Alibi (S. 627) ist schwach. Meyer hatte in der 4. Aufl. die Benützung des Joh. nur „möglich" gefunden; die 5. hat es wohl z. Th. durch meine (des Bestrittenen) Vermittlung so weit gebracht, sie „höchst wahrscheinlich" zu finden. Die Citate Meyer's sind freilich unpünktlich.

²) Es ist unmöglich zu übersehen, dass die ganze Christologie der Kirche, wie Celsus sie schildert, besonders die Einkleidung Gottes oder des Gottessohns in's Fleisch, s. Herabkunft vom Himmel, um den Menschen Gott zu offenbaren (1, 28. 57. 69 ff. 2, 20. 74. 78. 3, 41. 62. 4, 2 ff. 6. 69 ff.), der Theologie des Johannes wie der des Hebräer- u. Barnabasbriefs u. Justin's entspricht.

beigetragen haben. Mit Sicherheit lässt sich dagegen sagen, dass Celsus weder Akten des Pilatus noch auch irgendwie unterschobene Toleranzedikte der Kaiser, insbesondere M. Aurels gekannt hat [1]). Dass er sich mit den apostolischen Vätern, mit den Apologeten zwischen Kaiser Hadrian und Mark Aurel, mit dem ganzen reichen christlichen Schriftstellerkreis der antonin'schen Zeiten nicht auseinandergesetzt, obgleich dies auch schon behauptet werden, besonders von Tzschirner, kann man lebhaft bedauern; aber man muss zugestehen, dass seine Einbürgerung in einer fremden Welt auch ohne dieses eine mehr als ehrenwerthe, eine staunenswerthe war: ihr grösster Lobredner der gigantische Origenes, der trotz alles Suchens dieses Wissen, diese Bücher der Gnostiker nicht gefunden (5, 62. 6, 24. 27) und schliesslich eingestandner Massen sogar seinen Ehrgeiz darein gesetzt hat, die Ebenbürtigkeit mit Celsus auch hier zu wahren (6, 00. 38) [2]).

VII. Die Beurtheilung des Christenthums.

Dass die kritische Religionsgeschichte des Celsus dem Christenthum trotz aller aufgebotenen Aufmerksamkeit im Ganzen nicht günstig ist, darüber hat er von den ersten

---

[1]) 2, 35. 63 ff. 8, 69 (S. 137, 4) vgl. 1, 1. 3, 14.
[2]) Tzschirner 327: unleugbar hatte er nicht nur einige ihrer heil. Bücher, sondern auch die Schriften der bedeutendsten Apologeten gelesen. Darauf aber deutet keine sichere Spur, obgleich die christl. Theologie, über welche Celsus referirt, der des Justin u. seiner Nachfolger und die Attake gegen das Christenthum der des Caecilius im Gespräch des Minuc. Felix sehr ähnlich ist, was bis jetzt nicht einmal bemerkt wurde. Wenn aber hier Abhängigkeit stattfindet, so ist sie natürlich auf Seiten des Minuclus.

Zeilen seiner Schrift an keinen Zweifel gelassen, indem er einmal den Todfeind des Christenthums, das Judenthum, zum ersten Referenten bestellt (1, 28) und indem er noch vorher Juden und Christen sofort aus dem Chor der weisesten und gottvollen Völker ausscheidet und mit Schmach als die Störrischen und Närrischen isolirt (1, 14 ff.). Ja indem er nur den Mund aufthut, hat er sofort das Christenthum in ächtrömischer Weise eine aufrührerische verbotene Faktion (1, 1) und Jesus einen Zauberer und Betrüger genannt (1,6). Bündige Resultate langer Arbeit! Werthvolle Gewinnste dieses Wahrheitsuchens! Und doch mag man sich nicht wundern, dass es zunächst aus dieser Tonart ging einer Religion gegenüber, welche durch ihren formellen und materiellen Widerspruch gegen alle bestehende Weltweisheit, durch ihren Radikalismus und unaufhaltsamen Siegeszug gegen alle frommen Alterthümer, durch ihre religiöse, politische, soziale Trutz- und Winkelstellung den Philosophen, den Bürger und Staatsmann, insbesondere den platonischen Restaurator der guten alten Zeiten zum äussersten Widerspruch provozirte. Seinem tiefen Unmuth über die verletzenden Widerlichkeiten des Christenthums (3, 19), über seine unerträglichen Massen (3,73), über seine in den Häusern schleichende Proselytenthätigkeit (3,55), über seinen Hohn gegen die scheinbar wehrlosen Götterbilder (8,39 f.), über sein stumpfsinniges, weisheitsfeindliches, müssiges Winkelleben (4,29), über seine herzlose, schadenfrohe Gleichgiltigkeit gegen den Staat, zumal in diesen Zeiten patriotischer Erhebung und Noth unter den Antoninen (8, 71), über seinen ungebrochenen, mit dem Verzweiflungsmuth von Strassenräubern bis zum Tod verlängerten Widerstand selbst gegen die Verfolgung (8, 48. 54), hat er ja oft genug den Ausdruck des unmittelbaren Gefühls gegeben und diesen Widerwillen, dieses Gift in der Seele mit wirklicher und scheinbarer Frivolität auch das Gute unterschätzt oder unter verdrehte Gesichtspunkte gestellt, welches sein offenes Auge und sein Gewissen nicht ganz leugnen konnte[1]). Man mag zufrieden genug sein, wenn diese Bejahungen, die Boten des in der Ferne nahenden Siegs und Durchbruchs der neuen Religion, nicht ganz fehlen, wenn die feindliche Kritik sich selbst überstürzt und entwaffnet und die widerwilligen Koncessionen lange Fäden der Konsequenzen und eine Perspektive der Versöhnung und des unumgänglichen Uebertritt's zum verfolgten und gesuchten Glauben ziehen. In solcher Weise kündigt Celsus wirklich am Abendhimmel des zweiten Jahrhunderts die christliche Weltsonne des dritten und vierten Jahrhunderts an und auf seinen Hohn gegen den Gekreuzigten und das Holz des Lebens baut sich das Himmelszeichen Constantin's: in diesem siege!

Schon gegen den Vorgänger des Christenthums, gegen Moses und das Judenthum ist Celsus sehr ungünstig gestimmt. Er sieht, ohne die beiden religiösen Bewegungen gleich Sueton und selbst Lucian zu verwechseln, so gut und besser als Tacitus die geschichtlichen und mit anerkennenswerthem Scharfsinn auch die sachlichen Zusammenhänge (2, 1. 9, 1. 4, 23. 5, 59. 61. 6, 29. 7, 18) und ohne Zweifel haben diese die Feindseligkeit des Urtheils noch gesteigert, während in der sonstigen späteren griechisch-römischen Literatur bei Diodor und Strabon, bei Varro, Justin und selbst Tacitus eine Milderung der Stimmung gegenüber der freilich satisam gehassten und verleumdeten „hässlichen und misanthropischen Nation" (Joseph. c. Ap. 2, 14) und ihrem Führer keineswegs zu verkennen ist[2]). Das Judenthum ist nach Celsus nur die erste Etappe eines unverständigen und willkürlichen Abfalles von den nationalen Heiligthümern, wie das Christen-

---

[1]) Insofern kann man auf Celsus das Wort des Lactantius gegen den Einen philosophischen Gegner der Diokletian-Zeit anwenden (Inst. 5, 2): non modo, quid oppugnaret, sed etiam, quid loqueretur, nesciebat.

[2]) Diod. 1, 94. Strabo 16, 2. Varro bei Augustin. civ. D. 4, 31. Just. 36, 2. Tac. hist. 5, 5. Vgl. auch Joseph. c. Ap. 1, 22.

— 234 —

tum a e zweite, die Juden und die Enthaltsame der Egypter, wie die Griechen die der Juden (5, 7, 4, 8). Moses war lediglich ein Betrüger, der mit Hilfe von Zaubereien umherirrende Ziegen- und Schafhirten zum Glauben an Einen Gott brachte (1, 23, 23, 5, 41) und durch die Kosmogonie, welche er unter lächerlichen Missverständnissen von den Griechen entlehnt, einen göttlichen Namen erhielt (1, 17—21. 4, 36 f). Die Juden selbst, das glänzende und göttliche Geschlecht (4, 47), die entlaufenen Sklaven 4, 31 , mit der Verehrung des Höchsten, des Himmels oder des Himmlischen, welchen sie doch nicht verstehen (5, 41), mit Engeldienst und Zauberei beschäftigt (1, 26, 2, 74, 3, 6), pochen wohl in ihrem Uebermuth auf ihren Vorzug bei Gott, der Alles um ihretwillen thut (5, 41) und sie zu Weltherren macht (5, 69) und auf ihre Abstammung von den ersten Zauberern (4, 33); in der That aber haben sie nie etwas Redenswerthes gethan (4, 31), haben stets nur einen Winkel der Erde besessen (4, 36), zeichnen sich durch Lage und Heiligkeit vor keinem Volke aus (5, 41), zumal auch Andere noch vor ihnen Beschneidung (1, 22) und Enthaltungen (5, 41) übten, haben im Gegentheil in der Zerstörung des Titus die Strafe der Prahlerei genugsam empfangen (4, 73. 5, 41) und sind eine untergehende Nation (6, 80). Dem Christenthum gegenüber sind sie allerdings noch tolerabler, indem sie wenigstens ein eigenes Volk geworden sind und von Alters her vaterländische Gesetze haben, wie beschaffen immer sie seien; tadelnswerth ist nur der Hochmuth ihrer Absonderung, am schlimmsten das Vorgehen ihrer Proselyten, welche vom heimatlichen Gesetze abgefallen (5, 25, 41).

Die Christen nun aber haben wesentlich das Vaterländische verlassen, sind nicht Ein Volk, wie die Juden und hängen sich klagbarer Weise an die Lehre Jesu (5, 35).

---

¹) Zur Lehre d. Missverständnisse s. 6, 1. Der Begriff παρακούειν schon Plat. ep. VII, 341.

Sie haben das Judengesetz verlassen von Jesus an (1, 26. 8, 29. 7, 18), allermeist aber seit den Tagen seiner Verurtheilung und sind Ueberläufer geworden zu einem andern Namen, zu einer andern Lebensweise (2, 1 ff.). Theilweise sind sie freilich noch verbunden mit dem Judenthum, haben Reste von Vaterländischem (8, 28), und das Verhältniss zum alttestamentlichen Gott ist ein Gegenstand ihrer Dispute (5, 61). Die Anhänger der grossen Kirche glauben an diesen Gott und an die mosaische Geschichte (5, 59) und zerbrechen sich den Kopf, wie die feineren Juden, über allegorischen (von Celsus freilich selbst auch geübten) Deutungen des Ungereimten (1, 27. 4, 48 ff. 6, 29); Manche wollen sogar gleichzeitig nach Jesus sich nennen und nach dem Gesetz der Juden leben (5, 61); Andere aber bekennen sich nur in der Noth und im Gedränge zum Judengott (6, 29) und wieder Andere (die Gnostiker) schmähen laut gegen den Weltschöpfer (5, 54. 6, 29. 53. 8, 15). Im Ganzen und Grossen aber ist immer noch eine weitgehende Uebereinstimmung der Grundgedanken. Juden und Christen gleichen einer Froschversammlung, welche über ihre Sünden und über ihren Adel vor Gott deliberirt (4, 23) und der Streit der Juden und Christen über den gekommenen oder kommenden Retter, den sie sich freilich etwas verschieden denken (2, 29. 5, 52), gleicht dem Krieg um des Esels Schatten (3, 1) oder mit noch ansprechenderem Bilde einer Wachtelschlacht (6, 74). So stellt das Christenthum einen halben Abfall vom Judenthum in sich dar, völligen Abfall aber von den heidnischen Kulten: es war, wie man damals und noch in Tertullian's Zeit sagte, die dritte Menschenklasse, die dritte Religion [1]). Die Christen sind gleich mit ihrem Losungsworte da, man könne nicht zweien Herren dienen: eine Stimme des Aufruhrs und der Absperrung von der Gemeinschaft der Menschen (8, 2).

---

[1]) Tertlum genus ad nat. 1, 7. 8 vgl. 19 u. op. ad Diognet. I. Praed. Petr. ap. Clem. strom. 6, 5, 41.

Darum ertragen sie es nicht, indem sie Tempel sehen, Altäre, Bildsäulen, sie spotten über die Thorheit derer, welche die Götter für menschenartig halten (1, 5. 7, 62) und vergreifen sich ruchlos mit Backenstreichen an den Bildern des Zeus und Apollon (8, 38). Das Christenthum ist nichts Ehrwürdiges, nichts Altes (1, 4. 1, 26. 3, 19), nichts Ehrbareres als die Böcke und Hunde der Egypter (3, 18); sein Stifter ist durchweg ein „Führer der Empörung", ein Betrüger (1, 26 ff. 8, 14), sein Werk ein Aufruhr ohne Gründe (3, 5. 7. 5, 05. 8, 49), eine Neuerungssucht ohne Ende (3, 5. 7, 53), ein heimliches, verbotenes Komplot des subjektiven Beliebens (1, 1--3); die triftige Unterlage ist allein der Aufruhr und der Nutzen desselben und die Furcht vor denen draussen und vor den angedrohten Strafen; das befestigt ihnen ihren Glauben und die gemeinsame Gefahr gibt ihrem Bund eine Stärke, welche über die Eide geht (1, 1 ff. 3, 14 f.). Aber diese innere Haltlosigkeit, welche sich auch in der bunten Zusammenwürflung aller verwahrlosten und verwahrlosten Elemente der Gesellschaft, der Sklaven, Weiber und Kinder, der Armen, Ungebildeten und Sünder dokumentirt, bringt es doch von selbst mit sich, dass sie selbst wieder, worauf sie von Anfang zielten, in zahllose Partoien auseinandergehen (3, 10. 3, 12), welche sich in furchtbarer Weise hassen und beschimpfen (5, 63) und dass sie in diesem Charakter der Selbstauflösung nur noch den Namen gemeinsam haben, welchen preiszugeben sie allein sich noch schämen (3, 12)[1]).

Ohne Zweifel fehlt es dieser allgemeinen Auffassung an scharfsinniger, konsequenter Begründung und an richtigen Wahrnehmungen keineswegs; aber die Uebertreibung des Gesichtspunkts der negativen, auflösenden Prinzipien des Christenthums zeigt sich doch schon darin, dass Celsus

---

[1]) Ungebildete u. Unreine 1, 27. 3, 18. 44. 55. 62 ff. 72. 74. 6. 13 ff. 34. 8, 49 u. s.

daneben dem Christenthum die grösste Zähigkeit des Konservatismus, der blinden Anhänglichkeit des Glaubens an die Lehrsätze Jesu beständig vorwirft (1, 9. 12. 3, 44. 0, 7 ff.), dann, dass er doch selbst von einer „grossen Kirche", also von einem kompakten Kerne mit ziemlich alttestamentlicher Richtung redet (5, 59) und endlich, dass er vor der Auflösungs-Religion mit ihren „Massen" (3, 73) die grösste Angst hat und schliesslich ihre Mitwirkung zur Aufrechterhaltung des Staates sich erbittet (8, 73 ff.). Neben der allgemeinen Charakteristik, welche nur den ersten grossen Eindruck der neuen, gegen alle Vergangenheit kritischen Religion auf ein heidnisches Bewusstsein repräsentirt, muss man nun aber noch nach den speziellen Eindrücken sehen, welche das Wesen dieser Religion im Geiste des Celsus wachgerufen.

Die Person des Stifters des Christenthums findet bei Celsus nirgends Gnade, nirgends Gerechtigkeit; er ist gegen ihn viel unbilliger als die spätern Platoniker, welche seine Weisheit, seine Verdienste, selbst seinen Todesadel anerkannten, freilich auch schlauer Weise ihn im Unterschied von seinen Nachfolgern götterfreundlich schilderten; ja Celsus ist rücksichtsloser selbst als Lucian der Spötter [1]). Mit Hilfe der jüdischen Lügen macht er Jesus zu einem ordinären Schwindler, den er vergnügt mit den Gauklern der Zeit zusammenstellt (1, 68) und beschreibt sein

---

[1]) Porphyr. ap. Aug. civ. D. 19, 23: *sapientes Hebraeorum, quorum unus iste etiam Jesus fuit, a daemonibus pessimis et minoribus spiritibus relabant religiosos et ipsis vacare prohibebant: venerari autem magis coelestes Deos, amplius autem venerari Deum patrem.* Darauf stützte sich das Vorurtheil Mosheim's (auch Tzschirner's) zu Gunsten der Neuplatoniker gegen Celsus, der in Wahrheit ehrlicher war; denn die Trennung zwischen Jesus und seinen Anhängern war neuplaton. Pfiffigkeit Aug. de cons. ev. 1, 15: *continent blasphemias a Christo et eas in discipulos ejus effundunt.* So schon Hierokles (hes. gegen Paulus u. Petrus) Lact. inst. 5, 2.

Auftreten und Aufkommen ziemlich so, wie das des Moses[1]).
Er ist aus Ehebruch geboren von einem geringen Landweib,
hat in Egypten Zaubereien gelernt, mit ihrer Hilfe sich als
Gott erklärt (1, 28 ff.), die liederlichsten Menschen, Zöllner
und Schiffer an sich gezogen, mit ihnen ein kümmerliches
Fluchtleben geführt, aber auch als Krone eines verrufenen
Lebens (7, 53) einen schmählichen und feigen Untergang am
Kreuz durch die Verurtheilung seines Volks und durch die
Verrätherei seiner eigenen Schüler gefunden, welche sehr weit
entfernt waren, mit ihm den Tod zu verachten (2, 45) und
sich gegen ihn schlechter zeigten, als die Räuber gegen den
Chef ihrer Bande (2, 12)[2]). Und nun verehren sie den Betrüger,
den vor wenigen Jahren Verurtheilten, den Gefangenen, den
schimpflichst Gestraften, den Todten; es fehlt nur noch,
dass sie zur Anbetung ärgere Verbrecher finden (2, 44. 47)[3]).
Was hat er denn eigentlich Grosses gethan (1, 67)?
Einige Wunder werden von ihm erzählt, welche mit den
Künsten und Betrügereien Anderer sich gar nicht messen
können (1, 68. 2, 55)[4]). Aller sonstige Glanz aber beruht auf
Lüge, welche von Celsus in ziemlich willkürlicher Weise zwischen ihm und seinen Schülern vertheilt wird, eine Art
Uebergang zum System des Neuplatonismus. Er hat ersonnen,
dass er von der Jungfrau aus Gott geboren (1, 28. 69), dass
Chaldäer gekommen, ihm zu huldigen (1, 58), dass bei seiner
Taufe oder Waschung ein Vogel vom Himmel gekommen
(1, 41). Seine Schüler erzählten Wunder von Heilungen,
Speisungen, Todtenerweckungen (1, 68. 2, 48), liessen ihn in
falschen Genealogien von jüdischen Königen stammen
(2, 32), die Propheten seine Ankunft und seine Schicksale

---

[1]) Jesus als Betrüger und Gott 1, 27. 68. 71. 2, 4. 8. 32. 49. 53.
55. 6, 42. 7, 35 f. u. s. Bündig, unrein s. zu 2, 41.

[2]) Hierokles macht dann einen Räuberhauptmann Lact. Inst.
5, 3.

[3]) 2. 41. 47. 70. 3, 34. 7, 36 53. 68 u. s.

[4]) Aehnlich die Neuplaton. vgl. Eus. c. Hier. 2. Arnob. 1, 56.

voraussagen (2, 28 ff.), ihn selbst seinen Tod und seine Auferstehung prophezeien (6, 81. 7, 2) und schliesslich nicht nur zum Hades gehen, um dort noch erfolgreicher zu wirken (2,43), sondern auch unter Wundern Gottes wirklich auferstehen; eine Auferstehung, welche entweder reiner Betrug oder schattenhafte Erscheinung eines Gespenstes war (2, 55 ff. 3, 22. 7, 36. 68). Der falsche Aufputz dieser Heldengeschichte (2, 55. 7, 53) lässt sich aus den christlichen Schriften selbst widerlegen, wenn man auch nur auf die Armseligkeit der Schüler achtet (1,62), auf den Unglauben des Volks, das einen Retter doch so sehnlich erwartete (2, 39. 46. 74f.), auf sein ärmliches Drohen (2, 76) und seine Angst vor einem Grösseren (1, 6. 2, 49. 6, 42), seine sittlichen Mängel (2, 41), auf die Flucht- und Deltelwege, auf den Verrath, das Winseln vor der Verhaftung, die Durstschwäche am Kreuz (2, 9 ff. 24. 37), Zeugnisse genug und Zeugnisse christlichen Munds, da sie selbst so erzählen (2, 27. 74) und sein Leiden ein ernstliches nennen (2, 16), dass er ein Mensch war „der nazoräische Mensch" (7, 18) und welcher Mensch (2, 79) [1])?

In diesen Einwänden hat Celsus sicherlich manche nicht eben leicht lösbare Schwierigkeit aufgedeckt, besonders in seiner Kritik der christlichen Sagengeschichte, wenn man auch nur seinen Angriff auf die Weissagungen der Propheten und Jesu, auf die Widersprüche der Auferstehungsgeschichte, auf das zweifelhafte Zeugniss Magdalena's (2, 55) und die Heimlichkeiten der Erscheinungen des „Schattens" beachtet, welche sogar in der christlichen Wissenschaft bis zum heutigen Tag immer neu aufgelebt sind. Aber auch von den vielen Willkürlichkeiten und Rohheiten dieses Beweisverfahrens abgesehen, wie widerspruchsvoll, wie vernunftlos, verkehrt und verzerrt ist dieses Bild der Person Jesu, wenn man gleichzeitig zugesteht, dass er ein wenn auch

---

[1]) Der Neuplaton. erkannte ihn wenigstens als einen θεός κεχαρισμένος· δείρ Eus. e. Hier. 2.

unvollkommener Träger philosophischer Weisheit gewesen, ein
Entlehner aus Platon, wozu schon Origenes, nach Christensitte den Satz umdrehend, lacht und spöttelt (6, 16, 19), dass er den Vater, das Vertrauen auf ihn, den Erhalter der Schöpfung, die Gottessohnschaft aller Menschen (2, 40), die Flucht vor Reichthum und Ehrgeiz und Rachsucht empfohlen und in diesen Sätzen den Grundgedanken des Mose reichlich widersprochen habe (7, 18). Ein solcher Gesetzgeber ist doch Allen eher, als ein Ehrgeiziger, ein Aufrührer und Betrüger oder gar Sittenloser gewesen: und was von ihm gilt, das gilt am Ende auch von den Schülern, deren Bildungslosigkeit und Sittenlosigkeit diese Predigt und selbst diese überlegten Erfindungen nicht ermöglichte. Vollends wie liess sich mit dem Märtyrerdrang der Christen (8, 48 ff.) der ewige Vorwurf schlauer Erwerbsthätigkeit (2, 55) verschwistern? Und wenn sein Loos ein schimpflicher Tod und der Unglaube seines Volkes war, gab das ein Recht, den Glauben an den Gekreuzigten in der üblichen Weise als grösste Weltthorheit, als ebenbürtig mit der Anbetung des von Hadrian geopferten Lustknaben Antinous (3, 37) und warum nicht auch mit Peregrin's Selbstopferung hinzustellen[2]? Hatte Celsus nicht selbst auch Andere, Heroen und Philosophen aufgezählt, welche „in edler Weise" diesen Weg gingen und Grosse blieben und selbst Angebetete (3, 34. 7, 53); hat er nicht mehr als einmal mit grosstönenden Worten die Forderung gestellt, dass der Verehrer Gottes, gleichgiltig gegen den Widerspruch der Menschen, jeglicher

---

[1] Orig. meint, ein Zimmermannssohn werde nicht wohl Platon studirt haben. Die Ansicht der Christen, dass Platon u. die Andern Mose u. Propheten gelesen, ist bekannt. Vgl. Just. apol. I, 54 ff. Minuc. P. 34.

[2] Vgl. Minuc. 36: omnes adeo vestri viri fortes, quos in exemplum praedicatis, aerumnis suis inclyti floruerunt. Just. ap. I, 46. II, 8. Apollon. ap. Philastr. 7, 14: ουχ ὡς σωτῆρα ταύτην ἔλαβον ἐπιζήτευσαι. Ja heidnische Orakel sollen den Tod Jesu zurechtgelegt haben Eus. dem. ev. 3, 6.

Qual, jeglichem Tod sich unterziehen müsse, ehe er Gott verleugne (1, 8. 6, 66)? Wozu dann machte er hier die heidnische Forderung eines gloriosen, wie die Sonne triumphirenden Theaterprinzen (2, 30—35. 63—73)? Eine solche höhere religiöse und sittliche Auffassung des Todes Jesu haben vor Allem die Thatsachen des Christenthums, dann auch die Rechtfertigungen der Christen dem Celsus reichlich genug und so oft entgegengebracht, indem sie den freiwillig sich Opfernden (2, 23. 6, 41) zum Heil der Menschen und zur Ueberwindung des Vaters der Schlechtigkeit (2, 47. 6, 42) sterben und das grosse Exempel der Standhaftigkeit, der Verachtung von Leiden und Strafen vollbringen liessen (2, 38. 45. 47. 72 f.), dass der blosse endlose, grob heidnische und jüdische, nach Origenes „unphilosophische" Spott (2, 40) über den hilflos Sterbenden und über die Verehrer des Holzes (6, 34) zur unverzeihlichen tendentiösen Verleumdung, die seichte und selbstzufrieden pelagianische Leugnung aber einer Regenerationskraft göttlichen Erbarmens für die Sünderwelt (3, 65) zur Frivolität und gegenüber den sonnenhellen Thatsachen dieser neuen Religion zur geschichtslosen Thorheit wird [1]. Und wenn die Christen noch dazu mit Nachdruck darauf hinwiesen, dass der Tod Jesu den Juden durch den Galletrank ihres Untergangs erwiedert worden (4, 22), war es dann richtiger, über die Ohnmacht des Messias und seines Gottes, über die Straflosigkeit der Verurtheiler und über die gegen Gott überlegene Stärke des Titus zu witzeln (4, 73) oder aber die höhere Nemesis und die „spät mahlende Mühle der Götter" auch hier zu erkennen [2].

Alle diese Verunglimpfungen Jesu hingen nun freilich bei Celsus mehr oder weniger mit einer Grundvoraussetzung

---

[1] *Antidotes crucis* Tert. ad nat. 1, 12 vgl. Minuc. 9. Die Thatsache der religiösen und sittlichen Erneuerung der Menschen durch Christus ist das Triumphlied aller Apologeten vgl. nur Just. ap. I, 14 ff. 39. Tryph. 41.

[2] 6, 40.

zusammen, welche selbst wieder auf einem Dogma der Christen ruhte, nämlich mit der Annahme, dass Jesus nach der Meinung der Christen als Bote und Sohn Gottes, als Organ göttlicher Offenbarung (6, 69), als Retter und Bestrafer des Menschengeschlechts (8, 1. 4, 6. 23) ein durchweg übernatürliches Wesen, ein Gott gewesen. „Ein Gott" oder „ein Gottessohn ist zur Erde herab gekommen" (4, 2 ff.); „er war ein Gott, wie ihr saget (2, 67)", das ist immer sein zweites Wort. An dieser Stetigkeit seiner Aussage kann man sehen, welche hohen Ziele schon in dieser Zeit der christologische Glaube der Kirche nahm, dessen Loosungswort schon im Eingang des zweiten Jahrhunderts die Christen Bithyniens gesprochen, dessen Formulirung vor einem Menschenalter das Johannesevangelium entworfen hatte; aber darin hat er übertrieben, dass er die doch noch vorhandene, wenn auch nicht mehr glückliche oder klare Trennung zwischen Gott und Gottessohn, vollends zwischen Gottessohn und Mensch ganz gründlich übersah[1]. Da wird denn alles Schwache, alles Menschliche, alles geschichtlich Beschränkte zum unmittelbaren Vorwurf gegen Gott. Gott, sagt er, kommt nicht zur Erde und verlässt nicht seinen Thron (4, 2 ff.). Gott kann sich nicht in ein menschliches Weib und in dieses unkönigliche Landweib verlieben (1, 99), er kann sich nicht mit einem sterblichen Weib vermischen (1, 39), er kann auch nicht gezeugt und in's Miasma menschlichen Leibes gebunden werden (1, 69. 70. 3, 41. 6, 73). Gott ist nicht machtlos gegen den Zimmermann und bedürftig der Hilfe der Engel (1, 30. 1, 66. 5, 52). Gott isst nicht (1, 70), geniesst kein Schaffleisch und keine Galle (7, 13), gebraucht keine Stimme und keine Ueberredung (1, 70. 4, 36). Er wird kein Knecht (7, 12), er verbirgt sich nicht (2, 67), er flieht nicht, hat keine Angst vor dem Tod (1, 66) und wird nicht gestraft, während er strafen möchte, nicht verachtet,

---

[1] Plin. ad Traj. X, 97: *carmen Christo quasi Deo dicere.*

während er zum Glauben ruft (8, 61), er wird nicht krank und stirbt nicht, selbst wenn es Propheten voraussagen (7, 12 ff.). Er kann nicht verrathen werden, weil vor dem Verrath eines Gottes auch der Bösewicht zurückbebt (2, 17 ff.); wenn er aber Verrath voraussagt, so muss es geschehen und Gott wird der Nachsteller seiner Tischgenossen (2,20). Gottes würdig wäre nur gewesen, wenn er gleich der Sonne überall geleuchtet hätte (2, 30), wenn der Bote Gottes gross, schön, für alle Welt überzeugend gewesen (6, 75) und wenn er, etwa doch gekreuzigt, vom Pfahl sofort verschwunden wäre (2, 68). Auferstehend insbesondere musste er Allen erscheinen, im Voraus seinen Feinden, statt neu sich zu verbergen und heimlich vor den Seinigen einzuschleichen, als ob er sich immer wieder hätte fürchten müssen vor den Menschen (2, 63. 67. 70 ff.). Die Einwürfe des Celsus, welche später besonders Lactanz (inst. 4, 22) erwiederte, werden hier aber um so nichtiger, weil er dicht neben seiner abstrakten Gottesidee, welche sich weigert in die Welt einzugehen, von populärreligiösen und philosophischen, von platonischen wie von stoischen Prinzipien aus die unumgängliche vermittelnde Vorstellung göttlicher Repräsentanten in menschlich begrenzter Gestalt, ja einer wahren göttlichen Inkarnation, wie sie der Neuplatonismus z. B. in Pythagoras konstatirte, entschieden aufrecht hält[1]). Der menschliche Geist ist nach Platon ein Ausfluss göttlicher Natur (8, 49) und Gott ist nach den Stoikern, deren Berührung mit der christlichen Lehre anerkannt wird, der durch Alles hindurchgegangene und Alles in sich umfassende Geist (6,71). So wird dann zugestanden, dass, wenn schon

---

[1]) Jamblich. vit. Pyth. 19. Auch von Apollonius, dessen Erscheinen durch θεοφάνεια (göttl. Erscheinungsfeste) begrüsst wurde (Philostr. 4, 31), rühmte Hierokles die vielfache göttliche Verehrung (Lact. inst. 5, 3); gegen Jesus aber macht er geltend: wir halten Solche nur für gottgefällige Menschen; die Leichtfertigkeit der Christen allein konstruirt einen Gott (Eus. c. Hier. 2). Ueber das populärreligiöse „Sinken" des C. von der Höhe des philos. Standpunkts Baur 381.

Gott selbst nicht zur Erde gekommen, mancherlei Boten Gottes von jeher geschickt worden seien (5, 2. 6. 52) und zu ihnen zählt schliesslich nicht nur Orpheus und die andern göttlichen Männer, welche in der That heiligen Geist besassen (7, 53) und nach dem Tod zum Theil geradezu Götter geworden sind (3, 22), sondern sogar die ganze Reihe römischer Kaiser, welche nicht ohne dämonische Stärke (ein ächt paganischer Begriff) ihre herrschende Stellung unter den Menschen gewonnen haben (8, 63). Wenn nun auch noch die Christen dem Celsus mit der Theorie entgegenkommen, Gott habe seinen Geist in einen uns ähnlichen Leib eingeworfen, damit wir ihn kennen lernen (6, 69), was hat Celsus dann noch gegen die Christen zu hadern? Neben andern Mäkeleien (6, 72. 73), namentlich an der Unschönheit dieses Boten Gottes (6, 75) und an seinem Auftritt in einem Winkel der Erde (6, 78), bleibt Celsus hier hauptsächlich bei dem Einwand stehen, dass die Christen ihn immer wieder als Gott schlechthin und als einzigen Boten Gottes behandeln wollen (3, 20. 5, 52), während es viele gegeben und dass es Gottes allein würdig gewesen, im gegebenen Zeitpunkt viele Leiber gleichmässig mit Geist zu durchblasen und in die ganze Welt auszuschicken (6, 78)[1]. Man sieht hier deutlich einen Vorgänger nicht allein der Neuplatoniker, sondern auch der modernen Theorie, welche die Einzigkeit Jesu bestreitet und von der Idee behauptet, dass sie es nicht liebe, ihren Reichthum in Ein Individuum auszuschütten und man verwundert sich bei Celsus darüber weniger als bei Späteren, weil ihm die wahre Schätzung der thatsächlichen einzigartigen Grösse Jesu fehlte.

Den Grundirrthum der Juden und Christen, aus welchem der Glaube an das Erscheinen Gottes oder des Gottessohnes und Retters und Strafers auf Erden selbst erst geflossen, findet Celsus in ihrer teleologischen Weltbetrachtung,

---

[1] Die Boten Gottes 2, 44. 70. 5, 2. 6. 52.

näher in ihrer Ansicht, dass Gott und Universum und alle Dinge dem Menschen, den Juden oder auch den Christen dienen. Es ist ein Beweis seines kritischen und komparativen Scharfsinns, dass er diese Idee, die thatsächliche tiefe Basis des Glaubens der biblischen Religionen, insbesondere des Christenthums und seiner Messiasidee überhaupt ergründet und wiederum, dass er diese Idee in eminenter Weise gleichmässig im Judenthum wie im Christenthum wirksam findet. Diesen entscheidenden Fragen hat er seine ganze philosophische Weisheit, wie wir sie gleich anfangs sahen, aber auch die ganze Energie seines Grimms und, ähnlich den Philosophen der Homilien des Clemens (1, 10), die ätzendsten Säuren seiner Ironie zugewandt. Juden und Christen sind die Fröscheversammlung, in der es laut tönt: Alles offenbart uns zuerst Gott und kündigt es vorher an und die ganze Welt und den himmlischen Lauf verlassend und die so grosse Erde übersehend wohnt er allein in unserer Mitte, sendet an uns allein Herolde und hört nicht auf zu schicken und zu suchen, damit wir immer mit ihm zusammen seien. Auch die Würmer sprechen: es ist ein Gott, dann nach ihm kommen wir, die wir von ihm geworden sind durchaus Gott ähnlich und uns ist Alles unterworfen und dient uns (4, 23). Alles hat Gott lediglich für die Menschen gemacht (4, 69. 74) und seinen Lieblingen schon im A. T. Eselchen, Schafe, Kamele gegeben und Brunnen gegraben (4, 49). Zu Gunsten der Guten und zur Strafe der Gottlosen, welchen er lange genug gezürnt und gedroht (4, 71), muss er zuletzt, wohl aus dem Schlaf erwachend (6, 78), kommen oder seinen Sohn, den Kommenden und Wiederkommenden (7, 9 f.) senden, damit er die Ungerechten verbrenne und den Andern das ewige Leben bei Ihm schenke (4, 11. 23. 7, 9). Hat er dann ähnlich so, wie er einst mühsam in Tagabsätzen die Erde zimmerte (6, 60 f.) und Lichter zur Beleuchtung der Erde entlehnte (6, 51), einem Koche gleich das Feuer herzugebracht und das ganze übrige Geschlecht gebraten, dann werden sie, "die Fleischlichen", allein übrig bleiben, nicht nur die Lebenden, sondern auch die längst Verstorbenen, welche mit dem leibhaftigen, abscheulichen Fleisch wiederauftauchen, weil ja Gott nach ihrem Stichwort Alles möglich ist, auch das Widernatürliche, auch das Schändliche (5, 14). Dieser Theorie gegenüber hat Celsus mit so eisiger Kälte wie mit glühender Leidenschaftlichkeit und wie ein selbst- und weltzufriedener Pelagianer ohne Gefühl und Verständniss für das Sündengefühl und Gottverlangen menschlicher Seele, ohne einen Anflug von Traurigkeit und Sorge gegenüber der Armseligkeit, Gesunkenheit und Erneuerungsbedürftigkeit der ganzen Zeit und Weltlage seine Beweise in Scene gesetzt, dass Gottes Vorsehung sich nur um das Ganze bekümmere, dass er die Thiere sogar vor den Menschen begünstige, dass das Universum einer Korrektur nicht bedürfe und die Proportionen des Guten und Bösen ewig gleich bleiben. Aber mag es sein, dass in dieser religiösen Lehre vom Weltzweck, dem Kardinalpunkt christlicher Weltanschauung, wie schon Lactanz sah (7, 5), Manches übertrieben und in's Kleinliche gesponnen sei, mag es sein, dass die Religion hier immer wieder in der Philosophie ihre Läuterungen von Anthropomorphismen und verkehrten Omnipotenzen zu suchen habe, darüber kann kein Zweifel herrschen, dass der Glaube des Christenthums nicht nur tröstlicher und lebensvoller, sondern auch idealer und wahrer ist, als der des Celsus, ja dass Celsus vom Boden des Platonismus aus, soweit er ihn trotz aller Abbrüche festhält, das Recht fehlt, scharfe Opposition zu machen [1]). Von einer Vorsehung zum Wohl des Ganzen, auf dessen Höhe am Ende doch nur der Mensch steht, also von einer göttlichen Teleologie, auch von geheimnissvollen Weltperioden und Weltrevolutionen, welche nach der Einrichtung Gottes

---

[1]) Lact. 7, 5: *haec summa, hic cardo rerum est.* Just. ap. II, 4. Ep. ad Diogn. 10.

in geordnetem Kreislauf sich vollziehen, hat er selbst nach
Heraklit, Empedokles, Platon und Stoa oft genug geredet (1,
17 ff. 4, 60. 65. 69. 79. 8, 53), er weiss von der Erde als
Straf- und Reinigungsort der Seelen (8,53), von zeitlichem und
ewigem Lohn der Guten und Bösen (8, 49), von besserlichen
und unverbesserlichen Sündern (3, 65) deren Renitenz am
Ende doch wohl auch auf den Weltgang influirt, wodurch denn
der Unterschied dieser Teleologien sich auf die Frage einer
ewig feststehenden oder zeitlich individualisirten Weltord-
nung reduzirt und bei verstärkter Würdigung der menschlichen Freiheitsthaten auch die naturalistische Bevorzugung
eines unveränderlichen, korrektionslos sich repetirenden Me-
chanismus der geistigen wie der physischen Weltbewegung
an Werth verliert¹).

Mag es aber sein, dass Celsus in diesen Problemen fort-
streite gegen die christlichen Ueberzeugungen, die Wahrheit kann sich Niemand verbergen, dass zwischen der Grösse
des Hasses gegen das Christenthum und zwischen den thatsächlichen Gegensätzen der theoretischen Weltanschauung
ein Missverhältniss besteht. Theorie steht am Ende gegen
Theorie; aber diese Gegensätze existiren am Ende mehr
oder weniger auch auf dem Gebiet der griechisch-römischen
Philosophie, und wenn man selber mit Vorliebe das Christenthum mit den Philosophien der Vergangenheit und der
Gegenwart zusammengestellt und oft in gesuchtester und
gezwungenster Weise, ein würdiges Kehrbild der christlichen Theorien, von der Gotteslehre bis zur abscheulichen Weltverbrennung die Aehnlichkeit, die Abhängigkeit
und Verschlimmbesserung des Christenthums bewiesen hat,

---

¹) Teleologie bes. bei Sokrates, Platon, Aristoteles, Stoa vgl.
Xenoph. mem. 1, 4. Arist. polit. 1. 8. Cic. nat. D. 1, 2 ff. 2. 60 ff. 9, 35.
acad. quaest. 4, 38, 120. Auch Origenes verweist den Celsus auf die
„Weltreinigungen" der Philosophen 6, 58. In ganz unrichtiger Weise
hat also Neander 1. 288 (2. A.) von einem konsequenten
Platonismus (selbst in der Gleichstellung der Thiere) geredet.

wozu doch immer wieder der giftige Hass statt blosser Geringschätzung nebst einem Viertelslob, welches dieser Ethik, insbesondere der geistigen Anbetung des höchsten Gottes und ihrer unerlebten Einführung in die Massen des Volkes zu zollen wäre!)? Depravationen der philosophischen Ideen gab es ja doch auch ausserhalb des Christenthums, die ganze Zeitphilosophie bestand aus solchen und selbst die laute Klage gegen den blinden Glauben der Christen ohne Prüfung und Untersuchung, den Glauben der Weiber und Kinder, den Glauben der leeren Hoffnungen und Schrecken (3, 16. 78), ja der tollen Freudigkeit selbst beim Vorbrechertod (8, 54) konnte sich mildern, wenn man den Autoritätsglauben der Schüler der Weisen selbst sah und andererseits die kühne, radikale Kritik der Christen, auch der schlichtesten Leute gegen die hergebrachten Religionen, die freie geistige Bewegung der christlichen Allegoriker und die schrankenlosen Neuerungen der verschiedenen Parteien überlegte, von denen manche sogar die Verwerfungssätze des Celsus z. B. gegen A. T. und Auferstehungslehre theilten (5, 14). Auch am sittlichen Leben der Christen hat Celsus nicht viel auszusetzen. Er spottet gegen die Gottgeheiligten (8, 21. 39), die Ebenbilder Gottes (7, 62. 8, 41), gegen die Zöllner und Schiffer (1, 62) und gegen die Patrone der Sünder (3, 59), hierin bösartiger als Lucian, aber er wirft doch nur den Gnostikern neben der Wuth gegeneinander jene Gräuel vor, welche der Volksmund gerade damals dem Christenthum überhaupt auferlegte (5, 63) und er leugnet in keiner Weise, dass die Gläubigen den ethischen Vorschriften folgen, welche ihnen mit den Philosophen gemeinsam sind[2]). Der Haltpunkt und Nährpunkt seines Hasses sind also schliesslich keine wissenschaft-

---

[1]) Diese Eine Lehre für Alle, die Philosophie Aller betont mit Recht Tat. 26. 32 ff. (Ed. Worth e. 45. 50). Man erinnert sich an Philon's Wort von den Essäern: ἀρετή ἐν τοῖς ἀληθέσι. Gesch. J. I, 287.

[2]) Die Moral der Christen bes. anerkannt in der Zeit Tertullian's ad nat. 1,,5 (vgl. apol. 3).

lichen und keine ethischen Fragen, in deren Aufstellung gegen
die Christen Celsus sich gerade so kolossal widerspricht,
wie nur Freund Lucian, auch keine persönlichen Reibungen,
an welche Tzschirner denken wollte, sondern schlechthin nur
die Wahrnehmung jener thatsächlichen Opposition und Exklu-
sivität, in welche sich das Christenthum gegen das Heidenthum und seine Institute stellte, wodurch es ihm immer
wieder, wie gleich anfangs, als der organisirte Aufruhr,
als die Empörung gegen das Gegebene erschien; ein Vorwurf, welchen auch die spätere Antwort Tertullians, dass
die Philosophie selbst, ein Zeno und Epikur, Ruhe und
Rückzug empfohlen, gewiss nicht begütigen konnte[1]. Zwar
hat er nirgends den furchtbaren Vorwurf des Menschen-
hasses den Vorgängern, darunter auch Tacitus, nachgespro-
chen und den Uebermuth und Absonderungsgeist der Juden
hat er nachdrücklicher gezüchtigt als den der Christen (5, 41).
Dennoch ist sein Buch gelegentlich immer wieder von dieser
Beschuldigung durchzogen: die Christen höhnen die Götter
(8, 38), nehmen keinen Theil an den Festen (8, 17 ff.), leisten
Rom keine Dienste des Kriegs und des Friedens, wünschen
seinen Untergang (8, 71 ff.), gedenken durch ihre von Celsus
ernstlich gefürchtete Zauberei den Menschen zu schaden (8, 40),
freuen sich darauf, dass die Andern braten müssen im Gerichte
Gottes, sie selbst aber leben und auferstehen dürfen (5, 14).
Es ist derselbe Standpunkt, welchen später der furchtbare
Verfolger der Christen, Kaiser Diocletian, einnahm: *evertunt
rempublicam!* und der bittere Ernst und die tiefe Leiden-
schaft des Vorwurfs ist um so grösser, je mehr diese wachsenden Volkshaufen, über welche man mit scheinbarer sou-

---

[1] Tert. d. pall. 5. Tzschirner 327. Hinsichtlich der Widersprüche der Gesichtspunkte vgl. bei Lucian: Betrogene und kühnste
Kritiker Alexanders, Freunde leckerer Gastmahle und Todsuchende.
Bei Celsus: Einfältige u. Gnostiker, Pöbel und Philosophen, Konservative und Radikale, Monotheisten und sinnlich Denkende. Bänder
u. Strenge, Weltverächter u. Fleischliche.

veräner Verachtung ein horazisches *odi profanum volgus!* spricht und mit deren Selbstauflösung man sich sanguinisch tröstet, den ganzen römischen Staat zu überschwemmen und zu überflügeln drohen¹).

Wenn aber die Weltanschauungen sonst nicht so diametral auseinandergingen, wenn das Christenthum, nicht nur das der Weisen im Philosophenmantel, sondern selbst das dieser Weiber und Kinder immer wieder Philosophie blieb, obgleich wie beim lucianischen Peregrin eine verdorbene, wenn es, was Celsus noch ganz anders betonen durfte, in noch viel höherem Sinn als der jüdische Essäismus eine ethische Religion inmitten der Massen war, welche gesundes Leben pflanzte, während die Welt versumpfte, wenn die geistige Beweglichkeit den Christen nicht fehlte, ohne welche diese Zerklüftung in Parteien ja gar nicht möglich war, wenn endlich auch im Leben mit so manchen massvollen, frommen, verständigen und selbst philosophischen Männern recht gut verhandelt (1, 26) und aus der Hand christlicher Presbyter selbst das Geheimniss ihrer Zauberbücher entlockt werden mochte (6, 40), so konnte der ganze Standpunkt des Celsus in Verbindung mit der brennenden Zeitlage nur in einen Verständigungsversuch ausmünden, dessen denkwürdige, ja weltgeschichtlich bedeutungsvolle Einfädelung in den zwei letzten Büchern des Origenes vor uns liegt²). Neigung und Abstossung, Liebe und Hass liegen hier wie auf einem Punkte vereinigt und in einem Ja oder

---

¹) S. Siegesinschrift Oruter. Inscr. p. 280: *deleto nomine Christianorum, qui rempublicam everlebant.* Verachtete Massen 3, 73 vgl. Hor. od. 3, 1, 1. Auflösung C. 3, 12. Ich bemerke hier gelegentlich, dass das Scheltwort *capria* (griech. κοπρία; Mistfink, Schmerotzer) Commod. c. apolog. 600. Lact. Inst. 5, 1 nicht, wie Eberl a. a. O. 74. 05 gibt, die *inertia* der Christen bezeichnet, sondern haupts. ihre Stumpfsinnigkeit der *aniles fabulae*.

²) Der Philosophenmantel vgl. Tert. d. pall. 6. Eus. 6, 19. Hier. catal. 20. Die Essäer S. 248, 1.

Nein der Christen soll das gewaltige Entweder Oder beschlossen sein, dass sie dem Aussterben und der Ausrottung verfallen oder als lebendige Glieder des Gemeinwesens und als Brüder der Gesinnung willkommen sein sollen. In diesem Zusammenhang hat Celsus nach all' der „erkünstelten", richtiger forcirten Gemüthsstimmung von Hass und Verachtung insbesondere die reichlichen Ausführungen über die Dämonologie gegeben, auf welche wir in ihrer ganzen Ausdehnung nicht mehr zurückkommen können[1]). Die Christen, das ist seine Hauptforderung, sollen sich entschliessen, neben dem Höchsten, dem sie dienen, die berechtigten Statthalter Gottes zu ehren, am Ende auch ohne Bild, ohne Opfer. Der Höchste selbst will es so haben und er wird so selbst auch geehrt. Wollen die Christen die Untergötter nicht, wohlan so sollen sie sich auf die Verehrung des Einen beschränken und Christus fahren lassen, den blossen Diener. Mit dieser Limitation wäre der Streit zwischen Christenthum und Heidenthum nicht mehr der Rede werth (8, 12). Und wollen die Christen durchaus etwas Neues und durchaus einen Zweiten und durchaus einen Gestorbenen ehren, warum sollte ihnen einer der grossen Weisen, ein Orpheus und Anaxarch, am Ende selbst der Jude Jona und Daniel nicht dieselben Dienste thun (7, 53)? Freilich auf diesen neulich erschienenen Jesu verzichten sie ja nicht und verehren ihn über alles Mass; sie würden sich geradezu weigern, den höchsten Gott zu verehren, wenn sie diesen nicht mit ihm, ja vor ihm ehren dürften" (8, 14. 15). Aber könnte man nicht so helfen, dass man den Christen die Verehrung des Dieners zuliesse, wenn sie nur zugleich die andern Diener anerkennen wollten? Auch dieser Weg ist unmöglich, weil die Christen die Dämonen sich verbitten (8, 13).

Sind diese religiösen Gegensätze nicht zu biegen (8, 12), so bleibt vielleicht noch eine Vereinbarung in den brennend-

---

[1]) Der Ausdruck erkünstelte Stimmung bei Baur 394. Forcirt Hase 53. Dämonen S. 214.

ston Einzelfragen des sichtbaren äussern Lebens. Celsus führt sie gelegentlich mitten in der Empfehlung der Dämonen, zuletzt aber in der Staatsfrage ganz ausschliesslich ein. An den Opfermahlzeiten Theil zu nehmen, was kann die Christen hindern? Sind die Götzen nichts, wie die Christen meinen, so ist ja keine Gefahr; sind sie etwas, so sind sie von Gott (8, 24). Auch die Theilnahme an öffentlichen Festen kann ihnen nicht verboten sein. Ist doch Gott allen Menschen gemeinsam, gut, bedürfnisslos, ohne Neid; was hindert also seine Geweihten, in jenen unschuldigen Freuden mitzumachen (8, 21)? Vollends dem Staatsleben sollen sie sich nicht entfremden. Was ist's denn Schreckliches, bei einem König zu schwören, dem die Dinge der Erde von Gott gegeben sind (8, 67)? Was würde aus diesem Beispiel folgen, als der Untergang des Kaiserthums, der Sieg der Barbaren, die Zerstörung aller Kultur, auch des christlichen Gottesdienstes (8, 68)? Die Stärke des Höchsten allein würde Rom ja nicht aufrecht halten, wenn es den Christen folgend auf seine herkömmlichen Ordnungen verzichten wollte, wie der Untergang der Juden, der Jammer der ausgerotteten Christen genug beweist (8, 69). Also ziemt es sich, dem König zu helfen, mit ihm in's Feld zu ziehen, das Vaterland zu regieren, jede Arbeit zu theilen, um Gesetze und Frömmigkeit zu retten (8, 75).

Den Lockungen des Celsus hat das Christenthum nicht oder doch nur sehr theilweis in seinen Gnostikern, sowie in den charakterlosen Friedensstiftern der Erschlaffungsperioden mit ihrem Rufe: kein Skandal den Heiden! nachgegeben, es wäre Heidenthum geworden, sobald es mit Celsus die Mächte der Welt und römische Kaiser vergötterte[1])!

---

[1]) *Ne nomen blasphemetur* Tertull. idol. 14. cult. femin. 1. 11. Vgl. die Pastoralbriefe des N. T. S. 140 Anm. Die Gnostiker S. 112, 3. Vgl. auch Eus. 5, 28. Nur Arnob. 3, 3—8 stellt sich an, dass die Christen die *minores Dii* ehren könnten, wenn die Heiden würdiger von ihnen dächten.

Weit eher konnte es seines Zurufs als einer Ermunterung auf dem Leidenswege sich erfreuen: lieber alle Qualen, als gegen Gott sündigen (1, 8. 8, 68)! Aber konnte Celsus, konnte der arme Eklektizismus, konnte das gebrochene Heidenthum nicht dem starken, selbst im Blutbad standhaften Christenthum nachgeben? Wunderbar. Wenn Celsus selbst sagt, der höchste Gott dürfe nimmer verlassen werden, wenn er die Meinung der Weisen empfiehlt, um haltlos sich wieder loszuwinden, dass den sinnlichen Dämonen nicht zuviel geschmeichelt werden dürfe, wenn er die Rohheit des Bilder- und Opferdienstes verwirft und in alldem, widerwillig und dennoch, mit der neuen Religion der verachteten, „sinnlich denkenden" und doch so fortschrittlichen geistigen Massen ging, war stand näher am Uebertritt, das schwache Rohr der Weltweisheit oder das starke Christenthum? Sollte der Höchste den Dämonen weichen oder die Dämonen dem Höchsten[1])? Sollte die Stärke der Dämonen Rom schützen oder die Stärke des Weltherrn? So ist Rom christlich geworden und durch die Stärke des Christengottes siegte Constantin.

VIII. Der Werth der Schrift.

Fasst man alle Eindrücke des Celsusbuches noch einmal zusammen, so muss man ihm die Ehre lassen, mit sammt seinen Schwächen ein klassisches Werk, mit seinem ersten Versuch ein Meisterwerk zu sein. Dieser Werth des Buches ist nicht immer anerkannt worden. Origenes war zu sehr Gegner, um ihm gerecht zu werden, und wenn er ihm auch hier und dort ein Lob ertheilt (4, 99.

---

[1]) Lactantius ganz ähnlich gegen Hierokles Inst. 5, 3: *admisit Jovi suo regnum etc.* B. 135, 3. Und zwar eben auch im Epilog.

5, 24. 63. 6, 27. 62. 65. 67. 74), so herrschen die Vorwürfe: einfältig, kindisch, knabenhaft, konfus, lächerlich, possenhaft, unehrbar, lügnerisch, gottfeindlich! gegenüber dem „trefflichsten, weisesten Celsus", daher auch die Meinung seiner Ungefährlichkeit für die Christen durchaus vor[1]). Die orthodoxe Kirche bis zum Scholiasten Lucian's hat über den schlimmen „Possenmacher" ebenso geurtheilt und selbst noch der milde und aufgeklärte Mosheim hat, bei allem Lob der grossen Gewandtheit und bei aller theilweisen Befriedigung durch die vernünftigen, edlen, „wahrhaft christlichen" Gedanken vom Wesen Gottes, die Beredtsamkeit, Gelehrsamkeit, Bosheit des Celsus eine Spreu genannt, welche ein kleiner Wind zerstreut, Unwahrheiten, die sich selbst widerlegen, Verleumdungen, gottlose Verdrehungen, betrügliche Schlüsse, gemeine Zeitungen, kindische Einfälle, die der heutige Unglaube selbst verwirft[2]). Noch Jachmann meint am Schluss seiner Sammlung der Fragmente das Bedauern des Verlustes ablehnen zu müssen, weil Celsus die Lehren der christlichen Religion nicht genugsam verstanden, orthodoxe Lehre und Gnosis verwechselt und mehr Zorn als Philosophie gegen die Christen geschleudert habe[3]). Bindemann, ein treuer Nachfolger Neanders, welcher letztere übrigens trotz des Tadels gegen mangelnden Ernst der Gesinnung den Witz und die Schärfe und den wahrhaft antiken Charakter des celsischen Widerspruchs richtig hervorhebt, unterscheidet von Anfang an nur

---

[1]) Γελοιον, εὐηθες 2, 16; κυδαρώδης 2, 12; ὡς μειράκιον 1, 28. 5, 58; φύρων 6, 28. 35. 39. 53. 72. 6, 71. παρακούων 6, 34. μηδὲν τεταγμένον 1, 40. ἄσεμνος 6, 29. καταγέλαστος 4, 6. Βωμολόχος 1, 27. 3, 22. 6, 74; χλενάζει, παίζει, βωμολοχεῖ 6, 74 vgl. 5, 36. 6, 73; γελῶν 4, 23 (συνήθως ἑαυτῷ); διασύρει 1, 40; 4, 71; κωμωδεῖ 4, 39. 5, 19. οὐ φιλαλήθως 6, 77. καταψεύδεται 3, 75. 6, 40. 7, 34. θεομισής 1, 71. ὁ σοφώτατος 1, 43; γενναιότατος 1, 48. 4, 5 5, 29.

[2]) Scholiast: ὁ τὴν καθ' ἡμῶν μικρὰν φλυαρίαν γράψας. Mosh. Vorr. 40 ff. vgl. 20 f.

[3]) S. 33 f.

zwischen Schmähworten und scheinbaren Gründen und Kurz findet angezeigt, unsern Mann zwar witzig, aber auch oberflächlich, unedel und geistlos zu nennen[1]). Erst die neueste Zeit ist Celsus geschichtlich gerecht geworden, nachdem schon früher die Religionsverächter ihn unter die „Erzväter ihres Geschlechtes" erhoben, aber auch Andere, im 17. Jahrhundert Spencer mit dem Lob der schriftstellerischen Reize der Schrift, an der Schwelle des vorigen Jahrhunderts Cave mit seinem Rühmen der Gelehrsamkeit, Weisheit und Beredtsamkeit des Christengegners vorangegangen und im Anfang des laufenden Jahrhunderts Tzschirner das wahre Wort gesprochen: gewiss war er ein geistreicher und beredter Schriftsteller und keiner nach ihm, selbst Julian nicht, hat die Sache der Christen vielseitiger, gewandter und auf so gemeinfassliche und belustigende, allerdings auch unheilige und frivole und darin durchaus nicht neuplatonische Weise bestritten[2]). Es war besonders Baur, der auch nach der Anerkennung Engelhardts im ersten Band seiner Kirchengeschichte die Bedeutung des Celsus zum Ausdruck brachte, indem er die Grundgedanken des Buches entwickelte, den Verfasser einen der gebildetsten, aufgeklärtesten, kenntnissreichsten und urtheilsfähigsten Männer der Zeit nannte, ihn an Ernst und Sorgfalt, an Schärfe des Geistes, an dialektischer Gewandtheit, an vielseitiger und allgemeiner Bildung keinem Gegner des Christenthums nachstehen liess und der Ueberraschung Worte lieh, dieselben allgemeinen und durchgreifenden Momente schon von ihm sehr treffend hervorgehoben zu sehen, auf welche alle folgenden Gegner des Christenthums in anderer Form und von verschiedenen Standpunkten immer wieder zurückgekom-

---

[1]) Neander 1, 280 (2. A.). Diedemann 59. Kurz, Handb. d. allg. K. G. 3. A. I, 120 ff.
[2]) Spencer annot. S. 3. Cave, antiquit. patr. I, 445. Tzschirner, Fall d. Heid. 327 vgl. 325. Die Erzväter s. Mosh. 48.

men sein'). Noch vor Baur hat sich Redepenning in ähnlicher Weise ausgesprochen: weder aus er angewandten der Anführung des Celsus komme unter Allem, was gegen die Christen geschrieben worden, nichts gleich an trügerischem Scheine²). Selbst auf dem Boden des positiven Glaubens ist dieses Urtheil aufgenommen worden. Engelhardt findet, dass kaum ein prinzipiell bedeutsamer Punkt in der Kritik des Christenthums oder in der positiven Darlegung der eigenen Ansicht übergangen, dass Alles, wenn auch kurz, so doch mit grösster Deutlichkeit behandelt, ein unschätzbares Material zur Feststellung des Gegensatzes christlicher und heidnischer Weltanschauung im 2. Jahrhundert gewonnen und erst noch der Zweifel geweckt sei, ob solches Buch, recht eigentlich der Prophet der voraussetzungslosen Kritik biblischer Geschichte und wohl auch Dogmatik, im 2. oder nicht vielmehr im 19. Jahrhundert geschrieben worden, da man alle Tonarten der Neuzeit, Naturphilosophie und Materialismus und Rationalismus darin klingen höre³).

An diesem Buch muss man freilich nicht zuerst den Maasstab absoluten Werthes, wie an die Bibel, legen. Es fehlt ihm keineswegs sein bleibender Werth, schon in seiner Kunstform, in der eleganten Sprache, im Reichthum und in der Fülle des freilich nicht mehr ganz klassisch reinen Ausdruckes, in der Gewandtheit der Stilarten vom Konversationston bis zur philosophischen Diatribe und bis zum Donner der Rhetorik, in der Vertheilung von Brot und Salz, indem die ernstere Belehrung leichtfüssigem Witze bis zur Lacherschütterung die Hand reicht, im wohlüberlegten Gang der Ver-

---

[1] Baur, drei erste Jahrh. 1853, 368 ff. Engelhardt, Dorpater Zeitschr. 1869, 288.

[2] Redepenning, Origenes 1841. 46. II, 135 f.: ausgebreitetes Wissen, Umsicht u. selbst eine gewisse Beredsamkeit, in der Anlage eine seltene Geschicklichkeit, die befehdete Sache in das ungünstigste Licht zu stellen u. s. f.

[3] Dorpater Zeitschr. 1869, 318 ff.

handlung, wenn nicht im Einzelnen, wo „Ordnungslosigkeiten" (1, 40) und „Tautologien" (8, 89) keineswegs fehlen, so doch im Ganzen, wo man den geschickten Advokaten, aber auch die Zweitheilung eines streitenden Selbstbewusstseins sieht, da dem Bösen das Gute, dem Stossen das Streicheln, dem Kampf auf Leben und Tod die rührende Versöhnung folgt[1]). Noch viel mehr tragen so manche sachlichen Ausführungen philosophischer und religiöser Natur den Stempel der Weihe und ewiger Schönheit, insbesondere das Ringen nach reiner, keuscher, erhabener Gottesidee und das Rufen zur stetigen alle Momente des Weltlebens durchdringenden Gottesgemeinschaft[2]). Selbst die Polemik, so oft sie durch ätzende Schärfe und durch Uebertreibung der Splitterrichterei und halbwahrer Gesichtspunkte missfalle, schliesst den dauernden Eindruck eines kräftigen, freien, wahrheitsuchenden, im Schweiss arbeitenden Geistes ein und die Kritik so mancher dogmatischer und noch mehr geschichtlicher Partien des Judenthums und Christenthums, insbesondere der Schöpfungsgeschichte und der Sageugeschichten alter und neuer Zeit überhaupt hat schadhafte Inklinationen und bedenkliche Schwächen der neuen siegenden Religion aufgezeigt, auf welche der denkende Geist der Jahrhunderte immer wieder zurückgekommen ist und zurückkommen muss, weil die Einwände nicht aus dem beschränkten und vorurtheilsvollen Denken eines Jahrzehnds, sondern aus dem ewigen Wesen und aus den Grundgesetzen des menschlichen Geistes

[1]) Die Untersuchung der Sprache überlasse ich den Männern des Fachs. Im Ganzen dürfte Celsus mit den Atticisten des 2. Jahrh. Plutarch, Lucian u. A. verglichen werden. Spätere Ausdrücke vgl. *ϑέω*; (Welt) 3, 65. 8, 45. 55. *δόγμα* (Lehre) 1, 8. 2, 4. 8, 49. *ἀνάτασις* 6, 1. *πανϑοινία* 8, 24. *καϑολικός* 4, 84. *πάρμοστρος* 2, 65. 7, 9. *ἀντιδοξεῖν* 6, 42. *ἐπιδεικτικῶντες*; 4, 6. *ποτνιώμενα* 2, 24.

[2]) Das hat Tzschirner S. 325 (vgl. Mosheim S. 52, aber auch S. 40) übersehen, wenn er sagt: In der Schrift drückt sich nicht, wie in den Schriften der meisten Platoniker früherer und späterer Zeit der fromme Ernst einer von den Ideen des Göttlichen durchdrungenen Seele aus, keine Innigkeit, Sehnsucht, Liebe u. s. f.

selbst stammen. Wie scharfsinnig und folgenreich ist nur die Eine Erhebung zu nennen, dass die Reden Jesu neben einer spezifischen Gottessohnschaft eine allgemein menschliche anerkennen. Von seinen Kritiken der neutestamentlichen Geschichte ist besonders merkwürdig die der Geburtssagen, der Todesverkündigungen, des Wunder- und Weissagungsbeweises, allermeist aber die der Auferstehungsgeschichte Jesu, wo er mancherlei Widersprüche gezeigt hat und noch mehr, wo er geradezu der Anführer sämmtlicher bis heute, selbst bis zur berühmten Visionstheorie vertretenen Ansichten geworden ist, ein Vorgänger selbst von Strauss und Renan[1]). In den philosophischen Einwänden aber wird Jedermann die Instanzen wiedererkennen, welche vom Standpunkte der Immanenz, der Naturordnung und Naturentwicklung, schliesslich selbst des Darwinismus mit seiner Apotheose des im Menschen sich vollendenden Thierlebens mehr oder weniger einseitig gegen die Weltanschauung des Christenthums erhoben worden sind.

Ueberwiegend aber ist der historische Werth der Schrift als der wichtigsten ausserchristlichen Urkunde des religiösen Kampfes und Umschwungs des zweiten Jahrhunderts, in welcher die hundert Jahre jüngere Erscheinung des Neuplatonismus, die Schlussblüthe griechischer Philosophie, mit ihren Grundgedanken und mit ihren Postulaten gegenüber dem Christenthum recht eigentlich wurzelt, von welcher alle die späteren einzelnen Widerleger des Christenthums, besonders auch Porphyrios (um 270) und Hierokles (um 305) popularisirend und verarbeitend gezehrt und an welcher sich Minucius Felix und Origenes, theilweise auch Tertullian und Lactantius und vielleicht selbst der Verfasser des Briefes an Diognet apologetisch versucht haben[2]). Gegen jene wesentliche Be-

---

[1]) s. meine Gesch. Jesu III, 577.
[2]) Die Abhängigkeit der zwei Widerleger des Christenthums im Beginn und auf der Neige der Diokletian'schen Verfolgung (S. 174), des ungenannten Philosophen (301) u. des ältern Hierokles, des Neuplato-

deutung der Schrift verschwindet in die Ecke all' der kleine
zufällige Werth, den sie durch Konservirung mancher Antiquitäten und Fragmente von Philosophen oder Komikern
gewonnen hat[1]). Hinsichtlich des Christenthums selbst wird

nikers (305), wird schon aus Lact. inst. 5, 2—3 völlig evident.
Der Erstere hat dieselben Absichten wie Celsus: den von Betrügern
verführten Christen die Qualen zu ersparen und sie zu der Gnade
der Götter zurückzuführen. Hierokles erinnert an Celsus: 1) durch
Titel und Schluss (Lob des höchsten Gottes); 2) Christologie:
Christus als Magier mit etlichen Wundern und unbescheidener Selbstproklamation als Gott, widerlegt durch Aristeas, Pythagoras, Apollonios,
schliesslich auf Fluchtwegen u. faktischer Räuberhauptmann; 3) die
Apostel, nur Fischer und Ungebildete, *fallaciae seminatores*; 4) die Widersprüche der Schrift. Porphyrios, älter und gediegener als diese
Gelegenheitsschreiber, in klarer gefälliger Darstellung, durch grösseren Ernst und konkrete Haltung ohne allgemeine Prinzipfragen
Celsus ziemlich ebenbürtig, theilweise überlegen und begreiflicherweise mehr gefürchtet, daher auch nachdrücklicher und öfter widerlegt, erinnert in seiner Forderung der vaterländischen Kulte (ad
Marcell. 18), in der Berufung auf die alten Völker (Eus. praep. ev. 9, 10),
im Suchen der Widersprüche der Schrift, der künstlichen Weltmeinungen,
im Gegensatz zur christl. Allegorie (Eus. 6. 19), im Angriff auf die
LeibHochheit Jesu, Jungfrauengeburt und Tod (Aug. civ. D. 10, 28), in
den Rivalen Jesu, Asklepios (vgl. Eus. praep. ev. 5, 1) u. Pythagoras,
vielfach an Celsus, und selbst seine Abweichung, die Abladung
des *odium* von Christus auf die Apostel, die Anerkennung des Einganges des Dulders zur Unsterblichkeit und des Verdienstes um Verkündigung der höchsten Götter und des höchsten Gottes (Aug. civ.
D. 19, 23), ist lediglich eine Fortbildung des Celsus, der die
Gotteslehre und die Unsterblichkeit Jesu einerseits, den gesteigerten
Betrug der Apostel andererseits immer schon aufgestellt hatte. Die
Beziehungen des Minucius, Tertullian u. Lactantius zu
Celsus S. 152 ff. Hinsichtlich der ep. ad Diogn. ist trotz mehrfacher
Berührungen (z. B. in der Frage der Gotteserkenntniss, des Kommens
des Sohnes nicht zum Richten und Strafen, im Vorwurf der Göttle
gegen d. Philosophie) u. trotz der Alterslage der Schrift (um 180)
nichts Sicheres zu erheben.

[1]) Heraklit 1, 5. 7, 62 (Bilder). 8, 12 (zwei Sätze von göttl. u.
menschl. Wissen). 6, 42 (der allg. Krieg). Mehrbezeugt ist die Stelle
5, 14 (Leichname). F. Lassalle hat alle diese Fragmente benützt in
s. Herakleitos 1858. Das Fragm. Pherekyd. 0, 42; Empedokl. 8 53,
des Komödiendichters s. 0, 78.

man kaum anders entnimmt. Als die Schrift in Wahrheit
nirgends, trotz ihrer noch sehr respektabeln Alterslage, eigentlich neue Angaben, nie dagewesene Enthüllungen über die
Person Jesu oder auch nur über die Zustände der Kirche im
zweiten Jahrhundert bietet und sie führt nach dieser Seite nur
den negativen Beweis, dass schon damals, kaum 150 Jahre
nach Christus, eine lebendige Tradition über den Schöpfer
der neuen Religion nicht mehr existirt hat. Aber sie zeigt
in prächtiger Weise in grossen frischen, wenn gleich sub-
jektiv gefärbten Bildern die objektiven Mächte der Zeit,
ihre Statistik, Stellung, Erfolge und Aussichten, das riesige
Wachsen des Christenthums, seine Wurzelung in der Welt
der Armuth und Verlassenheit, seine Sammlung zur „grossen"
katholischen Kirche, welche die Centrifugalkräfte der Gnosis,
der unheimlich brütenden Winkellehre, überwindet, seinen
literarischen Apparat und seine wissenschaftlichen und praktischen Kräfte; drüben aber das zerfallende und tief ge-
ängstigte Heidenthum mit den modernden Religionen, mit
den orientalischen Gauklern, mit den künstlichen Restaurationen, mit der erzwungenen Judenfreundschaft, mit der
oberflächlichsten und mit der staunenswerthesten Kenntniss
des Judenthums und Christenthums, mit den Anziehungen und
Abstossungen durch die neue verbotene bis an's Blut ver-
folgte und doch untödtliche Religion. Von diesem gewaltigen Kampf der Religionen ist die Schrift selbst nicht nur
das lebendigste, photographische, dem Momente selbst ab-
gelauschte Bild, welches wie nichts Anderes einer unter-
gegangenen Welt in Fleisch und Blut zum Auferstehen hilft,
sie ist im Kampfe selbst Central- und Knotenpunkt, das
grösste Schlachtfeld, auf welchem die Gegner streiten, indem
sie sich geistig messen mit der ganzen Schneide antiker
philosophischer und neuer Weltanschauung und die tiefere
Unterlage klar legen, auf welchem der Hass und die Verfolgung, der Widerstand und das Blut der Märtyrer ruht.
Sie ist eine Apologie vergangener und künftiger Christen-

verfolgungen; aber sie arbeitet noch mehr für das Ende der
Verfolgungen, indem sie an die Stelle der Faust die Feder,
die Ueberlegung setzt, Frieden erstrebt und durch die
Versöhnlichkeit, noch mehr durch die Schwäche des Gegen-
beweises dem Christenthum zum Sieg hilft.

IX. Zeit und Ort der Entstehung.

1. Ueber die Zeit der Abfassung des Celsusbuches ist
bis jetzt eine Uebereinstimmung und eine Sicherheit nicht
gefunden worden. In der Regel ist man der unbestimmten
Angabe des Origenes gefolgt (1,8), Celsus habe unter Hadrian
und weiter abwärts, unter den Antoninen also, mindestens
noch unter Antoninus Pius (so sagt Baronius) gelebt, zumal
man diese Nachricht durch die leibhaftige Existenz eines
Celsus im Freundeskreis Lucians von Samosata, der ja
selbst unter den Antoninen und bis zu Commodus blühte,
bestätigt fand[1]). Ein einziger wunderlicher Gegner des
grossen Seb. Tillemont, Peter Faidit, klammerte sich an die
Mittheilung des Origenes, dass es auch unter Kaiser Nero
einen Celsus gegeben und meinte mit Rücksicht auf die
Jugend des Christenthums, welche Celsus ausgesagt (1, 26)
und auf die viel grössere Bedeutung eines mit der Zeit und
mit dem Namen Nero's sich berührenden Duches die Mitte
des ersten Jahrhunderts empfehlen zu sollen[2]). Uebrigens
gab Origenes selbst einen grossen Spielraum. War das
Buch nun unter Hadrian, Antonin oder M. Aurel geschrieben?
Mit richtiger Divination neigte man sich seit Spencer und Tille-

---

[1]) So die berühmtesten kirchengesch. Namen Baronius, Spencer,
Hasnage, Valesius, Dodwell, Fabricius u. A. bei Mosheim, Vorrede
26. Jachmann 4.

[2]) Mosheim, Vorrede 24. Juchm. 4. Ueber den Einwand s. die
Anm. zur St.

muss noch zu einer späteren Zeit, indem Spener an die Fürsten des lucius'schen Genus zur Zeit der Markomannenkriege M. Aurels erinnert „Luc Aur. 4". Tillemont scharfsinnig die Vertheidigungsprobe M. Aurels empfahl. Joh. Phil. Baratier stellt wieder die Tage Antonin's des Frommen; woraus sich von selbst die mittlere Bestimmung ergab, die man von Mosheim, Gieseler, Baur, Engelhardt aufgestellt findet, das Buch sei um 150, in der zweiten Hälfte des zweiten Jahrhunderts oder auch, wie Hagenbach, Hasse, Tischendorf und selbst Friedländer annehmen, es sei um die Mitte des zweiten Jahrhunderts geschrieben. Nur Grätz nannte noch einmal die ganz verbriefte Zeit von Kaiser Hadrian. Die mittlere Bestimmung Tillemonts wurde aber schliesslich von den Meisten wieder aufgenommen, von Neander, Tzschirner, Jachmann, Bindemann, Lommatzsch, Hase, Redepenning, Zeller. Man sprach von M. Aurel'scher Zeit, von einer Entstehung nach 161 (Jachmann), nach 170 (Zeller, „vielleicht und „nicht unwahrscheinlicher Weise" zwischen 170—180 (Bindemann), im Wüthen der M. Aurel'schen Verfolgung (Neander, Hase, Lommatzsch). Nur Ueberweg hat unbegreiflicher Weise aller Detailrechnung misstrauend das zweite Jahrhundert schlechthin genannt und Volkmar ist unter auffallenden Missverständnissen gegenüber Origenes wie gegen Baur zu der Meinung fortgegangen, welche er gegen Tischendorf

---

[1] Tillemont u. Baratier bei Mosheim 35. Hier u. S. 37 gibt Mosheim auch seine eigene Berechnung. Gieseler K. G. 4. A. 1. 161. Baur, die drei ersten Jahrh. 368 (wo Celsus vor Lucian gestellt ist). Engelhardt 288. Hagenbach K. G. I. 160. Tischendorf, wann wurden die Ev. verfasst? S. 26. Ludw. Friedländer, Darstell. aus d. Sittengesch. Rom's III, 534 (1871).

[2] Gesch. der Juden 3, 243.

[3] Tzschirner, der Fall des Heidenthums 325. Neand. I. 273. Jachmann 4. Bindemann 60. Lommatzsch 6. Hase, K. G. 9. A. 58. Redepenning Orig. 2, 131 ff. (nach Bindemann). Zeller, theol. Jahrbb. 1845, 829. Ebenso in seiner Philos. der Griechen III, 2, 541 (1. A.). III, 2, 192 f. (2. A. 1868).

kategorisch aufstellte, Celsus sei ein ganz junger Schriftsteller, ein Zeitgenosse des Origenes gewesen, der erst um 200, besser dann wohl 240 geschrieben habe¹). Auf Grund dieser Uebersicht mag man zugestehen, dass eine Uebereinstimmung über die Mark Aurel'sche Zeit im Durchbruch war; aber nicht allein ist diese Generalansicht von Einzelnen immer wieder bestritten, sie ist auch als solche, indem sie die Rahmen von zwanzig Jahren offen lässt, zu weitherzig, zu unbestimmt, zu unsicher, zu unbewiesen, wie denn Baur das chronologische Verhältniss des Celsus und Lucian niemals untersucht und keiner der Vorgänger und Nachfolger den einzig zutreffenden Zeitpunkt irgendwie genannt hat; sogar tönt genaueren Bestimmungsversuchen der Warnungsruf entgegen, dass Alles nur Muthmassungen und bestimmte Merkmale nicht zu entdecken seien²).

Man muss es nun doch versuchen, mit alten und neuen Zeichen. Der Gesammteindruck der Schrift, diese Schilderung des grossen Organismus der Kirche und ihrer herrschenden Evangelien, dieses fabelhafte Wissen des Heiden vom Christenthum, diese schon auf die Spitze eines Entweder Oder gestellte Streitfrage der zwei Religionen begünstigt an und für sich eher die Annahme des dritten Jahrhunderts als des zweiten. Nur wehrt hier schon Origenes, welcher an die Vergangenheit des Celsus glaubt und nicht an seine Zeitgenossenschaft (1, 8. 7, 11) und die Schrift des Celsus nicht als Neuheit bekommt, sondern als Berühmtheit heidnischer Literatur (5, 3), aber auch als Begrabenes im Schutt und mühsam Aufgesuchtes für die Christen (8, 76). Schrieb aber Origenes seine Bücher gegen Celsus im Greisenalter und zwar in den Zeiten des Philippus Arabs (244—249), wie schon Eusebius ganz richtig behauptet (6, 36) und aus

---

¹) Ueberweg, Grundriss der Gesch. der Philos. des Alterth. 3. A. 1867, I, 237. Volkmar, der Ursprung der Evangelien NO. 164. 165.
²) Mosheim 35. Bindemann 60. Ich selbst nannte 176 · 177 Uesch. J. I, 137. 178 kl. Ausg. S. 16.

allen innern Zeichen der Schrift unfehlbar hervorgeht, schrieb er näher auf der Neige dieser Regierung (um 248), da der Friede der Christen nach den Verfolgungen als länger dauernd, aber auch durch politische Stürme und religiöse Unzufriedenheit neu bedroht erscheint (3, 15), nun denn, so wird die Arbeit des Celsus jedenfalls in's 2. Jahrhundert, wie Origenes selbst annimmt, zurückzuweisen sein [1]).

Celsus selbst aber bietet noch genauere Zeitzeichen. Schweigen wir hier ganz von der frappanten Thatsache, dass das Buch des Celsus mit der Apologie des Minucius Felix sehr grosse Aehnlichkeit zeigt, welche um 180 n. Chr. nicht ohne Bezug auf Celsus entstanden ist, und bleiben wir unmittelbar bei Celsus. Zuerst die Anzeichen des Celsus aus dem Gebiet des Heidenthums. Da weisen die Auflösungszustände der Religion und die künstlichen Restaurationen mit Hilfe der Dämonenlehre im Allgemeinen auf die Zeit der Antonine. An Kaiser Titus kommen wir vorüber, dessen Ueberwindung Jerusalems der Vergangenheit angehört (4, 73), aber auch an Hadrian, der den Juden die letzte Scholle nimmt (8, 69) und sie zu den untergehenden Völkern registrirt (6, 80), seinerseits aber den schmählichen Antinousschwindel

---

[1]) Vgl. noch Orig. c. Cels. 1, 3. 3, 9. 7, 26. 8, 44. 65. 68 (auch etwa noch 1, 1. 7. 2, 13. 6, 27) und daneben die Aussagen über Philippus bei Dionys von Alexandria (Eus. 7, 10), Euseb selbst (6, 34. 36) u. Hieron. (vir. ill. 54). Vgl. Mosh. Vorr. 57. Auf das Alter seiner Schriftstellerei (vgl. Eus. 6, 23) deutet Orig. z. B. 6, 49. 51. 7, 11. 31. 8, 65. Baronius dachte an 243, Dav. Blondel an 237, Mar. Scotus an 238 244, Huetius an 247 (vgl. Huet. Orig. I, 3, 11). Lommatzsch 6. 7, desgleichen dann Friedländer a. a. O. 532 wollte wegen der langen Dauer der Friedensjahre des Christenthums lieber auf Alexander Severus (223—235) zurück, beruhigte sich dann aber bei der Angabe des Euseb. und fand 249 als Anfang neuer Unruhen bes. günstig. Tod des Orig. Eus. 6, 39. 7, 1. Gelegentlich erwähne ich, dass A. Ebert in seiner öfter erwähnten Schrift über Minuc. F. u. Commodian S. 96 das carmen apologeticum Commodian's in dieselbe Zeit, um 249, setzt, wogegen mir feststeht, dass er die Verfolgung des Decius, vielleicht auch die seiner zwei Nachfolger schon erlebt hat.

inaugurirt (3, 36 f.). Viel tiefer herunter, etwa gar in die Zeiten von Severus und Caracalla kommt man auch hier nicht, schon deswegen, weil Celsus die Apolloniossage (um 220) noch gar nicht verwendet, wolche nachher eine der brauchbarsten Waffen des Neuplatonismus gegen das Christenthum geworden ist [1]). Aber die Situation wird noch klarer. Celsus nennt neben einer Einheit des Kaiserthums (8, 68. 73) eine Mehrheit von Herrschern (8, 71), deutet also entweder auf die Mitregierung des M. Aurel mit Antoninus Pius (147—161) oder auf die des Lucius Verus mit M. Aurel (161—169) oder auf die des Commodus mit M. Aurel, des Sohns mit dem Vater (176—180)[2]). Die Noth der Zeit, welche er schildert, die Angst für die Kaiser, dass sie in die Hände der Barbaren fallen (8, 71), für das Reich, dass es durch die Barbaren zu Grunde gehe (8, 68), der Aufruf an die Christen, dem

---

[1]) Wie oft konnte Cels. Apollonios nennen! vgl. nur 3, 34. u. 6. 288. Mosheim B. 477 sucht in 4, 88 eine Anspielung auf Philostrat. v. Apoll. 4, 3; doch unterscheidet er selbst zwischen Buch und Quellen. Selbst Orig. benützt merkwürdiger Weise vielmehr den älteren und nüchterneren Moragenes (2. Jahrh.; vgl. Philostr. v. Ap. 1. 3) als den Philostr. (6, 41). Philostr. schrieb nach meiner Berechnung um 220. Denn Phil. arbeitete im Auftrag der Kaiserin Julia Domna, der Mutter Caracalla's (1, 3), der Philosophin (vit. sophist. 2, 30, 1), wurde aber fertig wahrscheinlich (1, 3) erst nach ihrem Tod 217 n. Chr. (Dio C. 78, 23), kurze Zeit nach der Errichtung eines Tempels des Apoll. durch Caracalla um 215 (1, 5. 6, 20. 31 vgl. Dio C. 77, 18) und vor den neuen Ehren des Alex. Severus (Lamprid. Al. S. 29). Auch Gieseler I, 250 gibt 220 vgl. Baur 401. Ilase dagegen ,8. 51 vgl. Kurz I, 1, 119 u. Schaff 179 setzt 230 (Zeit der Entstehung der vit. soph.). Rieckher in Herzog I, 424 gar 200; Neand. 1, 51 gar Ende 2. Jahrh.

[2]) Jul. Capit. M. Anton. Phil. 7: *tuncque primum (post excessum Divi Pii) romanum imperium duos Augustos habere coepit*. Commodus Mitregent Capit. Ant. Phil. 17. 27 vgl. Lamprid. Commod. 2. 12. C. 8, 71: *οἱ τῶν ἐπαιδευμένοις*. 8, 69. 73: *ὁ βασιλεύς*. So wird auch im Schreiben von Lyon nur vom „Kaiser" die Rede, während Commodus damals schon mitregierte. Vgl. Minuc. 8, 156. Auch Lipsius, Chronol. d. röm. Bischöfe 163. Athenag. redet neben M. Aurel auch Commodus an.

Reiche, dem Heere ihre Dienste nicht länger zu entziehen (R, 73. 75), das Alles führt sichtlich über die friedlichen Antoninschen Zeiten, „in welchen alle Provinzen blühten", herunter in die schweren Kalamitäten der M. Aurel'schen Aera mit den Parther-, Quaden- und Markomannenkriegen, wo Sclaven und Gladiatoren die Lücken der Heere ausfüllten, der Kaiser Gold und Silber verkaufte, mit dem Cassiusaufstand, dem Wüthen der Pest und aller Elemente, „wo von Waffen nirgends Ruhe war, durch den ganzen Orient, Illyricum, Italien, Gallien die Kriege tobten, kein Elend fehlte und das römische Reich unter dem Jammer zusammengebrochen wäre, wäre Er nicht für diese Zeit geboren¹)". Man könnte hier an das erste Jahrzehnd M. Aurels, an seine gemeinsame Regierung mit Verus denken, un die Zeit des Partherkrieges (162—165), der Einschleppung der Pest (166) und der ersten Erhebung der Rhein- und Donauvölker (167)²). Aber die Krise der sechziger Jahre wurde im Ganzen doch glücklich überwunden und die grössten Verlegenheiten und Erschöpfungen brachen erst in den siebenziger Jahren an, wo occidentalische- und orientalische Wirren sich immer neu ablösten, wo der Kaiser im Sommer 174 von den Quaden beinahe gefangen und im Frühjahr 175 von dem mächtigen Orientstatthalter Avidius Cassius beinahe gestürzt wurde und nach dem Triumph mit Commodus über Germanen und Sarmaten (23. Dec. 176) am 3. August des Jahres 178 von Neuem mit dem Sohn in den mehrjährigen Donaukrieg ziehen musste, aus welchem er nicht mehr zurückkam³). Die Schrift des Celsus ist

¹) Aurel. Vict. Caes. epit. 16 vgl. Jul. Capitol. M. Ant. Phil. 8 ff. 13 ff. Ueber die Zeit Antoninus des Frommen Cap. Anton. Pius 7: *provinciae sub eo cunctae floruere*. Ueber die Friedenszustände sagt der Rhetor Aristides (Dind. I, 111): ἠσγάζει δὲ πᾶσα ἡ ἤπειρος, γῆ τε καὶ θάλασσα etc. und 350 f.: πόλεμοι δ' οὐδ' εἰ πώποτε ἐγένοντο ἐν πιστεύονται. Vgl. Büdinger, röm. Kaisergeschichte II, 317.
²) Capit. Anton. Philos. 8—14.
³) Capitol. 17. 21. 25. 27. Besonders wichtig ist die dann durch heidnische u. christliche Sage verherrlichte Noth u. Erlösung im

deswegen höchst wahrscheinlich geschrieben theils nach der Auszeichnung des Commodus mit Imperatortitel (27. Nov.) und Triumph (23. Dez. 176), Tribunat und Konsulat des Jahres 177, theils zur Zeit des neuen Aufbruchs des M. Aurel und Commodus zum gefürchteten und verhängnissvollen Quadenkrieg im Sommer 178 [1]).

Die Anzeichen auf dem Gebiet des Christenthums führen zu demselben Ziel. Das Christenthum, überwiegend im Heidenthum eingebürgert und von den Juden auf's giftigste gelästert, hat eine solche Verbreitung (2, 46. 3, 9. 10. 12. 73), dass Celsus schon durch seine Massen abgeschreckt wird (3, 73), eine Zeichnung, durch welche man gänzlich nicht nur an Justins, sondern an Tertullians Beschreibungen auf der Grenzscheide der zwei Jahrhunderte erinnert wird[2]). Es besitzt eine Grosskirche (5, 59), deren entsprechender Name „katholische Kirche" erst zwischen 160—180 auf den Schauplatz tritt, daneben unzählbare Secten der Gnosis, deren Atomismus immer noch zunimmt, welche aber der Existenz

---

Quadenkrieg Capit. c. 24. Dio C. 71, 8. (Olymp. 238, 1 (173—174) vgl. Eus. Chron. ed. Schöne p. 172 f. Die Ehren des Commodus S. 265, 2. Der Aufbruch des Commodus in den letzten Krieg III. Non. Commod. (August.) 178, Lamprid. Commod. 12. Vgl. auch Peter, röm. Gesch. 3, 2, 199 ff. (1869). Ch. Merivale, Gesch. der Römer unter d. Kaiserthum IV, 2, 525 ff. (1872).

[1]) Andre Anzeichen bes. aus dem Literaturgebiet geben weniger Entscheid, so die Kenntniss des Todes des Epiktet (7, 53), die wahrscheinliche Benützung der Naturgeschichte des Plinius (4, 81 ff.), die Nichtkenntniss des Buchs des Philostratus über Apollonius, welches um 220 n. Chr. entstand und die Glorifikation dieses Götterfreunds, von welchem Celsus noch gar nicht redet, erst einleitete. Selbst den Vorläufer des Philostratus, Mörägenes, nennt nur Orig. (6, 41). Dagegen aus den Benützungen des Lucian lassen sich Schlüsse ziehen. S. die Frage des Verfassers X. S. 289 f.

[2]) Tert. apol. 37: *hesterni sumus et vestra omnia occupavimus etc.* Vgl. apol. 1. ad Scapul. 2. Min. F. 9. Just. ap. 1, 67. Tryph. 117. Ep. ad Diogn. 6. Die Gesammtzahl der Christen im Reich wird freilich von den Neueren selbst noch in der Zeit Constantin's nur auf etwa $^1/_{12}$ der Gesammtbevölkerung veranschlagt. Friedländer III, 531.

der Grosskirche nicht mehr gefährlich sind[1]). Die Gnosis aber hat ihre eigentliche Blüthezeit unter Antoninus Pius (138—161), die Kirche ihrerseits, insbesondere die abendländische, ermannt sich gegen sie seit dem Papste Aniket (158—168) und bis zu Aniket, ja über ihn hinaus blühten auch die letzten grossen Häupter der Gnosis, nämlich Marcion und Valentin, ihnen zur Seite Marcellina (5, 62), die Anhängerin des Karpokrates[2]). Auch die Benützung der schon reich angeschwollenen christlichen Literatur, besonders des Johannesevangeliums, dessen Kursiren in der Kirche erst um das Jahr 160 recht greifbar wird und die Darstellung der herrschenden Christologie, so ganz auf johanneischer Basis, weist auf die Neige des Jahrhunderts[3]). Das wichtigste Merkmal der Zeiten aber ist die herrschende Christenverfolgung. Manche Bilder aus derselben sind ziemlich farblos oder doch so allgemein, dass man über die Indizien des trajanischen Prozesses, wie er bis zu Ende der Antonin'schen Regierung (112—161), auch noch lange Zeit unter M. Aurel (161—178), dann wieder unter Septimius Severus und Caracalla (193—217) herrschte, gar nicht hinauskommt. Das Christenthum ist eine verbotene und mit dem Tode bedrohte Religion (1, 3) und die Christen, welche nicht abfallen oder Abfall fingiren und verleugnen wollen (1, 8), müssen verlassen von Gotteshilfe (8, 39. 41. 69) leiden (8, 54) und sterben mit dem Gottessohn (2, 45), übel geplagt

---

[1]) Ὑία ἐκκλησία. Just. Tryph. 63. Καθολικὴ ἐκκλησία ep. Smyrn. (168—170) Eus. 4, 15. Ebenso Ignat. ad Smyrn. 8. Fragm. Murat.: ecclesia catholica. Clem. strom. 7, 17, 15.

[2]) Entstehung der Gnosis seit Hadrian Heg. ap. Eus. 3, 32. Clem. strom. 7, 17. 20. Tert. c. Marc. 1, 19. Aniket Eus. 4, 11. 14. Hier. cat. 17. Vgl. über Val. u. Marcion m. Gesch. J. 1, 140. 152. Marcellina Ir. 1, 25, 6: Marc., quae Romam sub Anicelo venit — multos exterminavit. Lipsius, Chron. d. röm. Bisch. 190 setzt A. c. 156—166.

[3]) Gesch. J. 1. 137 ff. Die Schrift Papiscus u. Jason 4, 52 führt lediglich auf die Zeit Hadrian's oder Ant. Pius'. Ebenso die Judenschriften, welche C. benützt S. 12, 2.

und an den Pfahl gehängt vom strafenden Dämon (7, 41)¹). Aber drei Stellen zeigen den ganz spezifischen furchtbaren Ernst der Lage. Der Dämon der Christen, der Sohn Gottes, wird aus jedem Land und Meer hinausgetrieben, der Christ selbst, der ihm als Bildniss Geweihte, wird gefesselt, weggeführt und an den Pfahl gehängt (8, 39). Die Lästerer der Götter sterben entweder mit der Ruhe und Keckheit der Verbrecher (8, 54), oder sind sie auf der Flucht und verbergen sich oder endlich werden sie gefangen und müssen zu Grunde gehen (8, 41). Ja die völlige Ohnmacht, die greifbare Nutzlosigkeit des Höchsten mit allen seinen Verheissungen an Juden und Christen, welche sich nicht erfüllen, beweist Celsus mit gewaltigem, höhnischem Schlusstrumpf: den Einen (den Juden) ist, anstatt dass sie Herren der Welt wären, auch nicht irgend eine Erdscholle oder ein Heerd übrig gelassen, von euch aber irrt noch der Eine und Andere herum in Verborgenheit, aber er wird aufgesucht zur Strafe des Todes (8, 69)²). Diesen Sätzen kann man nicht mit Jachmann im Widerspruch gegen Tillemont und seine Nachfolger das Licht ausblasen mit der Behauptung, das seien keine Wirklichkeiten, sondern nur fromme giftige Wünsche des Celsus gewesen³). Man kann höchstens sagen, die wirkliche Thatsache ist rhetorisch etwas übertrieben und statt der „paar Uebrigen" war trotz des furchtbarsten Verfolgungsstosses noch soviel Stoff von der „Race" der Christen übrig, dass Celsus selbst mit „Ausrottung" (8, 71) immer noch drohen konnte, wenn man sich nicht bekehren und mit Kaiser und Reich marschiren wollte

¹) Auch Tryphon bei Justin c. 8 sagt: ταύτ' διχπαιτες ἀπόλλραθε (C. 8, 41).

²) ὑμῶν δὲ κ᾽ ἂν πλανᾶταί τις ἔτι λανθάνων, ἀλλὰ ζητεῖται πρὸς θάνατον δίκην. Vgl. damit die frappanten Aehnlichkeiten S. 273 A. 1.

³) S. 5: sunt enim nihil nisi pium desiderium Celsi ipsius Christianos odio acerrimo persequentis. Allerdings starben selbst in der Lyoner Verfolgung nach Oreg. Tur. ap. Ruin. 61 nur etwa 48; innumeri aber (ungenannt) durch Hinrichtung. Mord. im Zuchthaus u. Bergwerk. Pass. Epipod. 2.

(8, 73. 75). Thatsächlich also muss mindestens ein energischer Versuch der Vertilgung gegen die Christen, durch alle Provinzen des römischen Weltreiches zuckend und statt der sonst im 2. und wieder im 3. Jahrhundert herrschenden erfolglosen trajanischen Einzelanklagen zu einem Generalangriff der Aufsuchung und Verhaftung gesteigert, Platz gegriffen haben[1]). Diesen Vertilgungsversuch aber, den Vorläufer der Decius'schen und Diokletian'schen Katastrophe, von der heutigen Literatur bis auf Baur nicht genügend erkannt, zeigt die Geschichte in der Regierungszeit M. Aurels und zwar auf der Neige dieser Zeit[2]). Denn die zwei Perioden der M. Aurel'schen Zeit, deren erste die Verfolgung von Smyrna (166), deren zweite die von Lyon (177) in sich begreift, darf man durchaus nicht verwechseln. In jener herrschte noch wesentlich das trajanische Verfahren und zwar 16 Jahre lang, wie noch um das Jahr 176 durch Tatians Apologie bewiesen wird; Polykarp's Aufsuchung und Verhaftung in Smyrna war ein ganz vereinzelter Fall entfesselter Volkswuth und statthalterlicher Nachgiebigkeit, der sich an die trajanische Behandlung eines Dutzends philadelphischer Christen anschloss. Aber schon Justin, noch mehr Tatian zeigt das Nahen des Sturmes. „Aller Orten suchen die Griechen wie im Wettkampf die Obrigkeit gegen die Christen zu treiben: die Gottlosesten der Menschen müsse man aus

---

[1]) Die Allgemeinheit tritt wie bei Celsus in den Beschreibungen der M. Aurel'schen Verfolgung bei Eus. 5, 2 und in der passio Epipodii 2 hervor: *cum per provincias gentilium furor desaeviret, praecipue in Lugdunensi urbe debacchatus est*. Trajan's Rescript an Plin. (112 n. Chr.) Plin. ep. X, 96: *conquirendi non sunt; si deferantur et arguantur, puniendi sunt*. Ueber die Herrschaft dieser Regel s. m. Abhdl. über Hadrian theol. Jahrbb. 1856, 392 ff. Ueber die Zeit des Trajan'schen Rescripts Diermauer in Büdinger's Unters. zur röm. Kaisergesch. I, 113 ff.

[2]) Durch Stellen wie Cels. 8, 69 (a. o.) ist man ganz an das Diokletianische Triumphwort erinnert: *deleto nomine Christianorum, qui rempublicam evertebant*. Grot. inser. 8. 280. Baur 426: Trajanisches Verfahren auch unter M. Aurel.

dem Lande jagen¹). Im Beginn des Jahres 177 tönt dann mit einem Mal ein vielstimmiger Nothruf, zunächst vom Orient her, zu den Stufen des kaiserlichen Thrones. Athenagoras, Meliton, Miltiades, Apollinaris appelliren an die Gnade und Gerechtigkeit der Herrscher M. Aurel und Commodus, die der Welt den Frieden, den Christen den Krieg gegeben haben²). Der Zeitpunkt ist hier ganz genau beschrieben. Denn der einzige friedliche Zeitraum in der spätern Regierung des Kaisers fällt in die Zeit des Triumphs mit Commodus (23. Dez. 176) und vor den 3. August 178. Die Verfolgung in Lyon verlegt sich ausdrücklich in's 17. Jahr des Kaisers, in den Sommer 177³). Im Orient hatte der Kaiser die mit Christen gefülltesten Länder als Bundesgenossen des syrischen Rebellen Cassius kennen gelernt. (Dio Cass. 71, 25. Capitolin. M. Ant. 25), bei seinem Aufenthalt in Athen hetzten die Griechen, deren Wuth Tatian zeigt und die Nothlage des Reichs schob der Pöbel wie die Regierung um so mehr auf die Christen, weil diese vielfach dem Reich den Beistand versagten und sogar in Rom und

---

¹) c. 4 (vgl. 14. 26 f.): ὥσπερ ἐν στιγμῇ συγκροτεῖν βούλεσθε τὰς πολιτείας· καθ' ἡμῶν. Aehnlich Tryph. 110. Nähere Beweise über die Zeit der Schrift (Justin, Crescens, Peregrin, Ein Kaiser) werde ich anderswo geben. Unser Resultat im Ganzen ist davon unabhängig. Einzelne Aufsuchungen in tumultuar. Weise konnten natürlich auch früher vorkommen. Eus. 4, 15: ξηττίσθω Πολύκαρπος. Vgl. Just. ap. II, 2.

²) Die legatio (supplicatio) pro Christianis hat Athen. nach der richtigen Berechnung von Tillemont u. Mosheim 177 geschrieben vgl. c. 1: μεγάλοι βασιλέων vgl. c. 18. 37. Aufenthalt der Kaiser in Rom c. 16. Frieden c. 1: ἡ σύμπασα οἰκουμένη βαθείας εἰρήνης ἀπολαύουσι. S. auch Otto, Corp. Apolog. VII, p. LXXIV. Meliton Eus. 4, 26 (an M. Aurel); wesentlich übereinstimmend mit Athenag.; nach Eus. Chron. freilich 170). Apollin. Eus. 4, 27. Miltiades (an zwei Herrscher) Eus. 5. 17. Vgl. auch Bardesanes lb. 4, 30.

³) Eus. l. V. prooem. setzt ausdrücklich das 17. Jahr M. Aurel's; 5, 3 die Anfänge des Bischofs Eleutherus. Die ep. Vienn. wie acta martyrum geben den Sommer. Vgl. auch Lipsius Chronol. der röm. Bischöfe 185.

unter den Augen des Kaisers ebenso, wie Celsus in seiner Schrift zeigt (4, 11. 23. 7, 9), den Feueruntergang der Welt und dann ihr Reich ersehnten (vgl. Cap. Anton Philos. 13). Von einem kaiserlichen Edict, barbarisch in Grausamkeit, spricht Melito[1]). Es provozirte zur Christenanklage, indem es die Ankläger in den Besitz der Christen treten liess[2]). Dass es dann zu gräulichen Wirren, zur gänzlichen Rechtslosigkeit der Christen und zum Befehl der Aufsuchung derselben kam und dass der Kaiser selbst durch Rescripte die Hinrichtung aller Bekennenden verordnete, das zeigt die Verfolgung von Lyon[3]). Den Christen aller Welt aber rief der zweite Klemensbrief ermunternd zu: lasset uns nicht davor fürchten, aus der Welt zu gehen, lasset uns zahlreich zu ihm segeln! und der Brief an Diognet offenbart noch glänzender die Seelenruhe im Kampf und die Siegesfreudigkeit nachher auch ohne Weltauszug[4]). Merkwürdig stimmen

---

[1]) Melito ap. Eus. 4, 26: κατὰ δόγματα, τὸ καινὸν τοῦτο διάταγμα, ὃ μηδὲ κατὰ βαρβάρων πρέπει πολεμίων. Principum nostrorum scita act. Symph. ap. Ruin. 78 ff. c. 2. Das Dekret M. Aurel's (arspr Text Aurelian's) daselbst aber ist (trotz Neander's I, 184) unächt.

[2]) Ib.: δημοσίᾳ τῇ ηλασίᾳ. Athen. 1: συγχωρεῖτε ἡμᾶς ἐλαύνεσθαι καὶ φέρεσθαι κ. διώκεσθαι. Vgl. ep. Vienn. ap. Eus. 5, 1.

[3]) Λημοσία ἐκέλευσεν ὁ ἡγεμὼν ἀναζητεῖσθαι πάντας ἡμᾶς. Ib.: ἐπιστείλαντος τ. Καίσαρος, τοὺς μὲν ἀποτυμπανισθῆναι, εἰ δέ τινες ἀρνοῖντο τούτους ἀπολύεσθαι. Vgl. dazu noch act. Symphor. a. a. O.: has comprehensos, nisi diis nostris sacrificaverint, diversis punite cruciatibus etc. Auch ep. M. Anton. ad Senat. b. Otto, Corp. Apol. I, 209, wo zwar keine conquisitio, aber die Massregeln der Freiheitsberaubung, Folter u. Verbrennung vorausgesetzt sind.

[4]) e. 5: μὴ φοβηθῶμεν ἐξελθεῖν ἐκ τοῦ κόσμου, c. 7: πολλοὶ εἰς αὐτὸν καταπλεύσωμεν. Der Brief an Diognet, gew. unter Trajan oder Hadrian, von Semisch unbestimmt in die Mitte 2. Jahrhunderts gesetzt, ist thatsächlich zwischen 177–180 geschrieben. Die Christen, mit Bewusstsein Fremdlinge, sind von Allen verfolgt, entehrt (5), vor die Thiere (7), in's Feuer (10) geworfen, verleugnen nicht (7. 10), wachsen (6. 7). In c. 7 ist auf zwei Kaiser, Vater u. Sohn, gedeutet, M. Aurel u. Commodus. Ein weniger glückliches krit. Experiment machte

so die politischen und religiösen Anzeichen auf das Jahr 178 zusammen, die religiösen nicht etwa insofern weniger, als Celsus, auf dem Boden der Bildung stehend, die Christengräuel selbst in demjenigen Zeitpunkt ignorirt, wo der Ruf derselben im Volksmund (man denke an Athenagoras, an Lyon) noch in bester Blüthe stand. Die politischen Anzeichen führen direkt auf jenes Jahr, aber auch die religiösen führen über das Jahr 177, das Jahr des thatsächlichen und begreiflicher Weise ziemlich rasch verlobten, durch den neuen ernsten Feldzug des Sommers 178 vollends ausgelöschten Verfolgungssturmes hinaus, da Celsus die wesentliche Vollendung des Sturms voraussetzt und die Christen ihrerseits den Kaiser mit den Wünschen des Nichtwiedersehens, der Gefangennehmung durch die Barbaren in den Sommerfeldzug 178 begleiten (8, 71); daher auch die so eifrige wie aussichtslose Mahnung des Celsus an den vielleicht doch etwas mürber gewordenen Rest der Christen, dem Kaiser in seiner neuen Quadennoth zu dienen [1]). Dazu sieht man nachträglich, welcher Mark Aurel'sche Geist durch das Buch des Celsus geht. Die Hartnäckigkeit der Christen bis zum Tod verachtet ´er wie Arrian, Lucian und M. Aurel. Und wie dieser sich und Andern das Postulat stellt, jederzeit als Römer und als Mann zu denken, so hat Celsus es versucht, den unrömischen Christengeist durch Anfachung patriotischer Gefühle auszutreiben [2]).

Fr. Overbeck, über den pseudojustin'schen Brief an Diognet, Basler Programm 1872, indem er den Brief (und zwar erst noch ganz unbestimmt) in nachkonstantin'sche Zeit setzen wollte. Vgl. m. Kritik in der Prot. K. Z. 1873. Nr. 13. 14.
[1]) Vgl. pass. Epipod. ap. Ruin. 8. 77: ita persecuti Christicolas sumus, ut paene te solum arbitrer resedisse. Pass. Symphorian. 60: quantum rideo intuitti nos. Die bösen Wünsche der Christen des Celsus für den Kaiser stimmen mit Minuc. 37.
[2]) 8. 8, 48. 54. M. Anton. πρὸς ἑαυτὸν 11, 3: ν̓ίη παράταξις. 2, 6: πάσης ὥρας· φρόντιζε στιβαρῶς ὡς Ῥωμαῖος· καὶ ἄρρην.

2. Dagegen ist der Ort der Abfassung wenigstens nicht mit Sicherheit zu bestimmen. Dodwell wollte wegen der grossen Bekanntschaft des Celsus mit Egypten, seinen alten und neuen, auch dem Antinoos gewidmeten Kulten (3, 36), mit egyptischen Weisen und Musikanten (6, 41) und wohl auch christlichen Gnostikern Egypten als sein Vaterland, Alexandria als seine Vaterstadt betrachten. Aber unschwer fand Mosheim, Jachmann, Bindemann, dass Celsus ähnlich so, wie in Egypten, auch in Phönizien und Palästina (7, 9) gewesen und Jachmann, dass er etwa auch bei den Persern oder an der persischen Grenze verweilt (6, 23 f. 8, 35)[1]. Der Reisetrieb eines Polyhistors, mochte er nun als Beamter oder als Begleiter und Freund von Statthaltern Syrien oder Egypten besuchen, wie Lucian, oder einfach mit herodotischem Weisheitstrieb, mit hadrian'schem Neuigkeitstrieb hin- und herziehen, hatte ja weite Grenzen. Für den Abfassungsort ergibt sich nichts daraus, obgleich noch Tzschirner und Engelhardt „mit Wahrscheinlichkeit" auf Alexandria schlossen[2]). Mit Wahrscheinlichkeit lässt sich statt an den Orient vielmehr an den Occident und an Italien denken. Die Weisheit der Egypter und die Mittheilungen des Musikers Dionys von Alexandria liegen für den Buchschreiber doch sichtlich schon in der Ferne (6, 41) und in idealer Verklärung (1, 20). Manche gnostische Parteien aber, Marcion, Valentin, Marcellina weisen mehr auf Rom[3]). Allermeist aber deutet, was Niemand hervorhob, die starke Betonung der römischen Religionsgesetze, der Einblick in die Nothstände des Reichs, des Kaisers, der patriotische Kummer und die patriotische Mahnung an die Christen auf einen

---

[1] Mosheim 31. Jachmann 5. Bindemann 61.

[2] Jachmann 6 gedenkt der etwelchen Unterstützung, welche der Aufenthalt in Egypten durch den spätern Aufenthalt des Lucian in Egypten (als Beamter des Statthalters) finde, die Identität unsers Celsus mit dem Freund Lucian's vorausgesetzt. Tzschirner 325. Engelhardt 288.

[3] Dies erwähnte auch Bindemann 61.

lebendigen Augenzeugen der mühsamen Selbsterhaltung Rom's gegenüber den nördlichen Barbaren und der auch durch die schärfsten Mittel M. Aurels ungebrochenen Renitenz des abendländischen Christenthums. Aus diesem römischen Ursprung würde sich auch die frühzeitige Benützung durch Minucius Felix den Römer und Tertullian den Afrikaner und die späte Kenntniss des Origenes recht gut erklären. Dass die griechische Sprache die Abfassung in Rom nicht verbietet, ist bekannt; es war die Sprache der Gebildeten, welche Rom selbst bevorzugte und welche auch Lucian im Westen wie im Osten, auch in Widmungen an Kaiserinnen schrieb. Den Celsus geradezu als Geburtsrömer zu betrachten, ist durch den Namen, den Wohnort, den Patriotismus und durch die Anzeichen einer Benützung lateinischer Literatur empfohlen, anderseits durch die Vorliebe des Mannes für die Hellenen, welche er den Römern ausdrücklich voranstellt, durchaus nicht ausgeschlossen [1]).

X. Der Verfasser.

Die Schrift des Origenes titulirt sich „wider Celsus". Der sehr beliebte römische Zuname Celsus, auch Celsinus und als Frauenname Celsa, nach Wielands nicht weiter begründeter Behauptung besonders in der Gens Cornelia und

---

[1]) 1, 2: οἱ Ἕλληνες. 8, 37: Ἑλληνικῶς ἢ Ῥωμαϊκῶς. Aber vgl. Cic. d. Suib. II, 15, 40: non solum Graecia et Italia, sed etiam omnis barbaria. Sogar rechnen griech. Schriftsteller die Römer zu den Barbaren (Polyb. 5, 104, 1 u. s.), während Celsus zwischen Barb. u. Griechen-Römern trennte (8, 37). Zur Verbreitung des Griechischen in Rom s. Hug, Einl. in's N. T. 4. A. II, 37 ff. In Benützung lat. Literatur kommt etwa Plinius Naturgesch. in Betracht 4, 81 ff. Auf den Gebrauch des Worts Bacchos 2, 34. 4, 10 statt Dionysos 8, 41 ist kein Gewicht zu legen.

Papia, in Wahrheit hauptsächlich unter den Corneliern und Juliern herrschend, zählt zahlreiche Inhaber unter den Literaten, Juristen, Aerzten, Kriegsmännern, Konsuln und selbst Imperatoren der Kaiserzeit. Erinnern wir uns nur aus der Zeit des Tiberius an den berühmten Encyklopädisten, Eklektiker und Sextier A. Cornelius Celsus, sowie an den gleichzeitigen Mediziner Appulejus Celsus, an den Bekannten des Horaz, den Dichterling und Sekretär des Tiberius, Celsus von Albinova, an den Ritter und Kriegstribun Julius Celsus, das Opfer des Misstrauens des Tiberius im Jahr 32, dann an den hochberühmten Consul, Feldherrn und Staatsmann Marius Celsus unter Nero und seinen Nachfolgern, an den verdienten, mit Bildsäule geehrten Consul der Trajanszeit Lucius Celsus (113 n. Chr.), an die drei Juristen Julius Celsus und Juventius Celsus, Vater und Sohn, der Letztere zweimal Consul unter Trajan und Hadrian (129 n. Chr.), an den Rebellen Celsus unter Antoninus Pius, endlich an den Kriegstribun Celsus, der nach 260 in der Zeit der sogen. dreissig Tyrannen in Afrika auf acht Tage Imperator ward, ebenso wie im Jahr 217 Celsa, die Gemahlin Macrin's, auf Monate Kaiserin. Man wird in den drei ersten Jahrhunderten bequem zwei Dutzend Celsusnamen zählen können [1]).

[1]) M. zählo 1) A. Cornel. Celsus Quintil. 2, 15, 22. 32 u. s. Ritter, Gesch. d. Philos. IV. 177. Zeller III, 383. Teuffel, Gesch. d. röm. Lit. S. 547. 2) Appul. Celsus, Bähr in Pauly II, 237 ff. 3) Celsus Albinovanus Hor. ep. 1, 8, 1 vgl. 1, 3, 15 ff. (dazu Wieland). 4) Jul. Celsus Tac. ann. 6, 9. 14. 5) Marius Celsus Tac. ann. 15, 25. Hist. 1, 14—2, 60. 6) L. Celsus (Cos. 113) Dio C. 68, 10 vgl. 69, 2 Spart. Hadr. 4. 7. 7) Jul. Celsus Spart. Hadr. 18. 8) und 9) Dom P. Juv. Celsus des 2. Jahrh. geht zur Zeit Vespasian's sein Vater gleichen Namens voraus vgl. Dio Cass. 67, 13. Teuffel S. 624. 701. 10) Der Rebell bei Vulg. Gallic. Avid. Cass. 10. 11) Der Kriegstribun bei Trebell. Poll. trig. tyr. 29. Celsa Lampr. Anton. Diadum. 7. Ausser Obigen vgl. 12) Spart. Pesc. 3. 13) Spart. Sev. 13. 14) Lampr. Al. Sev. 58. 15) Capit. Maximus 17. 16) Treb. P. XXX tyr. 10. 17) Ib. 22. 18) Vopisc.

— 277 —

Origenes selbst bereichert uns mit zwei Celsusnamen, welche wohl mit keinem der Obigen zu vermischen sind. Er sagt, es habe zwei Philosophen dieses Namens gegeben und zwar opikurischer Richtung, der eine zur Zeit Nero's, von welchem wir sonst keine Spur haben, der andere unter Hadrian und Nachfolgern (1, 8), und diesen letzteren Epikureer, der auch mehrere Bücher gegen Magie geschrieben (1, 68), betrachtet er, wohl in Uebereinstimmung mit Freund Ambrosios, als den Verfasser der Christenschrift. Mag diese Beilegung der Christenschrift richtig sein oder nicht, sicher ist jedenfalls und auch durch Lucian von Samosata konstatirt die Existenz eines Literaten Celsus, der in der Zeit Lucian's selbst lebte und auch nach dessen Mittheilung mehrere Schriften „gegen Magier" schrieb[1]). Schwerlich ist dieser zugleich derselbe, der nach Augustin die Meinungen aller Philosophen bis zu seiner Zeit in sechs reichlichen Büchern beschrieb[2]).

Das Einfachste und Bequemste in jeder Hinsicht scheint nun die Annahme des Origenes zu sein, dass der Verfasser der Christenschrift mit jenem Literaten und Philosophen der antonin'schen Zeit zusammenfalle. Ganz sicher ist Origenes seiner Annahme allerdings nicht. Er kombinirt die beiden Autoren bald kategorisch (1, 8), bald hypothetisch (1, 68. 4, 30. 54) und seine Skrupel stützen sich ganz besonders auf die Wahrnehmung, dass der Celsus der Christen-

---

Firm. 2. Ausserdem erscheint noch 19) ein Ingenieur unter Trajan; 20) ein Literat Arruntius Celsus unter den Antoninen s. Teuffel 707. 736. Ein Rhetor, Schüler des Libanius, im 4. Jahrh. (Fabr. bibl. gr. II, 239 ff.), ein Philosoph bei Augustin. d. baer. t. VIII, p. 3. Jul. Celsus im 7. Jahrh., Epitomator von Caesar's gallischem Krieg. Vier Celsiaus A. Gell. n. a. 19, 10, 1. Spart. Sev. 11. Vopisc. Aurel. 44. Prob. 1. Bähr, A. Celsus s. a. O. zählt kaum ein Drittel.

[1]) Lucian. Alex. 21 (συγγράμματα κατὰ Μάγων) vgl. Orig. I, 68 (κατὰ μαγείας βιβλία πλείονα).

[2]) August. d. baer. tom. VIII, bei Lommatzsch 7. Sosehr solche Sammelarbeit unserm Celsus taugen würde, so wahrscheinlich wird aus Lucian, Orig. u. C. selbst, dass er nichts dergl. geschrieben.

schrift nicht durchweg als Epikureer rangirt werden könne, weshalb er ihm 1, 8 seinen Epikurismus statt aus der vorliegenden Schrift aus seinen andern Schriften beweist. Er gesteht, dass er durch die ganze Christenschrift sein epikur'sches Bekenntniss nie offen ausspreche (3, 35. 80. 5, 3), dass er gar oft über Gott und Vorsehung und Auferstehung Jesu wie Epikur rede (2, 13. 60. 4, 75. 5, 3), anderswo aber sehr oft (aus Ueberzeugung oder nicht) platonisire und pythagoreisire (1, 32), so dass man ihm seinen Epikurismus immer erst noch beweisen müsse (3, 49). Hin und wieder kommt Origenes, so oft er auch zum Glauben an den Epikureer sich entschlossen, unter den widersprechenden Anzeichen geradezu in eine gelinde Verzweiflung. In 4, 36 bemerkt er: der Epikureer Celsus, wenn er anders eben derjenige ist, der zwei andere Bücher gegen die Christen verfertigt hat u. s. f.; zwei Christenbücher, unter welchen Origenes nach Baur's allein richtiger Erklärung theils den $\dot{\alpha}\lambda\eta\vartheta\dot{\eta}\varsigma\ \lambda\acute{o}\gamma o\varsigma$, theils den angekündigten $\delta\varepsilon\acute{v}\tau\varepsilon\rho o\varsigma\ \lambda\acute{o}\gamma o\varsigma$ (8, 76) verstanden hat[1]). Und wie er hier die Möglichkeit zulässt, der Epikureer Celsus sei von dem Verfasser des $\dot{\alpha}\lambda\eta\vartheta\dot{\eta}\varsigma\ \lambda\acute{o}\gamma o\varsigma$ dennoch verschieden, ebenso stellt er wieder in 4, 54 angesichts der Berufung des Celsus auf Platon's Timäus eine ganze Reihe von Möglichkeiten auf: „unser Gegner will es sich hier entweder nicht merken lassen, dass er ein Anhänger Epikur's sei, oder er ist mit der Zeit besser d. h. vernünftiger geworden, oder ist er nur Namensgenosse des Epikureers". Unter diesen Möglichkeiten aber empfiehlt sich ihm die erste immer wieder am besten, zumal er den Celsus an einzelnen Orten auch sonst einer pfiffigen Benützung fremder Standpunkte überführen kann; und an manchen Stellen, die ihm ganz evident scheinen,

---

[1]) Baur, drei erste Jahrh. 369 f. Unrichtige Deutung Neander's K. G. 1, 273. 278 (2. A.), der unter den zwei Büchern die angeblichen zwei Bücher unserer Schrift versteht. S. 195 A.

triumphirt er dann „jetzt epikurisirt er deutlicher, hier ist er in Wahrheit Epikureer" (4, 75)[1]). Wenn Celsus den Platon oft einführt und platonisch von Gott und Göttern und Vorsehung und Gottverwandtschaft menschlicher Seele redet, so hat er sich verstellt (1, 8. 1, 32. 3, 22. 35. 80. 4, 4. 54. 5, 3), indem er so seine Anklagen plausibler machte (1, 8) und den gefährlichen Vorwurf des Atheismus gegenüber seiner Götterleugnung abschnitt (3, 22). In 5, 3 aber meint er das Räthsel der ewigen Widersprüche am besten so. lösen zu können: man sieht deutlich, dass Celsus, welcher durch seine ganze Schrift als Epikureer sich nicht bekannt hat, dann, wann er das Unsere zerstören will, der Ueberläuferei zu Epikur überführt wird.

Die Frage nach dem geschichtlichen Celsus des zweiten Jahrhunderts, welche Origenes offenbar nicht fertig brachte, tritt nun aber in ein neues Licht, aber auch scheinbar in neue Verwirrung durch die schon genannten Mittheilungen, welche der epikurisch gerichtete Lucian von Samosata, von Origenes noch nicht herbei gezogen, über einen philosophischen Freund mit Namen Celsus spendet. Er hat diesem Celsus das unter Kaiser Commodus (180—192) geschriebene Schriftchen Pseudomantis oder Alexander von Abonoteichos gewidmet und ihn dabei in völliger Berührung mit den Nachrichten des Origenes über den Epikureer Celsus (I, 68) als Verfasser von schönen und nützlichen, die Leser wahrhaftig ernüchternden Schriften gegen Magier und als Meister in der Kenntniss und Schilderung der Kunstgriffe dieser Leute eingeführt[2]). Aber wie kann der Celsus des Origenes, der

---

[1]) In 6, 74 zeigt z. B. Orig., wie Celsus pfiffig gegen Marcion eine Ankündigung des Gesandten Gottes durch die Propheten postulirt, während er sonst auf die Prophezeihungen durchaus nichts hielt.

[2]) Alex. 21. Die Zeit (unter Commodus) Alex. 48 (*Ἰεὸς Μάρκος*). So schon Voss. u. Spencer gegen die ältere Meinung. Auch Arrian, der Schüler Epictet's, unter den Antoninen blühend, erscheint c. 2 als todt. In c. 21: καλλίστοις τε ἅμα καὶ ὠφελιμωτάτοις συγγράμμασι

sichtliche Platoniker, gleich Oenomaos von Gadara, dem
Cyniker, dem Verfasser der φωρά γοήτων, ein Feind der
religiösen Gaukler und wie kann er gar mit dem Freund
Lucian's, des Epikureers identisch sein, vor welchem Lucian
so laut den Epikur und dessen Fundamentalsätze preist
(47. 61) und dem er davon erzählt, dass der paphlagonische
Betrüger nur mit Epikur und merkwürdigerweise auch mit
den Christen im Krieg, mit den frommen Platonikern,
Stoikern, Pythagoreern aber im besten Frieden gelobt (25)?

Alle diese Schwierigkeiten haben nun die grösste Verwirrung erzeugt, indem bald die Identität der zwei Männer
mit allen künstlichen Mitteln, wie schon Origenes sie reichlich erbot, behauptet, bald wieder als reine Unmöglichkeit
verworfen wurde. Ueber diese Verhandlungen können wir
hier um so kürzer sein, weil sie von Mosheim und seinen
Nachfolgern, zuletzt Bindemann, fast überreichlich besprochen
worden[1]). Die ältere Zeit blieb fast durchweg der Tradition
des Origenes treu, so unsicher und haltlos sie war. Nicht
nur Eusebius (6, 36) und der Scholiast Lucian's stellten
sich auf diese Seite, sondern auch Baronius, Huetius, Spencer, Basnage, Duddeus, Valesius, Dodwell, Fabricius. Spencer
zweifelte gar nicht, dass Baronius das Richtige errathen, wenn
er die beiden Celsus für identisch erklärte und er selbst
wollte meinen, unser Celsus werde das Alexanderbuch mit
höchster Lust durchlesen haben[2]). Die mehr religiöse Ader
des Celsus wollte Dodwell daraus erklären, dass Celsus von
M. Aurel mit einem epikurischen Lehrstuhl in Alexandria
betraut gewesen, während er abseits des offiziellen Katheders, um Eindruck zu machen und um es mit dem frommen

---

καὶ δυναμένους, ανατρεπίζειν τοὺς ἐντυγχάνοντας. Gewöhnlich denkt
man nur an Eine Schrift (auch Pauly); aber s. S. 277 Anm. 1; auch
die Bemerkung Alex. 21, welche zeigt, dass Celsus in seinen Arbeiten
fortfuhr.

[1]) Mosheim, Vorr. 23 ff. Jachmann 4 ff. Bindemann 62 ff.
[2]) Der Scholiast bei Bindemann 87. Spenc. annot. S. 3.

Kaiser M. Aurel nicht zu verderben, sich nach der gemeinen
Meinung der Menschen gerichtet[1]). Da kamen Andere und
wussten den Standpunkt unsres Celsus ganz anders zu bezeichnen. Der Holländer Georg Horn, von Spencer's sturm-
festem Glauben an den Epikureer als Träumer gescholten,
nannte ihn mit dem französischen Benediktiner Jacques
Martin auf Grund einiger wirklicher Anhaltspunkte einen
Stoiker, der Landsmann Horns, Peter Wesseling, einen Eklektiker, besonders Platon und Aristoteles verbindend, Mosheim
endlich in siegreichem Beweis einen grundsätzlichen Platoniker[2]). Mit dieser letzteren Ansicht, welche im Wesentlichen bis zu Neander, Jachmann und Bindemann reicht und
welche noch entschiedener von Baur und Zeller und Ueberweg
aufrecht gehalten wurde, fiel so ziemlich der Glaube an die
Einerleiheit der zwei Celsus[3]). Aber die Mosheim'sche
Ansicht vermochte es doch nicht, durchzudringen, zumal
sie doch selbst wieder von einem Eklektiker redete, und
Tzschirner, der ihr zuerst zugefallen, kehrte ihr nachher
den Rücken[4]). Das Zeugniss des Origenes und die Aehn-
lichkeitszeichen der zwei Celsus überwogen auch für Gieseler
und Hasse[5]). Manche griffen zu den abgenützten Annahmen
des Origenes, besonders Tzschirner, der das platonische Element in Celsus als künstlichen Standpunkt zur Vertheidigung

---

[1]) Mosheim 25 f. Jachmann 6.
[2]) Horn, hist. philos. 271 (Leyden 1655). Mosheim 55. Jachmann
7. Bind. 68. Wesseling, liber probabilium 187 ff. (Franeck. 1731).
Mosh. 22 ff. Bind. 68.
[3]) Neand. K. G. 1, 1, 274 ff. Bindemann 100. Auch Kling b.
Herzog X, 703. Baur 369. Zeller, Gesch. der griech. Phil. III, 549
2. A. III, 2, 192. Ueberweg 3. A. 1, 237 ff. Hase 53. Aehnlich auch
Volkmar, Urspr. d. Ev. 80. Die Einerleiheit nogirte Moshrim,
Jachmann, Neander, Baur, Zeller, Volkmar, während Bindemann
zweifelhaft blieb.
[4]) Mosheim 56 (Eklektiker). Für Mosheim's Platonismus Tz. in
der Gesch. der Apologetik 1, 225 (1805); gegen ihn im Fall des
Heidenthums 1, 24 ff. (1829). Vgl. Bindemann 70.
[5]) Gieseler K. G. 1, 1, 161. Hasse K. G. 2. A. 1872, 36.

des alten Systems betrachten wollte, worin ihm noch Dähr, Kurz und Lindner nachfolgten; letzterer machte den Celsus gar zu einem Skeptiker[1]). Andere zogen es vor, ohne geradezu Heucheleien anzunehmen, die nicht angezeigt sind, den proteusartigen „Eklektizismus" Wesselings wieder auf die Bahn zu bringen, so neben Augusti ganz besonders in allerlei Weise Fenger, Jachmann und Philippi[2]). Fenger namentlich verwerthete gleichzeitig die Annahmen von Wesseling und von Origenes, indem er Celsus als Eklektiker betrachtete, der weiterhin zum Epikurismus übergegangen, aber doch Manches von seinen frühern Ansichten bewahrt habe[3]). So konnte er sich für die Identität der zwei Celsus aussprechen, welche auch Philippi und neuerdings A. Planck verficht, während Jachmann, Neander, Baur, Zeller, Volkmar bei der Zweiheit blieben und Bindemann mit Andern aus der Unentschiedenheit nicht herauskam, von welcher selbst Neander und Baur einen Rest zeigt[4]).

---

[1]) Tzschirner, Fall des Heidenthums 326. Dähr Art. Cels. a. a. O. Kurz I, 1, 118. Lindner I, 25.

[2]) Uebrigens geht selbst das Urtheil Wesseling's, von Jachmann unterschrieben (Wesseling 194. Jachmann 8) dahin: *in omni hac disputatione Celsum egisse Protheum atque omnes induisse formas, ut tanto arctius Christianos constringeret.*

[3]) *Jo. Ferd. Fenger de Celso, Christianorum adversario, Epicureo.* Havn. 1828. *Fr. Ad. Philippi de Celsi, adversarii Christianorum philosophandi genere.* Berlin 1836. Ausführlich bei Bindemann 70 ff.

[4]) Jachmann 8: *Celsus noster neque Luciani familiaris neque philosophus epicureus, sed vir plane ignotus, minus philosophus quam philosophans etc.* Baur 369: Doch möchten die beiden Celsus sich noch bestimmter scheiden u. s. f. Neander 1, 1, 274 ff. Bindemann 100: längere Zeit habe ich Celsus (den Platoniker) dennoch für den Freund Lucian's angesehen. Jetzt wage ich kein abschliessendes Urtheil. 106: ich kann es nicht undenkbar finden, dass Celsus, der Christen Gegner, der Freund des Lucian gewesen. 107: man kommt aus dem Schwanken nicht heraus. Auch Lommatzsch 6. Selbst Baur 369 (3. A. 383): auf ein bestimmteres Resultat lässt sich (er beruft sich auf Bindemann) nicht wohl kommen. 395: mag der Celsus ... der dem Lucian befreundete Celsus gewesen sein oder nicht ... Aehnlich

An der Hand der Thatsachen, welche zur Verfügung stehen, ist es nun nicht angezeigt, die ganze Frage in der Rathlosigkeit Tzschirners oder Bindemanns liegen zu lassen, vielmehr ist es möglich, sie zum Austrag zu bringen. Von entscheidendem Gewicht werden folgende Momente sein.

1. Der historisch bekannte Celsus des zweiten Jahrhunderts, welchen Origenes als Verfasser von Schriften gegen die Magie und als Epikureer erwähnt und welchen Lucian für uns greifbar macht, der Celsus Lucian's also, um ihn kurz zu bezeichnen, wird vom Samosatener nirgends in runder Weise Epikureer genannt, ob er schon sein bester Freund ist (c. 61). Wenn er in der dem Celsus gewidmeten Schrift über Alexander von Abonoteichos die Platoniker im Unterschied von den Epikureern die guten Freunde Alexander's nennt (c. 25), so ist das im Munde eines spöttischen Freundes noch keine tödtliche Beleidigung für einen Platoniker, der ohnehin die Uebertreibungen der Gläubigsten seiner Schule nicht billigen mochte[1]). Auch aus der Forderung der Zustimmung des Celsus zu dem Urtheil über die Fundamentalsätze Epikur's, dass es das schönste seiner Bücher sei (c. 47) und aus dem attischen Wunsche, dass der zweite Zweck der Abfassung der Schrift über Alexander, nämlich die Rechtfertigung Epikur's, auch dem Freunde genehm sei (c. 61), folgt wahrlich noch kein Epikurismus des Celsus[2]). Im Gegentheil, wenn Celsus Vollblut-Epikureer

---

Hagenb. K. G. 1, 160 (1860): Celsus, den die Einen für einen Epikureer, die Andern für einen Platoniker ausgeben. Bestimmter entschied sich A. Planck, Lucian u. das Christenthum, Stud. u. Krit. 1851, 882 ff. für Einerleiheit; aber s. Annahme ist willkürlich, dass der Celsus Lucian's im Grund nur ein Freidenker gewesen, der vielleicht in der Zeit der Lucian'schen Schrift gar nicht mehr gelebt habe (wohl um mit dem origenistischen Celsus identisch zu werden), indem sein Name nur die freie Richtung symbolisirt habe.

[1]) Aehnlich Bindemann 106.
[2]) Bindemann a. a. O. hält für möglich, dass die Lobeserhebungen für Epikur nicht ganz im Sinn des Freundes Celsus gewesen. Aber S. 106 ist es ihm auch wieder unwahrscheinlich.

war, müsste es platt genannt werden, falls Lucian über ein feststehendes Axiom der Epikureer noch das Wort verlor, „das schönste der Bücher, wie du weisst". Und wenn er in so sekundärer, nachträglicher, fast verschämter Weise die Vindikation Epikur's, „was auch dir genehm sein wird", als Zweck seiner Schrift erklärte, so hat man wenigstens nicht den Eindruck, dass Celsus für Epikur besonders glühte, vielmehr, dass Lucian in seiner Weise die gelassene Zustimmung des Freundes auch zum zweiten Zwecke sichern wollte[1]). Andere Anzeichen aber führen noch weiter. Wie hatte Lucian nöthig, in c. 4 bei seinem Freund unter Anrufung aller Grazien gegen den Vorwurf zu protestiren, dass er den Pythagoras heruntersetze, wenn Celsus nicht noch mehr Verehrer des Pythagoras als Epikur's war? Den merkwürdigsten Dissens zwischen Lucian und Celsus aber sieht man gleich Eingangs in ihrer sehr verschiedenen Beurtheilung Alexanders. Indem Celsus von Lucian eine nähere Beschreibung desselben begehrte (c. 1), war sein und Lucians Interesse nicht das gleiche. „Uebrigens gestehe ich, sagt Lucian (c. 2), dass ich mich hiebei für dich und für mich schäme; für dich, weil du den heillosesten aller Schurken eines schriftlichen Denkmals würdig achtest, für mich, weil ich mich ernstlich mit der Geschichte eines Menschen beschäftige, der verdient hätte, in einem Amphitheater vor aller Welt von Affen und Füchsen zerrissen zu werden[2]). Wenn

---

[1] c. 61 heisst das Wort: τὸ πλέον δὲ, ὅπερ καὶ σοὶ ἥδιον, Ἐπικούρῳ τιμωρεῖν, keineswegs, dass dieser zweite Zweck auch dem Celsus das Wichtigste, insbes. das Wichtigere gegen die Biographie schlechthin gewesen. Auch Pauly nimmt es nicht streng komparativ.

[2] Zur Forderung der Biographie des Alexander von Seiten des Celsus gehörte weder das beigefügte „Gott" noch die folgende sofort schlimme Charakteristik des Manns in c. 1. Dass ferner das „Würdigachten" des Celsus (ἀξιοῦντος) eine spezifische Bedeutung hat, geht aus dem gleich folgenden ὃν οὐκ ἀναγγνεῖσεσθαι πρὸς τῶν πεπαιδευμένων ἦν ἄξιον hervor.

man dann noch im Verlaufe bemerkt, dass Celsus insbesondere die merkwürdigen und zutreffenden Orakelantworten Alexander's mit natürlichen Mitteln sich nicht zu erklären vermochte und darüber ausführliche Belehrungen Lucian's entgegennehmen musste (c. 20. 21), so wird man doch wohl der Annahme zugetrieben, dass Celsus, weit entfernt, ein Epikureer zu sein, vielmehr selbst immer noch in die Klasse der frommen Platoniker, Stoiker, Pythagoreer gehörte, mit denen Alexander auf gar leidlichem Fusse stand, dass er sich von ihnen durch unbefangenen freieren Blick in's religiöse Abenteurerthum, durch lucianisches Urtheil über „Magier" und „Goeten", sogar über den berühmten Pythagoreer Apollonios und seine „ganze Tragödie" (c. 5) unterscheiden mochte, in der Beurtheilung des paphlagonischen Goeten aber, der ihm wirklich wie der ganzen Zeit und dem gebildeten Rom, selbst dem kaiserlichen Hofe und Mark Aurel (Alex. 48) imponirte, ohne Konsequenz in den romantischen Vorurtheilen der positiven Schulen gerade so stecken blieb, wie der origenistische Celsus die Goeten höhnte und vor der Magie im Respecte blieb [1]). Die Freundschaft Lucian's aber mit einem solchen Nichtepikureer darf nicht auffallend erscheinen. Auch so verband ihn mit Celsus die Hochachtung des Charakters, die Anziehungskraft der angenehmen und feinen Sitten und neben der gleichen Bildung der gemeinschaftliche Aufklärungstrieb (c. 21. 61). Und ein fanatischer Epikureer war Lucian keineswegs. Epikur war ihm mehr nur sein praktisches Ideal und durch die verschiedenen Schulen war er zu Epikur schliesslich nur durchgedrungen, im Uebrigen lebte er dem ficht eklektischen Grundsatz, von Allen zu lernen und von Jedem das Beste zu nehmen (Hermot. 45 ff. Fischer 6. 11); mit Heraklit, Demo-

---

[1]) Die Bedenken Neander's 277 (u. seiner Nachfolger) wegen der Angst vor der Magie fallen also hin.

krit, Diogenes wollte er lachen oder weinen über den Unverstand der Menschen (Opfer 15. Todtengespr. 1); darum unterscheidet er auch selbst im Buch über Alexander ernstlich zwischen Pythagoras und den Thorheiten, die man ihm nachgesagt (c. 4) und rechtfertigt seine Biographie durch den Vorgang eines Stoikers, des von ihm hochbelobten Arrian, des Schülers Epiktets, der sich herabgelassen, das Leben des Strassenräubers Tilliboros zu beschreiben (c. 2)[1]).

2. Der Celsus des Origenes, der Celsus des „wahren Worts", ist in allen Grundgedanken ein Platoniker, wie schon Origenes unbefangener Weise und selbst mit Bewunderung einzelner Stellen immer neu erkannte, nur dass er seine Erkenntniss seiner Voraussetzung immer neu zum Opfer brachte. Ein blosser Eklektiker ist er nimmermehr gewesen, allerdings aber nach Origenes Ausdruck ein Polyhistor (4, 36), der für Alles Interesse hatte, der allen Philosophen gerecht wurde, der kein Bedenken trug, unausgeführte oder disputable Partien des Platonismus mit Hilfe anderer Philosophen auszubauen und über die Widersprüche der Philosophen durch den sanguinischen Glauben an eine „Einhelligkeit der weisen Männer" mitten im Unterschied hinauszukommen meinte. Bei dieser Weitherzigkeit wäre es gänzlich möglich, auch eine Anerkennung Epikur's und eine stillschweigende Abhängigkeit von ihm und seinen Anhängern besonders in der Leugnung der Spezial-Vorsehung und in der Lächerlichmachung des Aberglaubens der Menschen, des Betrugs der Goeten, mittelbar selbst des heiligen Pythagoras (2, 55 vgl. Alex. c. 4) zuzulassen, obwohl der Verfasser des wahren Worts den Epikur nie genannt hat und jene Abweichungen vom Platonismus auch andern Schulen, ja den spätern Entwicklungen der Akademie, den Spott gegen die Gaukler sogar dem frommen Plutarch entlehnen konnte.

---

[1]) Vgl. auch Bindemann 102 ff. Zeller III, 1, 733 f. (2. A.).

Unter allen Umständen berührt sich der Celsus Lucians und
der Celsus des Origenes insofern auf's genaueste, als der Platonismus beider ein kräftiges Ferment des Kriticismus, der
Schulfreiheit und religiösen Aufklärung in sich trägt.

3. Die Züge der beiden Celsus, des lucianischen
und origenistischen, fallen aber endlich auch in einer
Reihe von Einzelpunkten ganz zusammen.

a. Man muss fast blind sein, um in der Beschreibung
des Charakterbildes des lucianischen Celsus nicht unsern
Celsus wieder zu erkennen[1]). Ich wollte dir (mit der Biographie Alexanders von Abonoteichos) etwas Angenehmes
erweisen, mein trauter Celsus, schreibt Lucian, dir, den ich
um seines philosophischen Geistes und seiner Liebe zur
Wahrheit, seines rechtlichen Sinns, seines ungetrübten heitern Gemüths, seiner sanften Sitten und seines einnehmenden Umgangs willen unter allen meinen Freunden am meisten verehre (c. 61)[2]). Die Philosophie, die Wahrheit ruft
ja auch der Verfasser des wahren Worts im Titel wie im
Inhalt seiner Schrift oft genug an; seinen rechtlichen und
edeln Sinn zeigt sein Hass gegen die Betrüger, seine Unabhängigkeit vom Kitzel des Reichthums (4, 6) und von
den Thorheiten des Kaiserthums (8, 36), seine Sorge für die
grossen Institute, für die Erhaltung der Weltkultur gegen
die Barbaren (8, 68), endlich die Masshaltigkeit und Gewissenhaftigkeit selbst gegenüber dem Christenthum; und
sogar die sanften Sitten, die man (besonders Neander mit
Nachfolgern) gerade den Christen gegenüber am meisten zu
vermissen pflegte, kommen doch insofern zum Durchbruch,
als er Mitleid mit ihnen hat und ihnen den Tod ersparen

---

[1] Aehnliches bei Bindemann 103.
[2] Καὶ σοὶ μὲν χαριζόμενος, ἀνδρὶ ἑταίρῳ κ. φίλῳ καὶ ὃν ἐγὼ
πάντων μάλιστα θαυμάζω, ἔχω ἐπί τε σοφίᾳ κ. τῇ πρὸς ἀλήθειαν
ἔρωτι κ. τρόπου πρᾳότητι κ. ἐπιεικείᾳ κ. γαλήνῃ βίου κ. δεξιότητι
πρὸς τοὺς συνόντας. Uebers. nach Pauly.

möchte. Vollends das heitere Gemüth und den einnehmenden Umgang wird im wahren Wort Niemand vermissen, mag er nun mehr die Unterhaltungsgabe des Vielwissenden oder seinen ächt lucianischen, von Origenes ohne Aufhören mit dem Vorwurf der Komödie und Satire getadelten Humor und Witz (6, 74) in's Auge fassen oder die ruhige Selbstgewissheit, mit welcher er seine Stellung zu Gott und Menschen überschaut[1]).

b. Die wichtigste Leistung des lucian'schen Celsus ist die gelungene und nützliche Widerlegung der Goeten, worunter Lucian auch die Schrift gegen die Christen mitverstehen kann, und die lucian'sche Beschreibung des Treibens des lügnerischen Alexander soll ihm nach dem Wunsche des Lucian selbst neue Hilfsmittel zur Widerlegung und Enthüllung solcher Menschen schaffen (c. 21)[2]). Aber auch der Celsus des Origenes verfolgt in ihrer Ueberführung theoretisch und praktisch, indem er gegen sie schreibt und indem er die Propheten Palästinas öffentlich entlarvt (7, 9. 11), recht eigentlich sein Lebenswerk[3]). Besonders merkwürdig stimmen beide zusammen in der Verachtung der „Tragödie" des bekannten Apollonios von Tyana. Lucian hat im Sinn seines Freundes diese Verachtung ausgesprochen und der Celsus des Origenes schweigt selbst auch gänzlich von dem Manne, dessen rühmende Erwähnung unter den göttlichen Männern sonst so sehr angezeigt gewesen wäre, auch

---

[1]) Vgl. S. 254, 1. Dazu etwa Luc. bis accus. 33 f. Auch Neander 277 u. Bindemann 103 f. erkennen dieses schliesslich an.

[2]) Der Einwand Bindemann's S. 107, dass Lucian in s. Alexander die Christenschrift des Celsus müsste genannt haben, fällt also hin.

[3]) ἐν οἷς κατὰ μέρος συνέγραψας, κάλλιστοις τε ἅμα κ. ὠφελιμωτάτοις συγγράμμασι κ. δυναμένοις σωφρονίζειν τοὺς ἐντυγχάνοντας. Ib. init.: ὡς ἔχοις ἐλέγχειν τὰ τοιαῦτα. Aehnliche Zwecke hat Lucian selbst c. 61, aber auch der Celsus des Orig. 9, 11: ἐλέγξαντες, ὑπὸ Κέλσου ὡμολόγησαν αὐτῷ οὐ τινος ἰδιῶται.

wenn Celsus wie Lucian die spätere Apotheose des Philostratos noch keineswegs kannte¹).

c. Der lucianische Celsus ist der Freund des Samosateners. Aber wie viele Berührungen des origenistischen Celsus mit Lucian in Geistesart und Lebenszweck zeigt schon das Bisherige? Kann man sie nicht vielleicht zuletzt Arm in Arm sehen? Darüber ist doch wohl kaum ein Zweifel übrig, dass der eine Bestreiter der Gaukler sich für den andern interessiren musste, der Celsus des Origenes also so gut für den lucianischen „Tod des Peregrinos", unter Kaiser M. Aurel (165) geschrieben, wie für die Biographie „Alexanders" unter Kaiser Commodus (seit 180), da er diese Regierung sicher auch noch erlebte²). Nun kann man doch auch in der That nicht leugnen, dass die relative Billigkeit Lucians gegen die Christen und noch vielmehr seine spöttische Kritik, wie er sie dem Leben und Tod des Peregrinos einverleibt, mit den Anerkennungen und Einwendungen unseres Celsus, auch wenn diese gediegener sind, gerade in einigen Hauptpunkten, geradezu in den Grundlinien wesentlich zusammentrifft, indem Lucian einmal den Abfall von den Göttern rügt, dann die närrische Auferstehungslehre und dreiste Todesverachtung, endlich den bornirten Glauben der Christianer³). Aber ziehe man hier gegenüber der nächstliegenden und schon im Allgemeinen unumgehbaren Annahme einer Influenzirung des später schreibenden Celsus durch Lucian es vor, eine Unabhängigkeit

---

¹) Alex. 5. Nur Orig. nennt den Apollonius (6, 41).
²) Vgl. 8. 273. 292. Unrichtig stellt Hagenbach K. G. I. 162 Celsus auf 150, Lucian auf 180. Auch Baur stellt gegen alle Chronologie Celsus der Lucian'schen Christenschrift voraus.
³) Vgl. S. 145 u. m. Art. über Lucian in Herzog's Enc. VIII, 497 ff. Preller, Art. Lucian in Pauly's Real-Enc. der class. Alterthumswiss. IV, 1173 fand (wie erwähnt) „ein ganz ehrenwerthes Bild" der Christen bei Lucian.

zu behaupten und die Aehnlichkeiten aus der Luft der herrschenden römisch-griechischen Anschauungsweise zu ziehen, woblan, so hat schon Philippi in Celsus' liebenswürdiger Vergleichung des Christenthums mit egyptischen Enttäuschungen (3, 17) ein klarstes Anzeichen von Gedanken-Entlehnungen aus Lucian gefunden. In seiner „die Bilder" betitelten, um 162 n. Chr. verfassten Lobschrift auf Panthéa, die schöne und geistreiche Gemahlin des Kaisers Luc. Verus (161—169 n. Chr.) sagt Lucian, indem er von schönen, aber geistlosen Frauen redet: dergleichen Geschöpfe kommen mir vor, wie die egyptischen Tempel. Das Gebäude selbst ist gross und prächtig, mit dem kostbarsten Gestein überkleidet, mit goldenen Verzierungen und den schönsten Wandgemälden ausgeschmückt: trittst du aber hinein und suchst das Bild der Gottheit, so ist's ein Affe, ein Ibis, ein Bock oder eine Katze (c. 11)! Und Celsus sagt: man kann die Christen mit den Egyptern vergleichen; bei ihnen sind, wenn man herzutritt, prächtige Weiheländer und Haine der Götter und Grossartigkeiten und Schönheiten von Propyläen und wunderbare Tempel und rings prächtige Gezelte und sehr fromme und geheimnissreiche Gottesdienste; wenn man dann aber eingetreten ist und im Innern steht, da wird erschaut als angebetet eine Katze oder Affe oder Krokodil oder Bock oder Hund (3, 17)! Wenn Bindemann in allzu weit gehender Unparteilichkeit die beiden Kenner Egyptens unabhängig von einander auf den gleichen, am Ende naheliegenden Gedanken und damit auch auf einen theilweis ähnlichen Ausdruck kommen lassen wollte, so hat er nur übersehen, dass Lucian jedenfalls der Vorgänger war, dass Lucian allein die Vergleichung als sein subjektives Eigenthum betont, dass schon der Gedanke, noch mehr der Ausdruck hinsichtlich der Ueberraschung und der diversen Bestien sich nicht so leicht unabhängig repetirt, dass endlich Celsus in seinen reichlichen Paraphrasen und Erweiterungen bei der Malung der Tempel und selbst der Thiere die Kopie gegenüber der Originalität des lucian'schen Gedankens verräth ¹).

d. Endlich der lucian'sche und der origenistische Celsus leben genau in derselben Zeit und theilweise sogar an demselben Orte. Der Celsus Lucians blüht unter M. Aurel und Commodus (Alex. 48), der Celsus des Origenes schreibt auf der Neige Mark Aurels (178 n. Chr.)²). Der Celsus Lucians muss diesem in Syrien, Griechenland oder Egypten nahegekommen sein; auch der Celsus des Origenes kennt Syrien, Griechenland, Egypten aus Anschauung.

Unter solchen Thatsachen erlischt doch wohl die geisterhafte Skepsis, welche die Einheit problematisch findet und aus Einer Person zwei Nebengänger schneiden möchte³). Als ob solche Nebengänger glaubhaft wären, als ob die Welt, von ihnen selbst nicht zu reden, sie noch hätte unterscheiden können und als ob sie dieselben, von denen doch Jeder einfach Celsus hiess, nicht durch Zusätze von Namen oder Prädikaten hätte unterschoiden müssen! Und wenn Lucian nur Einen Celsus als Zeitgenossen nennt und Origenes von den Tagen Hadrian's an abwärts nur Einen Philosophen Celsus kennt, welchen die christliche Tradition aus sehr begreiflichen Gründen (Lucian oder dem wahren Wort zu lieb) Epikureer nannte, so ist das Nebengängerthum, aller-

---

¹) Bindemann 76. Die Zeit der lucian'schen Schrift bei Preller, Pauly's R. E. IV, 1165 f. Man vergleiche hier nur den zutreffenden Schluss:
Lucian: ἴνδον δὲ ἦν ζητῆς τόν Θέον, ἢ πίθηκός ἐστιν ἢ ἴβις ἢ τράγος ἢ αἴλουρος·
Celsus: ἤδη δὲ εἰσιόντι καὶ ἐνδοτέρω γενομένῳ θεωρεῖται προσκυνούμενος αἴλουρος ἢ πίθηκος ἢ κροκόδειλος ἢ τράγος ἢ κύων.
²) So schon Cass. Baron., Voss. d. hist. graec. 2, 16. Spenc. annot. 3.
³) Bindemann's Satz ist hier klassisch, S. 107: aber wie wäre es unmöglich, dass zwei gleichzeitige Männer desselben Namens ähnlichen Hass gegen das Goëtenthum der Zeit gehabt hätten? Wie viel gerader und natürlicher schon Spencer, annot. S. 3.

meist gar in der Form selbstgewiss rubrizirender Chronologie, wonach der Epikureer Celsus 170, der Platoniker 200 n. Chr. geblüht haben soll, gänzlich in das Nichts literarischer Grille aufgelöst[1]). Die Identität beider Männer aber ist für unsere Kenntniss des Verfassers des wahren Worts eine wirkliche Bereicherung. Es wäre zwar eine blosse leere Vermuthung, wenn wir dem ·erprobtesten Freunde Lucian's rund dieselbe Geburtszeit mit diesem (um 120 n. Chr.), dasselbe syrische Vaterland, welchem der spätere grosse Kenner des Christenthums, der Batanaeer Porphyrios gleichfalls angehörte, oder denselben Schlussaufenthalt in Egypten zuschreiben wollten; aber die schöne Charakteristik des Freundes tragen wir mit Genugthuung auf den Verfasser des wahren Worts über und lernen ihn dadurch selbst höher schätzen und mitten in seiner Feindschaft gegen das Christenthum als edleren Menschen würdigen[2]). Wir verlängern ferner sein Leben bis in die Zeiten des Kaisers Commodus, in denen er immer noch kraftvoll zur Widerlegung der Gaukler auf der Wache steht (Alex. 21), in denen er aber auch schon den Vorläufer des Siegs des Christenthums, die Toleranz des Staates und den starken Einfluss am Kaiserhof, der nun wirklich gegen alles Hoffen den Christen zufällt, erleben muss, zugleich damit auch die Vergessenheit seiner gewaltigen Streitschrift wenigstens in den Kreisen des Christenthums, bis Ambrosios und Origenes sie nach langen Jahrzehnden wieder aus dem Staube ziehen[3]). Zu Allem hin konsta-

---

[1]) Volkmar, Urspr. der Ev. 164 f.

[2]) Lucian war in späteren Jahren Gerichts-Schriftführer (Kanzleidirektor) beim egypt. Statthalter apol. 1. 12 vgl. Zeller 2. A. III, 1, 732. Aber er war auch schon früher in Egypten gewesen Wetzlar, de sect. etc. Luc. 1834, 33 f.

[3]) Man denke an Marcia, die Geliebte des Commodus, die eifrige Christenfreundin, das Seitenstück Poppäa's, der jüdischen Proselytin und zuletzt Kaiserin unter Nero. Dio Cass. 72, 4. Philosoph. 9, 12

tiron wir die Thatsache, dass Lucian und Celsus, Epikureer und Platoniker, die hervorragendsten Schriftsteller der Zeit, brüderlich unter Einer Fahne stritten, aber auch unterlagen, indem sie den Widerwillen und das Lächeln, mehr aber noch die Sorge auf dem Antlitz den „neuen Betrug" bekämpften, der als das Heil und Einigungsmittel der Welt sich enthüllen musste.

(vgl. die Schilderung Kallist's bei L. Friedländer III, 525 ff.) und dazu die Zornworte des Celsus gegen die „unerträglichen" Herrschaftsgedanken der Christen 8, 71).

Zusätze und Verbesserungen.

S. 44 Z. 6 von oben zu lesen 4, 1—18 (statt 1—23).
S. 65 Z. 8 von unten zu lesen σισηπός.
S. 93 Z. 3 von oben. Pherekydes entlehnte seinen Mythos von Ophioneus der phönizischen Sage. Clem. Al. strom. 6, 6, 53. Eus. praep. ev. 1, 10 vgl. die Andromedasage Strab. 16, 2. Apollod. 2, 4, 3. Ov. Met. 4, 686.
S. 137 Z. 3 von unten. Das bekannte Briefwort Hadrian's: *unus illis Deus nullus est* hat Lebrs b. Friedländer, Darstellungen II, 208 gut emendirt: *nummus est*: diese Lesart hat Herm. Peter, Script. Hist. Aug. 1865, II, 209 recipirt.
S. 150 Z. 5 von oben. Den lucian'schen Text καταφρονοῦσιν οὖν ἁπάντων ἐξίσης καὶ κοινὰ ἡγοῦνται will Friedländer III, 523 dahin emendiren, dass er κ. κ. ή. als Glossem betrachtet, entstanden aus Missverstand von ἁπάντων, welches sich dem Vorhergehenden nach auf die Götter, nicht auf Güter beziehe. Aber das unmittelbar Folgende zeigt das Gegentheil.
S. 156 Z. 9 von oben. Als das Zeitalter des Minucius ist die spätere Epoche M. Aurel's um so mehr zu bezeichnen, als man durch das wichtige c. 37 unwillkürlich und nothwendig erinnert wird: 1) an die grossen Kriegserfolge dieser Kaiserzeit, *Armenia, Mesopotamia, Marcomanni, Hermunduri, Sarmatae, Quadi* Cap. Ver. 7. M. Ant. 27. 2) an die gehäuften Ehrennamen *Armeniacus, Parthicus, Medicus, Germanicus, Imperator X, pater patriae* etc. Cap. M. Ant. 9. 12. Ver. 7. 3) an die rasch sich folgenden Lebensgefahren durch Quadenkrieg, Cassius, Faustina (174—175) Cap. M. Ant. 24 f. Vulg. Gall. Cass. 7. Dio C. 71, 8. 29. Noch ein stärkerer Beweis dieser Zeiten aber sind die Heftigkeiten des Minucius, des gebildeten Mannes u. römischen Bürgers, gegen das Kaiserthum, welche weit über das Mass der Derbheiten Justin's des Märt. gehen (ap. I, 2. 12. 17 f. 68. Tryph. 9. 39) und nur aus der Verfolgung sich erklären.
S. 230 Z. 17 von oben: Marcion vgl. S. 222.

www.ingramcontent.com/pod-product-compliance
Lightning Source LLC
Chambersburg PA
CBHW022056230426
43672CB00008B/1188